U0623360

高等学校会展经济与管理专业
本科系列规划教材

会展安全与危机管理

郑向敏　编　著

重庆大学出版社

内容提要

本书是会展经济与管理专业本科系列规划教材之一,全书共7章。在全面系统介绍会展安全与危机基础理论的前提下,主要阐述了会展安全与危机的规律与现象、会展安全与危机认知、会展项目的安全管理、会展危机防控与应对、会展安全与危机管控的保障体系以及会展安全与危机的风险转移及保险。

本书可作为高等院校相关专业的教学用书,也可作为会展经济与管理理论研究者和实际工作者的阅读参考书。

图书在版编目(CIP)数据

会展安全与危机管理/郑向敏编著.—重庆:重庆大学出版社,2014.4(2022.1 重印)

高等学校会展经济与管理专业本科系列规划教材

ISBN 978-7-5624-7835-5

Ⅰ.①会… Ⅱ.①郑… Ⅲ.①展览会—安全管理—高等学校—教材 Ⅳ.①G245

中国版本图书馆 CIP 数据核字(2013)第 272926 号

会展安全与危机管理

郑向敏 编著

责任编辑:孙先芝 版式设计:孙先芝
责任校对:邹小梅 责任印制:张 策

*

重庆大学出版社出版发行

出版人:饶帮华

社址:重庆市沙坪坝区大学城西路 21 号

邮编:401331

电话:(023) 88617190 88617185(中小学)

传真:(023) 88617186 88617166

网址:http://www.cqup.com.cn

邮箱:fxk@ cqup.com.cn (营销中心)

全国新华书店经销

重庆巍承印务有限公司印刷

*

开本:720mm×1020mm 1/16 印张:17.25 字数:310 千

2014 年 4 月第 1 版 2022 年 1 月第 3 次印刷

印数:4 001—5 000

ISBN 978-7-5624-7835-5 定价:39.50 元

本书如有印刷、装订等质量问题,本社负责调换

版权所有,请勿擅自翻印和用本书

制作各类出版物及配套用书,违者必究

编委会

主　任：

马　勇(教育部高等学校旅游管理类专业教学指导委员会副主任,中国会展经济研究会创会副会长,湖北大学旅游发展研究院院长、教授/博导)

田卫民(教育部高等学校旅游管理类专业教学指导委员会主任,云南大学工商管理与旅游管理学院院长、教授/博导)

委　员：(以姓氏笔画为序)

于世宏(沈阳师范大学会展管理系副教授)

王佩良(湖南商学院会展经济与管理系主任、副教授,博士)

王春雷(上海师范大学会展管理系主任、副教授,博士)

卢　灵(广西财经学院会展经济与管理系主任)

刘松萍(广州大学旅游学院教授,博士,广州市会展产业研究所所长)

孙晓霞(吉林大学珠海学院会展系主任、副教授)

许传宏(上海工程技术大学艺术学院书记、教授)

何会文(南开大学泰达学院会展管理系副主任、副教授,博士后)

吴亚生(上海工程技术大学艺术学院副院长、教授)

杨　琪(天津商业大学会展经济与管理系主任、副教授,博士)

杨劲祥(广西财经学院会展经济与管理专业教师)

陈献勇(沈阳师范大学会展管理系主任、副教授,博士)

郑向敏(华侨大学旅游学院院长、教授/博导)

郑建瑜(上海师范大学会展管理系书记、教授,博士)

赵伯艳(天津商业大学会展经济与管理系副教授,博士)

曹　勇(重庆文理学院旅游学院副院长、副教授)

黄　彬(浙江大学城市学院会展专业负责人、教授)

蓝　星(上海对外经贸大学中德合作 IEMS 会展项目系主任、副教授)

蔡清毅(厦门理工学院会展系主任、副教授)

总　序

在经济全球化和文化多元化日益加深的大背景下,会展业已经发展成为新兴的现代服务型产业,会展经济在经济全球化浪潮中脱颖而出,成为世界经济发展的亮点。进入 21 世纪以来,中国会展业搭上了经济快速发展和综合国力不断增强的快车,近几年更以每年 20%~30% 的速度增长,并以其强大的产业带动效应、集聚效应和辐射效应逐渐成为众多省(市)的支柱型产业,正朝着国际化、科技化、精细化和绿能化方向发展。中国正在由世界会展大国向世界会展强国挺进。

商务部 2011 年底发布的《关于"十二五"期间促进会展业发展的指导意见》中明确指出:会展业是现代服务业的重要组成部分,影响面广、关联度高、发展潜力大,在推动产业结构调整、加快转变经济发展方式中的重要作用日益凸显,必须从科学发展观的战略高度,认识发展会展业的重要性,把其作为一项长期任务抓紧抓好。教育部 2012 年颁布的《普通高等学校本科专业目录(2012 年)》中,将旅游管理专业上升为与工商管理学科平级的一级大类专业,这意味着隶属于旅游管理类专业的会展经济与管理专业有了更好的学科地位。正是在这种会展经济繁荣发展和对会展人才需求急剧增长的背景下,积极整合会展教育资源,为我国会展业的发展提供强有力的人才保证和智力支持,使我国会展教育逐渐进入繁荣发展阶段,建设一套高质量和高水准的"高等学校会展经济与管理专业本科系列规划教材"则成为当前会展教育的现实迫切需要。

在教育部高等学校旅游管理类专业教学指导委员会的大力支持和指导下,重庆大学出版社历时 3 年在全国开设有会展经济与管理本科专业或方向的学校积极调研,充分论证,并征求高校和行业企业中众多会展专家对本专业课程设置及课程内容等方面的意见,在中国会展教育的开创者和著名学者、教育部旅游管理类专业教学指导委员会副主任、中国会展经济研究会创会副会长、湖北大学中国会展研究中心主任、旅游发展研究院长马勇教授,以及教育部高等学校旅游管理类专业教学指导委员会主任、云南大学工商管理与旅游管理学院院长田卫民教授的具体策划和指导下,邀请了全国20 多所开设有会展经济与管理本科专业的高等学校知名教授、学科带头人和一线骨干专业教师,以及会展行业专家、海外专业师资等参与积极论证、精心编撰,而成"高等学校会展经济与管理专业本科系列规划教材"。

会展领域专业人才的缺乏已成为制约我国会展业大发展的一大瓶颈,该套教材旨在为培养高校会展本科专业人才提供有力的教育支撑,缓解发展我国会展业大量引进国外人才的局面,真正促进我国会展教育的大繁荣大发展。该套教材着重达到两个目标:第一,完善我国会展专业高等教育体系,在全面总结中国会展产业发展的理论成果和实践经验的基础上,推进中国会展专业的理论发展和学科建设,提高中国现代会展从业人员的专业素养和理论功底;第二,在本科会展教育的过程当中,能够产生强有力的示范效应和带动效应,积极推动本科会展经济与管理专业课程改革与建设的持续健康发展。

本套教材定位于会展产业发展人才需求层次较高的本科教育,是在对我国会展教育人才培养方向、培养目标和教育特色等方面的把握以及对会展发达国家会展教育学习借鉴的基础上编写而成的,具有较强的前瞻性、系统性和完整性。本套教材主要有以下四大亮点:

第一,内容前沿。本套教材尽可能地将当前国内外会展产业发展的前沿理论和热点、焦点问题吸收进来以适应会展业的现实发展需要,并突出会展教育的中国特色。

第二,体系完整。本套教材围绕"融前沿、成体系、出精品"的核心理念展开,将会展行业的新动态、新业态及管理职能、关系管理等都融于教材之中,将理论与实践相结合,实现多角度、多模块组合,形成完整的教材体系,出版精品之作。

第三,注重引用。本套教材在保持本学科基本内容的基础上,注重处理好与相邻及交叉学科的关系,有重点、有关联地恰当引用其他相关学科的理论知识,以更广阔的视野来构建本学科的知识体系。

第四,较高水准。参与本套教材编写的作者很多都是中国会展教育的知名专家,学历层次高、涉及领域广,包括诸多具有博士学位的经济学、管理学和工程学等多方面的专家和学者,并且还有会展行业高水平的业界精英人士,我们力求通过邀请知名优秀的专业作者以保证所出教材拥有较高的水准。

在会展教育新形势新背景下,会展本科教材有新的需求,编写一套有特色、高质量的会展教材是一项复杂的系统工程,需要专家学者、业界、出版社等的广泛支持与集思广益。本套教材在组织策划和编写出版过程中,得到了会展业内专家、学者以及业界精英的广泛支持与积极参与,在此一并表示衷心的感谢!

"路漫漫其修远兮,吾将上下而求索。"希望这套教材能够满足会展本科教育新形势下的新要求,让我们一起努力,开拓创新,为中国会展教育及教材建设贡献一份力量。

高等学校会展经济与管理专业本科系列规划教材

编 委 会

2013 年 10 月

前　言

　　会展是指在一定地域空间,许多人聚集在一起形成的定期或不定期、制度或非制度的传递和交流信息的群众性社会活动,是会议、展览会、节事活动和奖励旅游的统称。作为一个新兴的、发展潜力大的服务行业,会展业影响面广、关联度高,会展经济已逐步成为区域经济新的增长点。随着我国会展业的快速发展,全国各地会议中心、展览中心如雨后春笋般拔地而起,会议、展览和大型节庆活动等项目与日俱增。伴随着会展业蓬勃发展的同时,会展安全问题也日益严峻地凸显在人们面前。会议、展览、大型节庆活动具有的人流量大、人群密度高、广受关注等特点,使会展业不可避免地要重视并关注会展活动的安全问题。

　　会展安全是会展活动开展的基础,没有安全保障就没有会展业的稳定顺利发展。会展安全问题日益凸显,备受各级政府、会展企业和展商、游客的关注与重视。但是,目前我国会展安全的理论研究还处在比较零散、表层的研究阶段,既没有专门针对会展安全与危机管理的著作,也没有相应的法律法规和安全管控条规。尽管各地、各级会展行业主管部门和各类会展企业关注会展安全的研究与管控,但都尚处于自我总结、经验摸索的阶段,无法对会展业的安全与危机管理进行全面的、科学合理的归纳总结,也无法对会展从业人员进行系统化、规范化、标准化的培训。因此,撰写一本系统的,既能提供会展安全与危机管理的理论学习,又能指导会展业界安全管控实践的教科书就显得非常必要。基于上述目的,作者结合自身的安全理论研究和会展业实践,编写了《会展安全与危机管理》一书。本书除了对会展安全与危机基础理论进行了比较全面、系统的阐述外,也对会展项目的安全管理与危机应急处置进行了研究与探索,并力图提供具有指导性和实操性的方法与策略,为会展从业人员、会展参与人员、会展行业管理部门等提供理论指导和实践借鉴。

本书共七章,分别对会展安全与危机概论、会展安全与危机的规律与现象、会展安全与危机认知、会展项目的安全管理、会展危机的预防与应对、会展安全与危机管控的保障体系、会展安全与危机的保险及风险转移等内容进行了分析与阐述。

第1章阐述了会展安全与危机的相关概念和会展安全与危机的研究体系。本章从安全学和依据体系的角度出发,分析了会展安全与危机的概念体系和研究内容;论述了马克思主义哲学理论的唯物主义认识论、方法论和需求论在会展安全现象研究、安全认知研究等方面的作用和哲学意义;分析了现代危机理论、系统论、信息论、控制论、管理科学理论、社会学理论等对构建会展安全与危机研究的理论基础。

第2章研究了会展安全与危机的规律与现象。本章从会展安全与危机的本质特征入手,研究了会展安全与危机的空间规律、时间规律、项目规律、活动规律和阶段性规律,归纳和总结了会展安全与危机的类型和表现形态。

第3章分析了会展安全与危机认知。本章从社会学角度分析了参展者的安全认知,包括参展者的安全认知、参展者安全认知途径、参展者安全危机意识与认知误区等内容;从管理学和组织行为学角度分析了会展从业人员安全与危机认知,包括会展从业人员安全与危机意识培育和规律的现状、会展从业人员安全与危机意识培育的内容与方法、会展从业人员安全与危机管理和制度安排等内容;从社会学、组织行为学角度分析了会展行业与企业的安全与危机认知,包括会展行业的安全与危机认知、会展企业的安全与危机认知、行业协会与政府的安全与危机认知等方面内容。

第4章探讨了会展项目的安全管理。本章分析了会议、展览、节事、奖励旅游项目的安全管理内涵、安全问题及具体表现形态,并对会议、展览、节事、奖励旅游项目的安全管理进行了分析与探讨。

第5章研究了会展危机的预防与应对。本章在分析会展危机的预防与应对原则、会展危机预防与应对基本策略基础上,对目前我国会展危机的典型表现形态及其应对进行了研究与探讨。

第6章构建了会展安全与危机管控的保障体系。本章根据现代组织理论和管理科学理论,对构建会展安全与危机的保障体系的会展安全政策与法规系统、会展安全与危机的预警系统、会展安全与危机控制系统、会展安全救援系统、会展安全与危机应对的技术保障体系五个子系统进行了全面、系统的分析与阐述。

第7章研究了会展安全与危机的保险及风险转移。本章分析了会展安全与危机的风险转移策略,探讨了会展安全保险的作用与意义、种类、存在的问题以及会展保险发展的对策。

会展安全与危机研究是综合性、交叉的研究领域,涉及会展活动的人—机—环—管等诸多要素,涵盖了包括会议、展览、节事和奖励旅游等多类型、多层面的活动项目,牵涉到会展活动多阶段、多人群、多环境的安全管控与危机应对问题。作为一个新兴的研究领域和首部《会展安全与危机管理》教科书,不管是在理论知识与逻辑框架,还是在内容涵盖与结构编排上,本书都还存有问题与缺陷,需要不断改进与完善。

我的博士生邹永广、林炜铃也参与了本书的编写,在此表示感谢! 本书在编写过程中参考了国内外有关的论著、研究成果和案例资料,并参考和引用了国家和各地方的会展安全相关文献资料,在此对本书所参考与引用文献的作者表示感谢! 本书的出版还得到了华侨大学人文社会科学学科高水平论文论著项目的资助,在此表示感谢!

由于编者水平有限,敬请广大读者不吝赐教,以臻完善。

郑向敏

2013 年 10 月

目 录

第 1 章
会展安全与危机概论

1.1 会展安全与危机的相关概念

1.1.1 会展的概念与内涵

虽然有关会展的研究已经有几十年的历史,但对于会展的概念界定及其内涵,人们尚未达成共识,存在认识上的模糊性。国外通常认为会展有狭义和广义之分:狭义的会展就是指会议和展览;而广义的会展包括会议、展览、奖励旅游、节事活动等。国际上通常将会展表述为 MICE,即 M(Meeting):会议,主要指公司会议;I(Incentive Tourism):奖励旅游,专指以激励、奖励特定对象为目的而进行的旅游活动;C (Convention):大型会议,主要指协会、社团组织的会议;E (Exhibition,Events):展览会、节事活动。本书按照国际上的较为普遍接受的提法,即使用广义的会展定义来认识和界定会展。会展主要包括以下四种类型:

1)会议

会议是人们为了解决某个共同的问题或出于不同的目的聚集在一起进行讨论、交流的活动。当今,会议已成为人们经济政治生活中主要的沟通形式。在国际经济迅猛发展的年代,每天都在举行内容迥异的各种会议,全世界每年召开的有一定规模和影响力的会议就达数十万个。如各类公司会议、协会会议、商务型会议、文化交流型会议、专业学术会议、论坛型会议、研讨型会议、政治型会议等。

2)展览

展览,从字面上分析,可直接理解为有"展"有"览"的活动,即把产品陈列出来让人参观。展览是一种具有一定规模和相对固定日期,以展示组织形象和产品为主要形式,以促成参展商和参观者之间交流洽谈的一种活动。

这里要注意区别一下展览会、展销会、博览会。展销会主要指市场交换场所,具有直接进行商品交换的特性,而展览会侧重于商品展示,博览会是弥补展销会和展览会之间差异的纽带。博览会一般由政府部门组织或是企业团体在政府帮助下组织,其目的是商贸促销,制造商、贸易商、零售商和批发商应邀来展示商品。博览会上通常不进行直接的商品买卖,参展目的是促进将来的销售。在会展业中,展销会、展览会和博览会这三个术语经常交叉使用;在北美和欧洲,展览会和博览会这两个术语的使用频率较高。

3) 节事

节事顾名思义是节庆活动和特殊事件活动的总称。它包括了各种传统节日和新时期的创新节日以及具有纪念性的事件。目前节事研究的典范之作———Getz 的《Festival，Special Event and Tourism》中，把经过策划的事件分为八种类型：文化节庆(包括节日、狂欢节、宗教事件、历史纪念活动)、文艺娱乐事件(音乐会、文艺展览、授奖仪式)、商贸及会展(展览会、博览会、会议、广告促销)、体育赛事(职业比赛、业余比赛)、教育科学事件(研讨班、专题学术会、学术讨论会、教课发布会)、休闲事件(游戏和趣味体育、娱乐事件)、政治/政府事件(就职典礼、授职仪式、群众集会)、私人事件(周年纪念、家庭事件、社交事件)。

节事一般都有特定的主题，譬如风情特产、文化、宗教、民俗、体育、政治以及自然景观等。由于节事是群众性的休闲娱乐活动，大众的参与性很强，所以，目前节事活动呈现出一片热闹景象。目前也被许多城市列为发展自身经济和提高城市形象的突破口，例如：潍坊风筝节、洛阳牡丹花会、青岛啤酒节等。

4) 奖励旅游

奖励旅游管理协会(SITE)对奖励旅游的定义是："奖励旅游是一种向完成了显著目标的参与者提供旅游作为奖励，从而达到激励目的的一种现代管理工具。"从奖励旅游的定义我们可以看出，奖励旅游的对象(如员工、经销商、代理商)必须能够达成甚至超越企业个别或者总体业绩；奖励旅游的形式通常是由企业提供一定的经费规划假期，委托专业旅游公司精心设计的非比寻常的旅游活动；而奖励旅游的目的是犒劳创造运营佳绩的有功人员，并借此增加参与者对企业的向心力。

作为一种有效的管理手段，奖励旅游在国外早已盛行。奖励旅游作为企业普遍的奖励方式，已经使越来越多的出色员工得到了满意的回报。

奖励旅游中的团体娱乐活动，有助于企业文化建设，给员工和管理者创造一个比较特别的接触机会，同事们可以在比较放松的情景中作一种朋友式的交流，从而增强企业的亲和力和凝聚力。奖励旅游以其综合效益高、客人档次高的特点，引起各大旅游公司的注意。

1.1.2 会展安全的概念体系

1）会展安全

会展是人们进行物质、文化和学术等方面信息交流活动的重要平台。会展活动的成功举办可以有效地带动会展服务、交通、住宿、旅游及贸易等相关产业的发展。会展业是一个新兴的服务行业，影响面广、关联度高。会展经济逐步发展成为新的经济增长点，而且会展业是发展潜力大的行业之一。会展安全也是不容忽视的重要内容。

会展安全是会展活动中各相关主体的一切安全现象的总称。它既包括会展活动各环节、各阶段中的安全现象，也包括会展活动中涉及的人、设备、环境、管理等相关主体的安全现象；既包括会展活动中的安全观念、意识教育、思想建设与安全理论等"上层建筑"，也包括会展活动中安全的防控、保障、应急处置与管理等"物质基础"。

2）会展安全问题

在会展行业蓬勃发展的同时，会展安全问题严峻地摆在人们面前。会议、展览、大型节庆活动的人流量大，人群密度高，安全问题发生概率高，正是由于这些特点，会展活动自诞生以来就不可避免地需关注其安全问题。

会展安全问题是指会展活动中各种安全现象的具体体现。既包括会展活动中相关主体的安全观念、安全意识，也包括发生在会展活动中各环节、各阶段的各相关主体间的具体安全事件或安全事故。

3）会展安全管理

会展业吸引了大量的人力、物力和财力，带动了相关行业的发展，同时也是一个危机性较强的行业。会展活动能否顺利进行，有效的会展安全管理起着决定性作用，是保障会展活动成功举办的重要途径，也是会展业的研究重点。

会展安全管理的主体是会议场所、展览场馆、节事活动场所、奖励旅游地的安全。会议场所、展览场馆、节事活动场所和奖励旅游地是公共场所，人员聚集密度高，因此必须保障人员的人身安全，再加上会展上存放大量物资和资金，因此人、物、财、信息等安全都成为会展安全管理的基本内容。所以，会展安全管理的内涵可以被定义为：保障会展组织者、参与者两个方面的生命、财产安全而进行的一系列计划、组织、指挥、协调、控制等管理活动。

1.1.3 会展危机的概念体系

1)危机和危机管理

人类社会对于"危机"这个词并不陌生,从个人、家庭到社会都或多或少经历过危机的考验。而对于"危机"的界定长久以来没有形成统一的意见,其中,日本企业危机协会会长泷泽正雄认为,危机有五种内涵,分别为:①事故;②事物发生(损失)的不确定性;③事故发生(损失)的可能性;④危险性的结合;⑤预期和结果带来的变动。这一界定大致包括四层意思:一是危机是不确定性的因素;二是危机的发生会带来损失;三是危机有可能被预见;四是危机不受波及范围大小的局限。①

危机管理作为一种新的管理模式产生于20世纪的80年代,它的依据是组织生命周期理论。该理论认为任何一个组织的成长都大致经历以下几个阶段:创业阶段、聚合阶段、规范化阶段、成熟阶段、再发展或衰退阶段。组织成长的每一个阶段的组织结构、组织关系、管理方式都有其特点,而且每一个阶段都会面临着种种危机和管理问题,这就要求采取一定的有效变革措施来解决这些危机,以维护和促进组织的健康成长。关于危机管理的权威观点也尚未形成。泷泽正雄认为,危机管理是发现、确认、分析、评估和处理危机,在这一过程中,始终要坚持以"如何以最少费用取得最好效果"为目标。

综上所述,危机管理的实质是管理,是事先计划、组织、指挥、协调和控制的过程,它的目的是尽量减少利益相关者的损失。这里的效果不仅是指经济效果,还兼具社会和环境效果。根据具体情况,处理危机的主体各自选择的侧重点不同。

2)会展危机

世界旅游组织把危机阐述为:影响旅行者对一个目的地的信心并扰乱继续正常经营的非预期性事件。这类事件可能以无限多样的形式在许多年中不断发生。罗森塔尔(Rosenthal)和皮内泊格(Pijnenberg)认为:危机是具有严重威胁、不确定性和危机感的情景。巴顿(Barton)把危机定义为:一个会引起潜在负面影响的具有不确定性的大事件,这种事件及其后果可能对组织及员工、产品、服务、资产和声誉造成巨大的损害。薛澜、张强、钟开斌则认为:危机是对一个社会系统的基本价值和行为准则架构产生严重威胁,并且在时间压力和不确定

---

① 胡平. 会展管理概论[M].上海:华东师范大学出版社,2007.

性极高的情况下,必须对其作出关键决策的事件。

综合以上四种定义,再结合会展业本身的一些特点,会展危机可以定义为:影响会展组织者和会展参与者对展会举行目的地的信心和扰乱展会组织主体正常经营的、有严重威胁的不确定性事件,其后果会对会展组织及其参与者、产品、服务和信誉造成巨大的损害。会展危机既包括会展活动中的突发安全事件,如自然灾害、人为事故灾害、恐怖事件和犯罪行为等危害到会展组织者和参展人员的人身安全和财产安全的事态;也包括突发卫生事件,如人员昏迷、食物中毒、中暑、有害气体中毒、心脏病突发、伤亡以及晕车、呕吐等;还包括突发活动变更事件,如演讲嘉宾缺席、大型活动取消和天气因素导致的重大计划变更等。

3) 会展危机管理

李九全等在《旅游危机事件与旅游业危机管理》一文中提出:危机管理是对危机进行控制和管理,以防止和回避危机,使组织或个人在危机中得以生存下来,并将危机所造成的损害限制在最低限度。

通过对危机与危机管理的比较和分析,结合中国会展业的实际,将会展危机管理定义为:会展对所有可能发生的危机事件进行预测、防范、分析、化解等所采取的行动,包括会展对所面临的政治、经济、法律、技术、自然、管理、文化、环境等不可确定的相关因素的管理,以尽量避免危机的发生或当危机发生后尽量减少危机造成的损失。会展危机管理需要会展组织在时间紧迫、人才物资缺乏和信息不充分的情况下快速决策和行动。

1.2 会展安全研究与会展业发展

1.2.1 会展业与会展安全

1) 有限的会展空间与会展安全

会展空间一般为某一城市的一个或者多个场馆(或者场地),而会展参展商、来访的参展观众往往有成千上万人,展览馆(或者场地)一般都位于所在城市的中心地段,展览会的召开更加重了物流、资金流、信息流、人流在此地域内的汇集。空间的有限性和人口的集聚性有可能会带来诸如场馆超出其最大客容量、参与人数超出所在城市的最大承载量和管理控制能力等问题,从而埋下安全隐患。

2) 多元的会展参与动机与会展安全

会展活动举办本身除了参加会议、展览等公务活动外,还有会展带动的奖励旅游,会展参与者的动机和行为表现出多元性的特点,会展活动项目因此具有了较常规会展参展更丰富的内涵,如商务、经贸洽谈、购物、观光、节庆活动、休闲度假等可能被参展者和参展观众所喜爱。但是,会展活动的综合性、会展活动形态的多元性却为安全控制管理带来难度。

3) 附属性、随意性的会展参与行为与会展安全

会展期间,特定人群的停留使其易产生附属性的其他会展参与行为,尤其是参展商、展会工作人员和其他参加展会活动的相关人群。但是,这种附属性的参与行为同时也具有较大的随意性,这些都给会展带来诸多的安全隐患。

4) 参与性、示范性的会展活动项目与会展安全

会展举办地一般为国际化气息浓、现代化程度高的著名城市,因此会展举办城市的建筑、民俗等参与性较强的会展活动以及会展举办过程中购物、餐饮、娱乐、奖励旅游等以体验为目的的会展活动可能会受到异地参展观众和参展商的青睐。另外,会展活动所依托的都市旅游活动还存在着较大的示范性,最为典型的是上海的南京路,南京路就是因为人多而吸引更多的参展观众前往感受,从而形成人群的高度密集。以上这些都增加了会展活动安全的突发性和不可预见性,防控难度较大。

1.2.2　会展业发展中的危机问题

1) 会展特征与危机管理

危机是对正常状态(社会系统基本价值观和行为准则)的严重威胁,具有突发性和紧急性的特点,并可能导致人员、财产、组织形象与声誉、产品与服务的重大损失或破坏(薛澜,张强,钟开斌,2003)。会展危机一般包括:一是活动过程中出现的危机,即在举办展览、会议以及节庆、大型活动过程中所出现的各种突发与紧急事件,使会展活动正常状态受到威胁,并可能导致人员、财产、组织形象与声誉各方面受到重大损失或破坏;二是会展组织机构日常经营中所出现的各种导致企业偏离正常发展轨道的突发与紧急的灾难性事件。由于性质与影响不同,会展危机可以分成很多类,但结合会展的特征对会展危机管理工作的影响的对应关系如表 1.1 所示。

表 1.1　会展特征与危机管理工作的对应关系①

会展的特征	对危机管理工作的影响
综合性与集聚性	增加艰巨性、复杂性,决定会展危机管理工作的政府主体性
前沿性与科学性	提升了会展危机管理工作的技术性,突出危机管理问题对具体会展项目的生存决定性
国际性与文化性	增加会展危机管理工作的严肃性和安全事故的破坏性
广泛性与传播性	社会传播的"双刃"性,肯定了政府作为会展危机事故处理过程中的能效性

2) 危机对会展业的影响

危机对会展业的利益相关者都会造成影响,主要表现在以下几个方面②:

(1) 给会展机构及展商带来损失

危机出现时,计划举行的会展不论延期还是停办,都将影响企业原有的财务状况。如果如期举行,办展商可以凭借展位及门票的收入获得收益,但是参展观众的减少将使收入水平达不到预期目标;而延期举行,相关的企业要承担延期所带来的人员宣传费用及广告开支;停办则使从计划到危机出现期间的前期投入无法收回。所以无论是哪种情况,办展机构和展商的财务都会受到损失,减弱人们对会展业的信心。

会展业的正常发展需要一个稳定的外部环境和内部条件作保障,而当这些条件和环境产生不利于行业的变化时,就会影响人们的决策。当会展危机出现时,无论是参展商还是参展观众都会对会展的正常举行及其质量持怀疑态度,进而影响人们对会展的信心,影响相关群体的忠诚度。

(2) 给会展工作中各利益主体协调带来难度

一般来说,一次会展活动涉及的主要利益主体包括会展机构、展商、广告公司、政府、参展观众等。只有当他们通力合作时,才能产生相应的效果而使会展圆满成功。任何一个环节的失误都会影响会展的效果,而这一切的基础是各主体都有相应的利益跟随着。如果由于会展危机的出现而延期或者停办,仅他们之间签订的合同就会引起诸多的纠纷,所以会展危机增加了各利益主体协调的

① 刘松萍.关于建立会展预警机制的若干思考[J].科技管理研究,2006(8):70-72.
② 孙虹飞.会展危机的形成影响及其预防[J].吉林工程技术师范学院学报,2004(7):55-57.

难度。

（3）使办展机构遭受客户流失的损失

危机一旦出现,会打击人们对会展的信心。办展机构面临的不但是参展观众的流失,还有参展商的大量流失。因为参展商参展主要是为了拓展销路和市场,如果参展观众少,参展商没有取得效益,下次就不会再参展。而对于组展商而言,大部分收入还是通过参展商这个大客户获得的。国外的一项研究显示,一个新客户的开发成本要比维持一个老客户的成本高出 5 倍多。可见,会展危机带来的客户流失也加大了办展机构的成本。

3) 会展安全与危机研究述评

纵观国内外关于会展安全管理的研究,主要包括:会展及相关概念界定、会展安全及相关概念界定、会展安全事故成因、会展安全的理论基础及对策等方面。

关于会展一词的来源主要有以下几种说法:"市集演变"说认为,贸易性的展览无论在中国或外国,都由市集演变而来,欧洲是由城邦的传统市集发展演变而成,这一演变发生在 15 世纪,莱比锡市集演变为莱比锡样品市集(即莱比锡博览会)是贸易性展览起源的代表;"巫术礼仪与祭祀"说认为,展览作为一种艺术形式,来源于原始人的万物有灵观念,原始人对自然神和祖宗神的崇拜祭祀活动是展览艺术的雏形和起源;"物物交换"说认为,展览的起源可以追溯到原始社会产生物物交换的初期,在物与物进行相互交换的初级方式中开始存在"摆"和"看"形式逐步从物物交换扩大到精神和文化的领域。因此,展览是随着社会的经济、政治、文化的进步而产生发展的,是围绕着人们物质和精神两个方面的需要而存在和发展完善的。

（1）会展以及相关概念的界定

会展,顾名思义,即会议与展览活动的简称。会议是指人们为了解决某个共同的问题或出于一定的目的聚集在一起进行讨论、交流的活动。展览是人们进行信息交流、洽商合作和开展市场营销的一种活动形式。

国内学者对于会展及相关概念作了如下界定:

孙刚 :"会展业是……综合性的、关联度非常高的服务贸易行业,……并表现出一种经济现象的多种形态。"——2001 年第 2 期《展览与市场》

杨虎涛:"所谓会展经济就是通过举办会议和展览,带来直接或间接经济效益和社会效益的经济现象和经济行为。"——2001 年第 3 期《社会经济研究》

陈向军、田志龙 :"会展经济是以会展业为支撑点,……带动相关产业发展的一种经济。"—— 2001 年第 5 期《北京工商大学学报》

庞莹、魏志恒:"会展经济是……跨产业、跨地区的综合经济形态。"——2002年第6期《经济师》

在国际上将"会展"称为 MICE Industry。它是由会议(Meeting)——主要指公司会议,奖励旅游(Incentive Tour),大型会议(Conference)——主要指协会或团体组织会议和展览会(Exhibition or Exposition)这四个词组成。会展业的发展过程中 MICE 中的 E 也有了新的含义:节事旅游(Event)。此定义被大家普遍认可,本文也采取此定义。

(2)会展安全以及相关概念的界定

会展中传统的安全管理主要是针对人、物的安全。例如针对"饭店安全"的定义:维护饭店内所有人员的生命、身体、财物不受伤害、不受损失的工作就是饭店的安全工作。而吴克祥和周昕认为,会议安全保卫工作主要是保证与会者的人身安全。由此可以确定传统的会展安全工作的目标是:人的生命免受危害;人的身体不受损坏;财物不遭任何意外的损失。

但是,这样的安全管理内涵,不能囊括现代会议会展安全管理的全部内容。衡量一个会展活动是否安全、安全程度如何,不应该以是否发生事故、发生事故的多少为标志,这些不能完整表述会展活动在运营过程中的安全事件及其影响,如会展期间人员拥挤问题、会展临时搭建物或者展出物件、设备等受到损坏和伤害等,都应该属于会展安全事故的范畴。

"安全",顾名思义,"无危则安,无缺则全",安全是指不发生因人、机、媒介的相互作用而导致系统损失、人员伤亡、任务受影响或造成时间的损失。

"会展安全"是指整个会展活动处于一种无风险的状态。

"会展安全事故"包括会展安全隐患、会展事故征兆、会展事故和会展灾难。

(3)会展安全事故的成因分析

事故的成因是从实践中抽象概括出来的,对事故诱因一般规律的阐述,它是指导分析事故产生原因,预防事故发生,并指导完善技术和管理、节庆事故和灾害的预警预控。

从2001年美国的"9.11"事件到2004年西班牙的"3.11"事件,从2003年的"非典"到2008年的"三聚氰胺",从2004年的印度洋海啸到2008年的汶川大地震,安全问题日益突出,成为人类和平与发展的严重威胁。而会展活动是一个危机性较强的活动,具有空间集中、人口密集、不确定性强等特点,往往会成为这些因素和隐患爆发的场合。

会展事故的成因分析可以知道会展事故具有以下四个特征:

一是无法预见。会展安全事故往往是当事人无法预见的突发性的结果。

二是成因的不确定性。会展安全事故的发生既可以是会展外部环境的原因,也可以是内部管理失误等因素相互作用的结果。

三是后果的双重性。利用危机管理理论可以将事故处理成为危险或者机遇。

四是部分可防性。可以通过系统论来减少和预防不确定性事故的发生。

(4)理论基础以及对策建议

①理论基础。

A.系统论。

系统论的核心思想是系统的整体观念。贝塔朗菲(Bertalanffy)强调,任何系统都是一个有机的整体,它不是各个部分的机械组合或简单相加,系统的整体功能是各要素在孤立状态下所没有的性质。他用亚里士多德的"整体大于部分之和"的名言来说明系统的整体性,反对那种认为要素性能好,整体性能就一定好,以局部说明整体的机械论的观点。同时认为,系统中各要素不是孤立地存在着,每个要素在系统中都处于一定的位置上,起着特定的作用。要素之间相互关联,构成了一个不可分割的整体。要素是整体中的要素,如果将要素从系统整体中割离出来,它将失去要素的作用,正像人手在人体中是劳动的器官,一旦将手从人体中砍下来,那时它将不再是劳动的器官了一样。

系统论认为,整体性、关联性、等级结构性、动态平衡性、时序性等是所有系统的共同的基本特征。这些既是系统所具有的基本思想观点,也是系统方法的基本原则,表现了系统论不仅是反映客观规律的科学理论,也具有科学方法论的含义,这正是系统论这门科学的特点。

B.危机管理的4R理论。

危机管理的4R理论由美国危机管理专家危机管理大师罗伯特·希斯(Robrt Heath)在《危机管理》一书中率先提出,即由缩减力(Reduction)、预备力(Readiness)、反应力(Response)、恢复力(Recovery)四个阶段组成。

a.缩减力:从环境、结构、系统和人员几个方面去降低风险,避免浪费时间,摊薄不善的资源管理,可以大大缩减危机的发生及冲击力。

b.预备力:监视一个特定的环境,从而对每个细节的不良变化都会有所反应,并发出信号给其他系统或者负责人。

c.反应力:在危机已经来临的时候,企业应该做出什么样的反应以策略性地解决危机? 危机反应管理所涵盖的范围极为广泛,如危机的沟通、媒体管理、决策的制定、与利益相关者进行沟通等,都属于危机反应管理的范畴。

d.恢复力:一是指在危机发生并得到控制后着手后续形象恢复和提升;二是指在危机管理结束后的总结阶段,为今后的危机管理提供经验和支持,避免重蹈覆辙。

②理论分析及对策建议。

会展活动按照时间可以划分为会展前期、会展中期和会战后期三个不同的阶段,每一个阶段都有特殊的安全问题需要监管防控。会展前期主要是预测和预控;会展期间主要是对会展安全事故的监测、识别、诊断和处理;会展后期主要是减小负面影响、分析危机过程和反馈。

系统分析会议安全事故的产生因素,包括人为因素、场地和设备因素、环境因素以及组织管理因素,以及对人、机、环境、管理的交互作用。主要表现:

A.人为因素导致安全事故因素分析:活动参与人员行为因素;活动组织管理人员因素;现场维护人员因素。

B.场地和设备导致安全事故因素分析:场地设计因素;搭建物质量因素;设备仪器故障因素。

C.活动环境导致安全事故因素分析:社会环境;自然环境;人工环境。

D.组织管理因素导致安全因素分析:安全管理主体的缺陷;安全管理体系的内在缺陷;活动组织方企业文化的影响。

人、机、环境是整个会议活动安全运行的载体,构成系统安全的基本要素。管理的主要作用是协调安全生产活动中各个要素,以实现组织目标。

会展活动的危机管理是现代会展活动顺利开展的必要保证,能有效保证会展环境、提升会展形象、避免或减少会展损失,实现会展价值。从业人员在进行危机管理时,可以从会展危机管理缩减力、预备力、反应力和恢复力四个方面着手,以提高整体有效性。

A.缩减力。

危机缩减管理要内置于环境、结构、系统和人员中,与其浑然一体,而这个整体是不断更新和变化的过程,危机缩减必然成为不可分割的一部分。

危机缩减管理能够极大地减少危机的成本与损失。它包括会展过程的内部管理和对外部环境进行风险评估,一旦发现某一方面存在风险,就采取有效的方法对其进行管理。同时,会展活动中各方领导和员工的素质也需要提高,使会展活动中的每个成员都具有危机管理的意识,使会展活动即使面对危机,也能把它压制在最小范围内。

B.预备力。

危机的预警管理的主要功能包括:危机始发时能更快反应(不良变化被注意到并传递出去);保护人和财产(通过发布撤离信号和开通收容系统);激活积极反应系统(如抑制系统)。

完善的会展危机预警系统可以很直观地评估和模拟出会展安全事故可能造成的灾难,以警示相关者作出快速和必要的反应,继而运用各种技能和资源来降低此类危机发生的概率。预警管理主要是进行危机的防范工作,会展活动主办方可挑选各方面的专家,组成危机管理团队,制订危机管理计划,进行日常的危机管理工作。同时,为了能清楚地了解危机爆发前的征兆,会展主办方需要一套完整而有效的危机预警系统。通过训练和演习,可使每个会展成员都掌握一定的危机处理方法,使会展活动在面对危机时可以从容应对。

C.反应力。

在反应力这个层面,会展主办方首先要解决的是如何能够获得更多的时间以应对危机;其次是如何能够更多地获得全面真实的信息以便了解危机波及的程度,为危机的顺畅解决提供依据;最后是在危机来临之后,如何降低损失,以最小的损失将危机消除。

应对危机时的管理策略,一般可以分为四个步骤:确认危机,隔离危机,处理危机,总结危机。在处理危机时,合理地运用沟通管理、媒体管理、形象管理等方法可以收到事半功倍的效果。

D.恢复力。

危机一旦被控制,迅速挽回危机所造成的损失就上升为危机管理的首要工作了。在进行恢复工作前,先要对危机产生的影响和后果进行分析,然后制订出有针对性的恢复计划,使企业能尽快摆脱危机的阴影,恢复以往的运营状态。同时,企业要抓住危机带来的机遇,进行必要的探索,找到可以反弹得比危机前更好的方法。

1.2.3 会展安全与危机研究的内容与方法

1)会展安全与危机的研究体系

按照社会学观点和学科构建理论,任何社会学学科的研究都是从该学科现象研究开始,而后才进入学科理论与管理研究。因此,会展安全与危机的研究体系自然包括了会展安全与危机现象研究、会展安全与危机理论研究,以及会展安全与危机管理研究三大系统。根据宏观系统论观点,

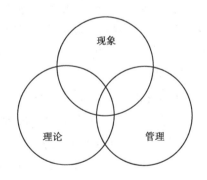

图1.1 会展安全与危机研究系统

把会展安全与危机的现象(Phenomenon)、理论(Rationale)和管理(Management)组成的研究系统如图1.1所示。

会展安全与危机研究系统把会展安全与危机理论层面的研究内容与实践层面的研究内容有机地联系起来,并通过环状结构把会展安全与危机的现象研

究、理论研究和管理研究联结成一个学科研究系统——PRM 系统。

PRM 系统由六个子系统构成,即会展安全与危机研究系统包括了 R 子系统(理论研究子系统)、P 子系统(现象研究子系统)、PR 子系统(认知子系统)、M 子系统(管理研究子系统)、RM 子系统(保障子系统)、PM 子系统(实证研究子系统)六个子系统。

2)会展安全与危机研究的内容体系

(1)理论研究体系(R 子系统)

理论研究体系主要研究会展安全与危机研究所需要的基础理论与原理,包括会展安全与危机研究的思想理论基础、心理行为学理论基础、组织理论基础、管理科学理论基础和社会学理论基础等基础理论;并通过这些基础理论研究来建立会展安全与危机管理的方式与方法。这将在本书第 1 章中体现。

(2)现象研究体系(P 子系统)

现象研究体系主要研究会展安全与危机现象、本质特征、发生规律与表现形态。它包括宏观研究与微观研究两个层面。这将在本书第 2 章中体现。

(3)认知体系(PR 子系统)

认知体系主要研究会展主办方、会展活动参展商、会展活动观众等会展参与者对会展安全与危机现象的认知、教育与管理。这将在本书第 4 章中体现。

(4)管理研究体系(M 子系统)

管理研究体系主要研究会展活动中各要素活动的安全管理。既包括宏观会展安全系统的人技境子系统(MET)中人、技术、环境的宏观安全管理,也包括在人技境子系统(MET)中运行的会展项目的微观安全管理。这将在本书第 4,5 章中体现。

(5)保障体系(RM 子系统)

保障体系主要研究针对会展安全与危机现象和规律的保障会展安全与危机的各种控制、法律手段与方法。包括会展安全法规体系、会展安全与危机预警系统、控制系统、救援系统和会展安全保险体系等宏观、微观层面的内容。这将在本书第 6 章中体现。

(6)实证研究体系(PM 子系统)

实证研究体系主要研究某个会展安全与危机的个案剖析,分析安全与危机的现象、规律表现及会展安全与危机理论、会展安全与危机法律手段、方法在个案中的应用。

3)会展安全与危机研究的结构体系

会展安全与危机贯穿于会展活动举办前、举办中、举办结束各环节,涉及与会展活动各环节相关的各种社会关系与社会问题。因此,围绕会展活动各个环节的安全与危机问题及其相关的理论与实践问题都是会展安全与危机研究的内容。从会展安全与危机的内涵、本质、特征和会展安全与危机内在理论逻辑、实践运作的角度,可以把会展安全与危机研究划分为学科理论研究和行业实践两个层面结构(图1.2)。

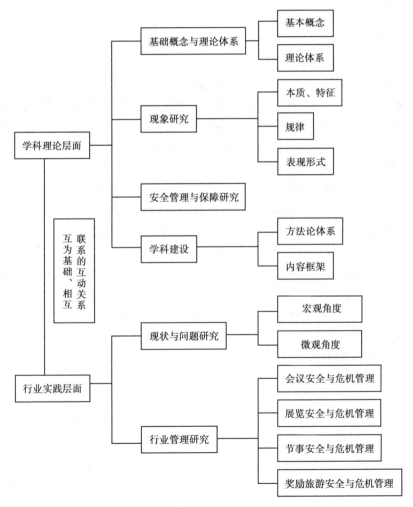

图1.2 会展安全与危机研究的两个层面

（1）学科理论层面

从学科理论研究角度出发，会展安全与危机作为一个崭新的研究领域，其研究内容应包括以下几个方面。

①基础概念与理论体系。

这是会展安全与危机首要解决的问题和内容，是会展安全与危机成为独立研究领域的标志之一。没有基础概念的理论研究只能是一种附属。基础概念体系的确立为会展安全与危机研究定下"基调"和研究方向，解决了会展安全与危机研究的基本问题。包括：

A.基本概念。

回答诸如什么是会展安全与危机的基本问题。

B.核心概念。

核心概念是与学科主体内容相关、体现研究核心的概念群，例如社会学的核心概念是"社区"，经济学的核心概念是"资源配置"，市场学的核心概念是"交换"，地理学的核心概念是"区域差异"，旅游学的核心概念是"经历"，即"旅游者通过对旅游目的地的事物或事件的直接观察或参与而形成的感受或体验。"（邹统钎，1999）

会展安全与危机的核心应是研究会展活动中相关主体的安全与危机经历。这样，就形成了反映这种特殊安全与危机经历的两个核心概念，即反映这种安全与危机经历表现形态、规律性、特点和从这种安全经历的规律性、特点出发的安全与危机管理理论与方法。核心概念的遴选为理论研究奠定了基础。

理论体系研究的核心是为会展安全与危机研究建立理论基础和提供理论的支持依据。会展安全与危机的理论体系包括了马克思主义哲学为主的思想理论基础，以马斯洛需求理论为主的心理行为理论基础，以系统论、信息论、控制论为主的组织理论基础，以运筹学、系统分析、决策科学为主的管理科学理论基础和以发展演进学说、韦伯主义学说、功能主义、现象学为主的社会学理论基础。

②现象研究。

现象研究是任何一个学科的起源研究。任何学科的现象研究一般都包括研究对象的本质、特征、规律性变化及其表现形态四个方面。会展安全与危机学科也不例外。会展安全与危机学科的研究对象是会展安全问题，因此，会展安全与危机的现象研究包括了会展安全与危机本质、会展安全与危机特征、会展安全与危机发生规律，以及会展安全与危机表现形态四个方面。

A.会展安全与危机本质。

会展安全与危机本质有其客观存在的两面性。一方面，会展安全与危机本质是以会展本质为基础并建立在会展本质之上的,会展安全与危机是会展本质及其特征的逻辑必然,没有会展活动,就不会有会展安全与危机问题。会展安全与危机依附和伴随在会展活动之中。另一方面,会展安全与危机的本质又决定了会展本质,会展安全与危机的存在与否决定了会展的运营能否得以顺利进行。

B.会展安全与危机特征。

会展安全与危机的特征是会展安全与危机本质的一种反映形式。会展安全与危机的特征包括突发性、危害性、紧急性、不确定性等,对其特征的研究有助于进一步了解会展安全与危机的本质。

C.会展安全与危机发生的规律性。

会展安全与危机发生的规律性是会展安全与危机现象研究的一个重要方向。规律性的研究包括空间规律性、时间规律性、活动规律性和阶段规律性等方面。会展安全与危机发生的规律性研究有助于揭示和了解会展安全与危机现象。

D.会展安全与危机的表现形态。

反映会展安全与危机发生的类型,在会展活动的各阶段交替或同时出现,是会展安全与危机的外在表现。包括:

a.盗窃。在会展活动过程中,由于人员密集、拥挤,许多不法分子乘机盗窃,参展商在参观展览过程中被盗等现象时有发生。例如2005年海峡两岸名优产品博览会开张首日,某江苏参展商由于随意摆放自己的笔记本电脑而导致被盗。

b.火灾。展馆没有定期检修、员工未经消防培训、通风设备不全、展位消防通道过窄、管理展商不力(展板不刷防火漆、任人吸烟、电焊施工等)等问题,都是引发场馆消防隐患的导火索。

c.展馆坍塌。有些展馆只适合举办中小型展会,但由于名利所趋,他们却在努力承接各种展会。承接力不够,仍然接办重型机械展,导致楼面垮塌;展位华而不实,一触即倒,造成人员伤亡;参展观众通道狭窄,看台不牢,组织疏通不力,人流拥挤,出现踩人事故。

d.组织者卷款潜逃。在招商完毕后,表面上本次展会展位已爆满,但临近开幕时,却有部分会展活动的举办单位在临近布展时携款而逃,人去楼空。参展商花费了巨额参展费、运输费、交通费等,到达目的地后,却发现整个展厅零星空缺。

e.其他的意外安全与危机事件。

③安全与危机管理及保障研究。

会展安全与危机研究目的是保障会展活动中各相关主体的安全。会展安全与危机管理及保障研究就是分析和探讨会展安全与危机的防控措施、应急处置办法、管理方法和保障体系,以达到对会展安全的防控和管理。对会展危机的应急处置,达到会展安全与危机研究的目的。会展安全与危机管理及保障研究包括宏观和微观两个研究层面。宏观层面的研究有助于管理、保障体系的建立与实施,微观层面的研究有助于对行业安全管理的指导。

④学科构建。

学科构建包括会展安全与危机研究的发展历史分析、学科方法论体系研究和学科研究内容体系三个方面。研究的发展历史分析是学科构建必然性和必要性的依据,学科方法论体系研究和学科研究内容体系研究则是一门学科研究所必需的两大基础性工作。

(2)行业实践层面

从行业实践层面出发,会展安全与危机研究立足于会展业经营管理实践,分析会展业运行中出现的安全与危机问题,研究解决的对策以促进会展业更安全、稳定发展。此层面的研究包括以下几个方面:

①现状与问题研究。

从宏观与微观两个角度分析和研究会展安全与危机现状与问题。宏观方面的研究包括:

A.管理现状与问题。主要分析会展业管理实践中安全问题产生的客观根源。

B.安全认知现状与问题。主要分析和研究会展组织者、参展商、参展观众的安全认知问题。安全认知是对会展安全的主观认识,与会展安全关系极大,往往是造成会展安全事故的主观根源。

微观方面的研究主要着眼于会展行业中的会议、展览、节事和奖励旅游四个会展项目的安全现状与问题。会展活动项目的安全现状与问题与会展组织者、参展商、参展观众息息相关,对会展业的发展产生直接影响。现状与问题分析形成了研究的基础性材料并为后续研究提供依据。

②行业管理研究。

从微观角度分析和研究会展行业在会展活动各阶段的安全问题及其防控与管理。研究内容涉及会展各行业的会议、展览、节事和奖励旅游四个会展项目各环节的安全管理和保障措施。

4)会展安全与危机研究的方法体系

由于会展安全与危机研究是应用性、交叉型的研究领域,它与多学科相互

交融、相互联系。因此,会展安全与危机研究方法具有多样性和包容性。会展安全与危机的研究方法包括:

(1)社会调查方法

社会调查方法是社会学常用的研究方法,主要包括:

①实地踏勘法。

A.样本选取。会展安全实地踏勘地的样本选取应以国家级、省级、地方各地的会展中心、大型活动主办场所为主,在地域空间上选取的样本应能涵盖会展业的研究范围。

B.踏勘记录。实地踏勘中,应设计"会展安全考察表",主要从会展安全管理、安全制度、安全设施设备等方面考察样本区会展安全管理现状,作为实地踏勘的评价和记录依据。

C.数据处理。对所搜集到的会展安全数据先进行因子评价,依据各因子的重要程度利用 Microsoft Excel 软件进行统计整理。

②访谈法。

A.样本选取。以国家级、省级、地方各地的会展中心、大型活动主办场所为主要访谈对象。

B.访谈内容。设计"会展安全与危机管理访谈提纲",从会展安全管理机构、安全案例、安全规章、安全隐患、安全态度以及会展各方的安全认知等角度对会展中心等地宏观安全管理、内部安全操作以及安全管理态度、安全认知等进行开放式访谈。

③问卷调查法。

A.问卷设计。包括参展商、参展观众以及会展主办方调查三种问卷。

参展商调查问卷。包括参展商类型、安全认知、安全经历、对会展场所或会展安全与危机问题的评价等基本内容。

参展观众调查问卷。包括参展观众安全认知、安全经历、对会展场所或会展安全与危机问题的评价等基本内容。

会展主办方调查问卷。主要从管理角度出发,包括会展管理类型、安全管理部门、安全培训、安全规章制度、安全管理程序、安全设施设备、安全预警、防范与控制等内容。

B.调查范围。

参展商调查。参展商调查的范围应涵盖调查样本区域的各主要的会展场所的参展商。

观众调查。观众调查的范围应涵盖调查样本区域的各主要会展场所观众。

会展主办方调查。主办方调查的范围在数量上应涵盖会展举办的各级管理者和会展的管理部门,尤其是负责会展安全管理的部门。

C.调查形式。

参展商调查。采取现场填写问卷、现场访谈等调查形式。第一种主要在会展场所,利用会展活动举办过程中的间歇期间进行调查。这种形式是调查的最佳方式。虽然调查的工作量和难度较大,但其调查的可信度和有效性也较高。第二种形式是在会展举办前或举办结束前,通过现场访谈的形式。这种调查方式易行、效果佳,但需要快速简捷地回答需要的内容。通过这种方式,可以获得真实的会展活动举办前的安全感知和举办后对会展安全管理的认知。

参展观众调查。类似于参展商的调查,可采取现场填写问卷、现场访谈等调查形式。第一种主要在会展场所,利用会展活动举办过程中的间歇期间进行调查。这种形式是调查的最佳方式。虽然调查的工作量和难度较大,但其调查的可信度和有效性也较高。第二种形式是在会展举办过程中,通过现场访谈的形式。这种调查方式易行、效果佳,但需要快速简捷地回答需要的内容。通过这种方式,可以获得真实的会展活动举办过程中参展观众对会展安全管理的认知。

主办方调查。主要采取访谈与邮寄的方式。

D.抽样方式。

参展商和参展观众调查。采取随机抽样方式进行调查。

主办方调查。进行不重复抽样,按会展企业名录选择代表性样本。

（2）文献查询法

文献查询法是自然科学与社会科学都普遍采用的一种研究方法。通过互联网和文献,查询会展安全案例与会展事故的表现形式,分析会展安全问题的一般形成规律,查询有关安全管理的条例与经验,研究会展安全的管理方法和安全保障措施。

①查询范围。

查询的地域范围和内容以所要研究的会展安全与危机为主,内容尽可能地参阅国内外相关资料和文献,为研究提供基础资料和崭新的视角与理论观点,也为后续研究奠定基础。

②查询地点。

以所要研究的会展安全与危机的相关内容为查询对象,有关部门资料室、地方图书馆、省市图书馆、国家图书馆为主要的查询地点。

③查询内容。

查询内容以所要研究的会展安全与危机、安全事故报道以及具有特色会展区域的基础材料为主,包括地方大型节事活动、展览活动、消防、治安、交通、医疗卫生等与会展安全直接相关的资料以及国外相关研究资料等。查询内容的载体主要是报刊、中英文期刊及相关的书籍。

④网络查询。

通过网络查找关于会展安全管理与会展危机管理的国内外最新动态。

（3）数量分析法

数量分析是管理学科、经济学科最常用的研究方法。它包括：对会展安全事故进行数量统计与分析，从而显示会展安全的重要性和会展安全管理的必要性；对会展安全问题的引致因素进行数量解析，运用模型来描述其相互作用力与影响力；对会展安全发生的一般规律进行数量解析，建立规律模型；对会展安全的基本运行进行数量解析，并以此作为会展安全保障体系的数量评价基础。

（4）行为学方法

利用参展商、会展组织者及会展管理部门的行为的相关分析，筛选出与会展安全相关的行为因子，为会展安全事故寻找行为致因。

（5）系统分析法

以系统的思想分析会展安全与危机管理的宏观与微观体系，并以系统的视角来分析和研究会展安全与危机保障体系以及相关体系间及会展安全与危机保障体系内各系统之间的协作关系。

（6）比较法

通过考察国内外会展安全管理的成功案例，借鉴西方发达国家相对成熟的会展安全研究成果和会展安全管理经验，比较与会展安全保障体系相近的其他系统结构，为研究会展安全保障体系的功能结构体系提供依据和方法。

（7）灰色关联分析法

通过对会展安全行为的影响因素分析和搜集会展安全事故的案例样本，使用灰色关联分析法，研究会展安全事故影响因素的重要程度，分析会展安全控制、管理与保障体系之间的相互作用与关系。

（8）典型个案分析法

这是社会学常用的一种实证研究方法。包括：以某一典型的会展安全问题作为个案，分析同一个会展安全问题在不同区域、不同时间的共性和个性的时空特征；以某一典型的会展场所为个案，分析该场所会展安全问题的发生规律、安全控制与保障体系的运作与管理。

1.3 会展安全与危机研究的理论基础

1.3.1 马克思主义哲学

马克思主义哲学是建立会展安全与危机认识的思想理论基础。哲学是关于世界的根本看法,任何学科的研究都无法脱离哲学的影响(谢彦君,1999)。马克思主义哲学作为会展安全与危机研究的基础理论,主要表现在:

1)唯物主义认识论

唯物主义认识论坚持从物质到意识的认识观点,认为人的认识是物质世界的映像、反映,世界是可以认识的。这种认识是我们建立科学正确的会展安全与危机观和会展安全与危机认识论的基础,是我们认识会展安全与危机本质的理论基础。基于此,我们认为会展安全与危机本身具有特定的规律和特点,是可以为我们所认识的,也是可以为我们所控制的。这也是会展安全与危机研究的现实意义和根本出发点所在。

2)唯物主义方法论

一切从实际出发、实事求是、具体情况具体分析的辩证唯物主义方法论,是分析、研究会展活动各环节、各阶段与会展安全问题发生规律、特点,以及会展安全的本质特征的方法论基础。

3)需求论

马克思、恩格斯关于人的需求的论述在一定程度上把对会展活动中的安全需要的研究提升到了哲学的高度。"通过有计划地利用和进一步发展现有的巨大生产力,在人人都必须劳动的条件下,生活质量、享受资料、发展和表现一切体力和智力所需要的资料,将同等地、更充分地交归社会全体成员支配。"这说明,人的生存需要显示了会展活动中安全的重要性,并逻辑地反映了会展安全与危机观是提高人类生存安全、生存能力的形式之一。生存的要求是人的自然属性。但随着人类社会文明的进程,生存需要不论在量或质的方面都是向上发展的,表现在现代社会就是现代世界的生存竞争。

马克思主义哲学的认识论、方法论、需求论为研究会展安全与危机观和会展安全与危机的认知、会展安全与危机的特征和本质、会展安全与危机的发生规律、会展安全与危机和人类自身发展需要的关系提供了基础理论依据和方法,是会展安全与危机研究的理论来源之一。

1.3.2 马斯洛需求层次理论

对人类动机的研究表明,在消遣和旅游需求的决定因素及其实践方式中,发挥决定性影响的是社会心理因素。马斯洛(Abraham Maslow,1908—1970 年)的需求层次理论从人的本质和心理需求角度提供了对会展活动中的安全需求及其属性的心理学解释,是了解会展活动参与动机的基础,也是会展安全研究的理论基础之一。

1) 安全需求层次

马斯洛把人的需要划分成生理需要、安全需要、感情与归属需要、受尊重需要、自我实现需要五个层次(图 1.3),需要层次逐步由低向高发展。一般地,层次越低的需要越容易满足,越高的越不容易满足。但层次越低的需要,则越基本。

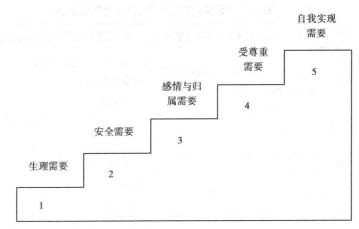

图 1.3 马斯洛需要层次论

显然,安全需要是继生理需要之后人的第二需要,必须得到优先满足。而安全需要包含着各种不同的概念,包括诸如受到保护,摆脱恐惧,经济、政治和社会的稳定,免受战乱、动乱和犯罪等伤害等方面。由于安全方面的基本要求得到满足,人们便开始在更广泛的意义上需求安全。会展活动的参与者必须满足安全需要,安全便成为会展活动参与动机高层次需要的基础。

2) 会展安全需求理论

对马斯洛需要层次理论的进一步研究发现,人的需要具有潜在性和可变性(周三多,1996)。人们一生中存在着的多种需要并非随时随刻全部被主体所感知、认识,有许多需要是以潜在的形式存在的。这些潜在的需要由于客观环境和主观条件的变化,才变得迫切而为其主体所感知。当会展参与者临时进入一个较日常"陌生"的环境时,原有的需求将发生变化,特别是对于奖励旅游者,原来井然有序的主流生活中的需要层次也发生了变化,从而形成了"旅游社会"中的新的旅游需要层次。

奖励旅游者在居住地已经得到基本满足的安全需要,由于旅游活动客观环境的变化和旅游者主观心理感受的不同而重新显现出来,成为有别于原来旅游安全需要的、较高层次的新的安全需要——旅游安全需要。这种新的旅游安全需要实际上贯穿于旅游活动全过程,并在适当的背景下显示出其迫切性。旅游安全需要客观上对旅游行为、旅游决策、旅游目的地产品、旅游趋势和旅游政策带来很大的影响(表1.2)。

表 1.2 旅游安全需要对旅游行为、旅游政策的影响

旅游安全需要	对旅游行为和旅游目的地的影响	给旅游政策和计划带来的后果
旅游者人身安全需要	1.避免到因犯罪率高或政治不稳定而闻名的旅游地 2.避免找近的或熟悉的旅游地	1.必须在外国人旅游区提供保护旅游者安全的机制 2.必须建造更安全的留宿地 3.必须纠正无根据的政治不稳定形象
旅游中的疾病保险需要	1.老年旅游者寻找的是有可靠医疗设备的旅游地 2.旅游医疗急救费用增加	1.必须改善旅游者接受医疗的条件 2.必须发展社会保险方面的国际双边协议 3.必须使旅游者更容易找到医、护、警

资料来源:根据罗贝尔·朗卡尔(1997:35)整理。

以旅游活动中人身安全需要和疾病保险需要两种旅游安全需要为例。旅游者人身安全需要在旅游活动中的表现之一便是旅游者避免到因犯罪率高或政治不稳定而闻名的地方去,或寻找距离较近的、较熟悉的旅游地。而旅游中疾病保险需要的表现之一便是旅游者尤其是老年游客寻找有可靠医疗设备的旅游地,并导致了旅游地医疗急救费用的增加。而从另一方面看,由于暂时脱离"世俗世界"的特点,旅游也成为了某些失望者或愿望未得到满足者的安全庇护所(罗贝尔·朗卡尔,1997:26)。

总之,当奖励旅游成为越来越普遍的大众现象时,"旅游社会"中出现了新的有别于"世俗生活"中的需要层次——旅游安全需要层次,旅游安全需要也就成为了旅游这一特殊社会现象的高层次的安全需要。因此,会展安全研究成为一种必然的研究课题,并获得了其理论的依据之一。而马斯洛需要层次理论和由此引申出来的会展安全需要层次理论将是从心理需要角度阐述会展安全、引导会展安全研究的有力理论工具之一。

1.3.3　安全理论与危机管理理论

1) 安全经济理论

"安全经济学"是伴随着安全科学的发展而产生和发展的。从我国的情况来看,20 世纪 80 年代开始出现与安全科学有关的理论研究成果,90 年代开始出现以"安全经济学"为命题的研究成果。进入 90 年代,国内外以"安全经济学"为命题的研究成果不断丰富,安全经济学在国家"学科分类与代码"中被列为安全科学的一个三级学科,安全经济学进入了科学体系的建设发展阶段。

安全经济理论是以经济学理论为基础,研究安全经济活动规律的科学理论。安全经济理论涉及经济因素对安全的影响、安全事故对社会经济的影响规律、安全的经济效益、安全管理的经济方法等内容。安全经济理论最基本的内容是安全的投资或成本规律、安全的产出规律、安全的效益规律等问题。

安全经济理论将为会展安全经济性问题研究提供借鉴与指导。我们可以运用安全经济理论阐述会展安全与生产、会展安全与效益、会展安全与效率的关系;研究会展事故损失的规律与评价技术、会展安全的效益理论和投入产出规律、会展事故保险(伤亡保险、财产保险、意外事故保险等)的运行机制及其事故预防;实现会展业的安全运行。

2) 安全行为科学理论

安全行为科学是把社会学、心理学、生理学、人类学、文化学、经济学、语言学、法律学等多学科基础理论应用到安全管理和安全事故预防的活动之中,为保障人类安全、健康和安全生产服务的一门应用性科学。安全行为科学的研究对象是社会、企业或组织中人和人之间的相关关系以及与此相联系的安全行为现象,主要研究的对象是个体安全行为、群体安全行为和领导安全行为等方面的理论和控制方法。

会展安全同样包括个体安全行为、群体安全行为等,安全行为科学理论为分析、研究与解决会展安全问题提供了一个很好的范式。我们可以利用研究安全行为的方法,如观察法、访谈法、问卷法、测验法等去研究会展安全行为,其基本理论和方法是我们研究和发展会展安全的基础和借鉴。

3) 安全评价理论

安全评价(Safey Evaluation)亦称危险度评价或风险评价(Risk Assessment),是安全系统工程的重要内容之一,目的是实现系统安全。安全评价理论运用系统工程的方法对系统存在的危险性进行综合评价和预测,并根据其形成事故的风险的大小,采取相应的安全措施,以达到系统安全的过程。安全评价不仅成为现代安全生产的重要环节,而且在安全管理的现代化、科学化中也起到积极的推动作用。

应用安全评价理论的安全系统工程原理与方法,可以对会展业系统中存在的危险因素、有害因素进行辨识与分析,帮助我们判断会展系统发生事故和职业危害的可能性及严重程度,为制定防范会展安全措施和管理决策提供科学依据,达到实现会展系统安全的目的。

4) 事故致因理论

事故致因理论亦称事故因果连锁理论(Accident Causation Sequence Theory),是美国学者海因里希(W.H.Heinrich)在对当时美国工业安全实际经验进行总结和概括的基础上提出的,用以阐明导致伤亡事故的各种原因因素之间以及这些因素与事故、伤害之间的关系。

事故致因理论认为:人员伤亡的发生是事故的结果,事故的发生是由于人的不安全行为或物的不安全状态所导致的,人的不安全行为、物的不安全状态是由于人的缺点造成的,人的缺点是由于不良环境诱发的或者是由于先天的遗传因素造成的。虽然事故致因理论是建立在工业安全事故研究的基础上,但对会展安全事故的研究和防范有很好的借鉴与指导意义。

5) 安全管理理论

安全管理理论强调安全管理以安全为目的,研究如何发现、分析和消除企业生产过程中的各种安全问题和风险,防止发生安全事故和影响职业健康的疾病,避免各种安全损失,保障职工的安全和健康,提高企业生产过程的经济效益和社会效益。安全管理理论关注企业安全业务的计划、组织、协调和控制等一系列管理活动的安全问题,强调组织的安全生产"人人有关、人人有责"。研究会展安全需要安全管理理论的借鉴,在会展安全管理的具体实施和实践运行过程中,需要不断地进行安全绩效测量和监视,一旦发生安全事故和问题,则及时采取纠正和预防措施。会展安全管理过程是一个动态循环并持续改进的过程，为了不断改善组织的安全管理绩效,需要定期开展会展安全管理的评审和评估,以确保会展安全管理实现持续适宜性、充分性和有效性,达到持续改进、确保会展安全的目的。

6) 风险管理理论

风险管理理论研究风险的来源,风险的本质和属性,风险的识别与风险评价,风险预测与风险防范,风险管理与处理等相关问题。

利用风险管理理论研究会展风险问题,有利于会展管理者树立会展风险观念,对可能存在的会展风险进行识别、防范,及时控制和处理,帮助会展管理人员合理地权衡和利用风险与收益的关系,通过实施降低、转移、分散、隔离等方法应对会展风险。

7) 危机管理理论

危机对策理论研究的先驱赫尔曼(Hermann)认为,危机是一种情景状态,其决策主体的根本目标受到威胁,在改变决策之间可获得的反应时间很有限,其发生也出乎决策主体的意料。危机管理理论研究如何看待危机,如何应对和处理危机。危机管理包含对危机事前、事中、事后所有方面的管理。有效的危机管理需要做到:转移或缩减危机的来源、范围和影响;提高危机初始管理的地位;改进对危机冲击的反应管理;完善修复管理以能迅速有效地减轻危机造成的损害。

应用危机管理理论研究会展活动过程的危机问题、会展危机的风险评估、危机监测预防、信息沟通、危机反应管理、危机恢复管理,是会展安全与危机研究的重要组成内容。

1.3.4 系统论、信息论、控制论

系统论、信息论、控制论等现代组织理论为会展安全研究和会展安全管理提供了战略方法和宏观策略指导。

1) 系统论

系统论认为系统是由许多相互作用、相互依赖的要素所组成,是具有特定功能的有机体。会展安全具有系统的基本特征,是一个复杂的系统。会展组织者、参与者、会展设施设备、会展场所环境、会展从业者等都可以看成是会展安全系统的子系统。根据系统论观点,对会展安全系统而言,组成系统的基本要

素有四个:人(组织者、参与人员、工作人员)、设备(会展设施设备)、会展展览环境和信息(会展场所安全形象、会展各环节安全状况、会展参与者安全偏好与认知等)。

应用系统论进行会展安全研究,能够使复杂的会展安全领域条理化、清晰化,从而使正确认识和掌握会展安全规律,最终建立有序的会展安全保障系统成为可能。

2) 信息论

信息存在于整个旅游安全系统中,形成了会展安全信息系统(图1.4)。在会展安全系统中,除会展设备是单一的信源外,系统的其他组成要素均融信源与信宿为一体。会展参与者把安全认知、安全偏好、安全经历及价值取向通过会展主办方、会展参展组织者等传递给会展场所、会展管理者和会展工作人员;会展场所则把会展场所的安全形象、安全现状传递给参展商、参展观众和管理者;而参展观众传递的则是参展商、管理者对会展场所和会展安全的认知等信息。会展安全信息系统中,会展管理者处于系统的核心地位,既是信源、信通,又是信息的处理中心。会展管理者根据会展安全信息,针对参展观众、参展商的安全需要制定旅游安全政策,针对会展场所、会展设施设备安全状况采取会展安全管理措施。

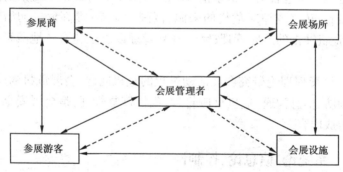

图 1.4 会展安全信息系统

3) 控制论

会展安全信息是会展安全保障系统中会展安全预警系统、控制系统、施救系统之间进行联系、开展工作的前提,是安全防范、控制和安全管理决策的基础。

会展安全研究的终极目的在于寻找行之有效的安全管理对策和可靠的解决措施。但由于会展安全问题的不可避免性,只能在一定范围内使风险和危害降到最小化。因此,会展安全管理的实质就是对会展安全系统的控制。根据控制论论点,对会展安全系统的控制又可以分为事前控制(预期控制)、现场控制和事后反馈控制。会展安全系统控制是以避免或减少会展安全事故,防止会展安全事故发生为目标,考察和分析会展安全问题的特点与发生规律,研究会展安全管理措施和保障体系,通过会展安全的控制,实现预定的安全管理目标。

(1)构成会展安全控制的基本要素

①具有科学性和可操作性的会展安全政策与法规系统。

②一套有效的会展安全预警系统,能对会展安全问题作出高速有效的信息反馈与预警。

③一个招之即来、来之即战的会展安全施救系统。

(2)会展安全系统控制的三个基本要素

①事先控制(预先控制)。

事先控制指防止在旅游活动中出现会展安全事故的多种措施,包括提高管理者、会展从业人员、会展组织者的安全认知,会展政策法规和会展企业、会展管理部门出台的各种会展安全制度与法规,会展预警网络与系统等。

②现场控制。

现场控制指对利益活动现场的安全控制。包括各会展企业安全制度、安全措施的落实与监督,会展安全问题多发区的控制与管理,会展安全的自控与互控系统控制,会展安全预警与施救系统的管理与控制等。

③反馈控制。

反馈控制指通过各种会展安全信息的反馈,达到对会展安全的事前控制和会展活动现场的安全控制。反馈控制可以分为局部反馈控制(逐步反馈控制)和全部反馈控制两种。

系统论、信息论和控制论使会展安全研究和会展安全管理思路清晰化、有序化。系统的思想使会展安全的控制成为现实,而会展安全信息则成为会展安全系统控制的依据和内容。

除系统论、信息论和控制论外,突变论、协同论等自组织理论也可以为研究会展安全系统的机制与实现提供战术方法论和微观战略指导。囿于水平和篇幅,本书不对突变论、协同论等自组织理论进行介绍。

1.3.5 管理科学理论

将数学尤其是运筹学大量引入到管理领域,是管理科学学派的显著特征,因而这一学派又称数量学派,并在很多场合被看作运筹学的同义语。该学派认为,管理就是把科学的原理、方法和工具应用于管理的各种活动,制定用于管理决策的数学和统计模型,并进行求解,以降低管理的不确定性,使投入的资源发挥最大的作用,得到最大的经济效果。正是这些科学的计量方法,使得管理问题的研究由定性走向定量。

管理科学学派的理论渊源,可以追溯到 20 世纪初泰勒的"科学管理"。"科学管理"的实质,是反对凭经验、直觉、主观判断进行管理,主张用最好的方法、最少的时间和支出,达到最高的工作效率和最好的效果。这一点与管理科学所要求的"最优化"不谋而合。会展安全管理属于实践操作性较强的管理体系,会展安全的防控、管理与决策等管理行为都必须应用管理科学的数量方法,以此来指导会展安全管理的理论与实践。

1)管理科学理论的主要原理

管理科学理论是指以现代自然科学和技术科学的最新成果(如先进的数学方法、电子计算机技术以及系统论、信息论、控制论等)为手段,运用数学模型,对管理领域中的人力、物力、财力进行系统的定量的分析,并作出最优规划和决策的理论。管理科学理论至少有以下三个理论与原理为会展安全与危机的研究提供方法与指导。

(1)运筹学

运筹学是管理科学理论的基础,它是在第二次世界大战中,以杰出的物理学家布莱克特(Blackkett)为领导的一部分英国科学家为了了解雷达的合理布置问题而发展起来的数学分析和计算技术。按照运筹学的方法,可以对会展安全管理进行实验和定量性科学决策,它可以知道会展安全管理人员在既定的物质条件(人力、物力、财力)下,为达到安全管理的目的,运用科学的方法(主要是数学的方法)来进行数量分析,统筹兼顾研究各会展主体及会展活动中各环节之间的关系,为选择出最优的会展安全决策方案提供数量上的依据,以便作出综合性的合理安排,在会展活动中最经济有效地使用人力、物力和财力,以达到最大的安全管理效果。运筹学在会展安全学领域中有不同的应用内容,这些内容包括:

①规划论。

规划论用来研究如何充分利用企业的安全资源,包括人力、物资、设备、资金和时间,最大限度地完成各项会展安全计划任务,以获得最优的安全保障。规划论根据不同情况又可分为线性规划、非线性规划和动态规划。

②库存论。

会展企业的安全管理必须利用大量的安全设施设备,运用库存论可以分析在什么时间、以什么数量、从什么地方供应,来补充安全管理所需的设备、设施、资金等库存,既保证会展企业能有效运转,又使其保持一定库存和补充采购的总费用最少。

③排队论。

排队论主要是用来研究在会展服务系统中,设置多少服务人员或安全设备最为合适,既不使会展参与者过长地排队等候,又不使服务人员及安全设备过久地闲置。

④对策论。

对策论又称博弈论,主要用来研究在代表不同利益主体的会展企业间的各种竞争活动中,在面对安全管理问题时,比如进行安全投资,如何使自己一方获得期望利益最大或期望损失最小,并求出制胜对方的最优策略。

⑤搜索论。

搜索论用来研究会展企业在寻找安全管理对象(如安全管理问题、安全隐患)的过程中,如何合理使用搜索手段(包括人、物、资金和时间),以便取得更好的安全搜索效果。

⑥网络分析。

网络分析是会展企业利用网络图对安全管理工程进行计划和控制的一种管理技术,常用的有"计划评审技术"(简称 PERT)和"关键线路法"(简称 CPM)。

(2)系统分析

系统分析是运用科学和数学的方法对系统中事件的研究和分析。其要点是解决管理问题时要从全局出发,进行分析和研究,制定出正确的决策。因此,安全系统分析一般有如下步骤:

①首先弄清并确定会展安全系统的最终目的,同时明确每个特定阶段的阶段性目标和任务。

②必须把会展安全控制与管理看作是一个整体,是一个统一的系统,然后确定每个局部要解决的任务,研究它们之间以及它们与总体目标之间的相互关系和相互影响。

③寻求达到总体会展安全管理目标及与其相联系的各个局部的会展安全任务和可供选择的会展安全控制方案。

④对可供选择的会展安全控制、管理方案进行分析比较,选出最优的会展安全控制、管理方案。

⑤组织各项会展安全管理工作的实施。

系统分析和运筹学作为逻辑和计量方法,它们的共性很多。一般认为,系统分析研究的范围更广泛一些,多用于会展企业安全战略的高级决策研究,而运筹学研究的范围相对较窄一些,一般用于具体性的旅游安全战术性的分析论证。但在实际中,作为决策工具,往往是两种方法共同使用、相互补充,有效地发挥两种分析工具的综合作用。

(3)决策科学化

在进行会展安全决策时,要以充足的事实为依据,采取严密的逻辑思考方法,对大量的资料和数据按照事物的内在联系进行系统分析和计算,遵循科学程序,作出正确的安全决策。上述关联科学理论的两个原理就是安全决策科学化提供分析思路和分析技术的,同时,它所使用的先进工具——电子计算机和管理信息系统也为安全决策科学化提供了可能和依据。

2)管理科学理论在会展安全研究中的应用

管理科学理论的应用遵循了一定的基本步骤,而且各个步骤并不是孤立地进行的,而是相互联系和相互作用的。

(1)观察和分析

观察和分析是发现和解决会展安全问题的关键,是各个步骤的基础。会展安全管理者的才能之一就表现在能敏感而机警地发现问题。会展安全管理人员在发现了安全问题以后,有必要进一步搜集材料,丰富有关这一安全问题的知识,然后加以分析,了解事实材料背后的缘由,加深对安全问题的理解。

(2)确定会展安全问题

通过对会展安全问题的观察和分析,找出会展安全问题存在的关键原因和症结所在,从而确定会展安全问题的实质内容,即确定影响会展安全问题的各种因素,特别是目标、约束条件、组织各部门间的关系、可能取代的其他途径、上级领导要求的限制等。在确定目标时,要以整个组织的最优化而不是以局部优化为终极目标,且会展安全目标和其他因素都应尽量具体化和计量化。

(3)建立模型以代表所研究的系统

管理科学中常用的是数学模型,即用一组变数(可变因素)的函数来表示安全系统的效率。数学模型的一般形式为:

$$E = F(x_i, y_i)$$

在会展安全管理中进行应用时,其中 E 代表会展安全系统的效率(防控效果、安全投入成本等),叫做安全目标函数,F 代表函数关系,x_i 代表安全系统中可以控制的变数,y_i 代表安全系统中不受控制的变数。

在管理科学理论的应用实践中,常常用到一些数学模型包括扭亏平衡点模型、库存模型、线性规划模型、目标规划、整数规划、动态规划、决策规划、网络模型、排队模型、模拟模型、马尔科夫过程、对策论等。

（4）从模型中得出解决方案

这指的是找出会展安全系统效率最优化的"可控变数"的值。但在得出解决方法之前，先要通过不断地比较和筛选，得到最好的一个会展安全管理模型，然后采用恰当的技术求解。管理科学虽然以最优化为目标，但事实上从模型得出的解答只能是一种预期性或平均性的答案，可能只是"令人满意的"解而不是最优解。

（5）对会展安全管理模型及解决方案进行检验

这指的是验算变数，用实际的安全防控与管理的情况来检验模型的预测，并对实际的会展安全防控结果和预计的会展安全防控结果进行比较等。会展安全管理部门应首先在小规模的实验中确定会展安全管理模型的功效，如果发现差错，可以对会展安全管理模型加以恰当的修改，从而得出新解。

（6）建立对安全解决方案进行监控的手段

会展安全管理模型是否有效，取决于它是否能代表所研究的会展安全系统。但由于现实的安全问题或安全体系是动态而变化的，所以必须注意其变化而建立适当的监控手段。

（7）把会展安全解决方案付诸实施

这是把会展安全管理方案转化为可行的安全作业程序的一个过程，会展安全管理人员应注意到会展安全管理模型的目标、假设、限制甚至遗漏事项，并把情况反馈到前面的步骤中去，对临时发现的偏差和缺点也要予以补救和纠正。

应用管理科学理论，可以把现代科学方法运用到会展安全管理领域中，为会展企业的安全管理决策提供科学的方法。它能使会展安全学理论研究从定性到定量在科学的轨道上前进一大步，同时它的应用对会展企业安全管理水平和效率的提高也起到了很大的作用。但是，同其他理论一样，它也有自己的弱点，它试图把管理中与决策有关的各种复杂因素全部数量化，这是不可能也不现实的。同时，这一理论忽略了人的主观能动因素，这不能不说是它的一大缺陷。

1.3.6　社会学理论

社会学是通过人们的社会关系和社会行为，从社会系统的整体角度来研究社会的结构、功能和社会现象发生和发展规律的一门综合性的社会科学（曹维源，1991:379）。

1) 社会学理论的发展

社会学兴起于 19 世纪 30 年代,源于对当时社会矛盾、社会变革的思考和对自由、平等的追求,并以孔德(Anguste Comte,1798—1857 年)和 H.斯宾塞(1820—1903 年)为代表。19 世纪 90 年代,社会学成为了社会科学的一门基础学科,并大体确定了它的研究内容和方法。法国的迪尔凯姆(Emile Durkheim,1858—1917 年)和德国的韦伯(Max Weber,1864—1920 年)对此作出了重要贡献。迪尔凯姆用经验主义方法研究社会整合和劳动分工,把社会现象作为社会学的专门研究对象,认为社会学应该用一些社会事实来表达另一些社会事实,强调了社会现象的客观性和社会性,并提出了研究社会现象的特殊方法,使社会学成为一门完全独立的学科。韦伯把社会学定义为研究人的行为的科学,把社会学的研究对象规定为社会行为者的主观意义,即人们的动机与价值取向。他指出,社会学要认识的是社会行动,要从根本上说明社会行动的过程和影响,并力图证明宗教思想是社会发展的主要动力。20 世纪 40 年代以来,社会学的研究领域不断扩大,不断出现新的理论,产生了以 T.帕森斯为代表的结构功能主义,以 G.H.米德(美)和 H.布鲁默(德)为代表的符号互动理论,以 G.霍曼斯(美)为代表的社会交换理论,以 L.科瑟(美)和 R.达伦多夫(德)为代表的社会冲突理论等。社会学和其他学科逐渐交叉结合,并采用社会学的理论和方法去研究其他学科的问题。

2) 社会学理论在会展安全研究中的应用

社会学理论探索,至少可以在以下几个方面为会展安全学研究和会展安全实践提供有益的借鉴和启示。

(1)从社会心理学角度和心理需求方面,探讨会展参与者在会展过程中的安全认知、安全行为及其防范措施

有别于马斯洛需要层次理论,社会心理学研究会展参与者的安全需要的本质,关注会展参与者在普遍安全需要基础上对安全的认知、会展活动中与安全有关的决策以及随后的安全防范等相关问题。这些都是社会心理学介入会展安全学研究的内容之一。社会心理学的介入,能够解释会展参与者潜在行为背后对会展安全的理解、动机及其会展场所选择与决策行为、会展参与行为模式及其影响。

(2)社会学中关于犯罪与社会示范的相关理论有助于解释会展中的犯罪现象,并且有助于预防和解决会展安全中的犯罪问题

由于会展活动的异地性、暂时性及其带来的对会展场所的陌生、人员密集、

人员流动性强等现象,容易使会展参展商和参展观众成为犯罪的对象甚至是犯罪的主体。犯罪由此成为会展安全的主要表现形态之一。社会学中关于犯罪与社会失范的相关理论可以用于解释会展安全中的犯罪现象,解析会展与犯罪的关系与会展中犯罪背后的社会动机与社会根源。例如,迪尔凯姆就用"失范"来指社会群体或个人的失常、道德败坏等状态。因此,全面理解会展参与者或者会展活动中的反常现象,如犯罪、盗窃等,需要借助社会学理论来研究和考察会展参与者所处社会环境。这将有助于会展活动中犯罪问题的预防与解决。

(3)社会学中的符号互动主义对会展安全问题的发生与预防也具有一定的作用

一方面,会展参展商所具有的外在符号引起了犯罪分子的关注,导致了犯罪等问题的发生;另一方面,会展参展商外在的符号也能吸引会展管理者关注的目光,从而在一定程度上预防了会展安全问题的发生。同时,会展参展商的外在符号对研究会展参与行为、安全取向也具有一定的意义。

第2章

会展安全与危机的规律与现象

2.1 会展安全与危机的本质与特征

2.1.1 会展安全的本质与特征

1)会展安全的本质

桑德拉·莫罗提出:会展是由个人或公司组织的一个暂时性的、时限灵活的市场环境,在这里购售双方为当时或将来某个时间买卖所展出的商品或服务而进行的直接交流。保健云认为:会展是会议、展览、展销等集体性活动的简称,是指在一定地域空间,由多个人集聚在一起形成的,定期或不定期的,制度或非制度性的集体性和平活动。

就会展定义而言,学者处于不同的角度界定,提出了诸多表述,但综合起来,不难发现,会展的本质:"特定的空间"——会展活动必须要有特定的场所和场地;"集体性"——会展活动要有一定的规模;"物质或精神"——是指活动的承载物可以是物质形态,也可以是精神形态,"交流或交易"——会展活动的目的是交流,也可以是交易活动。

正是由于会展的特定空间、集体性、物质或精神、交流或交易的本质特征使会展安全显现出来。通过对会展本质特征与会展安全关系的分析,可以发现:其一,会展安全是会展本质特征的逻辑必然,会展安全需求是会展活动的内在要求;其二,在全面管理,规范发展会展业的市场条件下,会展安全促使会展活动规范化、安全性、科学性运行的同时,使会展的交易或交流的目的得以实现。

会展安全本质具有客观存在的两面性。一方面,会展安全以会展本质为基础,并建立在会展本质特征上,会展安全问题始终依附和伴随在会展活动之中,没有会展活动,就不会有会展安全问题。另一方面,会展安全本质又决定了会展本质,会展安全的存在与否决定了会展的交流或交易的目的能否实现。此外,会展本质特征与会展安全的关系也产生了关于会展本质与会展安全的悖论:一方面,会展活动是在特定空间集聚、人流密集的环境中,使得会展参与者在会展活动中置于一个拥挤、嘈杂的环境中,自然而然地产生对安全的需求;另一方面,会展本质决定了会展参与者是为了完成交流或交易的目的,因而会导致会展参与者为了实现自身的目标,在会展活动中会放松安全防范,导致安全问题增加,同时会展参与者中的不法分子常常借助这个"机遇"活动,给会展活动增加安全隐患,直接导致安全问题必然存在。会展安全本身是一种矛盾现象。会展参与者既需要会展活动安全,又需要在会展活动中放松安全警惕,使安全问题客观存在,而安全问题的存在又会刺激新的会展安全需要的产生。会展安全就是在这样的悖论和循环中始终贯穿于会展活动的始末。只要会展本质不变,会展活动现象存在,那么,会展安全也必将伴随着会展活动现象而存在。

2) 会展安全的特征

会展安全的主要特征表现在以下六个方面:

①突发性。会展安全事故往往都是不期而至,令人措手不及,事故一般是在会展活动的主办方、参展商等毫无准备的情况下瞬间发生,给会展活动带来混乱和不安全感。

②不确定性。会展安全事件爆发前的征兆一般不是很明显,会展安全管理方难以作出准确预测。事故发生与否和发生的时机是无法完全预测到的。

③急迫性。展期有限,回旋余地小。会展安全事故发生后,安全管理人员面临紧迫任务,必须尽快控制住势态,但是会展的展期尤其是商业性会展比较有限,一般而言,展期一周左右,短则两三天。所以在会展安全应急处理中,时间非常紧迫,对有限时间的利用在很大程度上决定了安全应急管理的有效性,造成回旋余地小。

④连锁效应。会展具有产业关联性强的特点,它所带动的行业有会议、展览、节庆旅行社、饭店、餐饮、交通、通信、购物等相关产业等。当会展产业链内其中一个环节出现问题,就会造成整个产业链的其他链条出现危机,产生巨大的连锁效应。

⑤影响广泛。会展安全事故一旦发生或者即将发生,有关现场就会出现失控、混乱和无序的局面。如果安全事故没有得到有效的预防和控制,一方面可能会给组展商、参展商、服务商、普通观众和专业观众造成巨大的损失,例如展品被严重损坏,严重的还会造成人员伤亡;另一方面会展安全事故还会毁坏会展良好声誉和办展机构的形象,降低会展品牌的美誉度和客户的忠诚度。

⑥信息不对称。会展安全事故常常发生在特定的区域范围内,而安全事故对展会现场的分割,又使得事故范围之外的人们与事故范围内的人们很难相互联系,加上会展安全事故的突然发生使人们惊慌失措,人们很难对客观的情况作出真实的认识和反应,这使得会展危机情况错综复杂,各种信息真伪难辨。会展主体、会展客体和传播媒体为了各自的利益或者缺乏必要的沟通,可能造成信息的隐藏,或者严重的信息不对称,从而增加会展安全应急处理的难度。

2.1.2 会展危机的本质与特征

1) 会展危机的本质

世界旅游组织把危机阐述为:影响旅行者对一个目的地的信心并扰乱继续正常经营的非预期性事件,这类事件可能以无限多样的形式在许多年中不断发生。美罗森塔尔(Rosenthal)、皮内泊格(Pijnenberg)认为危机是具有严重威胁、不确定性和危机感的情景。美国学者巴顿(Barton)把危机定义为:一个会引起潜在负面影响的具有不确定性的大事件,这种事件及其后果可能对组织及员工、产品、服务、资产和声誉造成巨大的损害。薛澜、张强、钟开斌则认为:危机是对一个社会系统的基本价值和行为准则架构产生严重威胁,并且在时间压力和不确定性极高的情况下,必须对其作出关键决策的事件。李锋(2008)综合危机特征,概括形成危机的抽象概念:危机是指个人、群体或者组织由于突发事件的出现而受到破坏,严重地威胁到其正常的生存与发展的状态。

综合以上定义,再结合会展业本身的一些特点,会展危机可以定义为:影响会展组织者和会展参与者对展会举行目的地的信心和扰乱展会组织主体正常经营的,有严重威胁的不确定性事件,其后果会对会展组织及其参与者、产品、服务和信誉造成巨大的损害。会展危机既包括会展活动中的突发安全事件,如自然灾害、人为事故灾害、恐怖事件和犯罪行为等危害到会展组织者和参展人员的人身安全和财产安全的事态;也包括突发卫生事件,如人员昏迷、食物中毒、中暑、有害气体中毒、心脏病突发、伤亡以及晕车、呕吐等;还包括突发活动变更事件,如演讲嘉宾缺席、大型活动取消和天气因素导致的重大计划变更等。

通过上述会展危机的概念,不难看出,会展危机本质是严重威胁会展活动正常运营和发展的状态。会展危机的本质主要强调:一方面,受到会展危机影响的既可能是参与会展活动的个人,也可能是整个参与会展活动的群体组织。另一方面,会展危机出现会严重破坏正常的会展业发展和生存,同时也给会展举办地造成负面影响。

2) 会展危机的特征

会展危机的主要特征表现在以下五个方面:

①突发性:会展危机发生的时候都是在会展组织方尚未关注或失于防范的情况下瞬间突发,给会展活动的正常运营带来破坏和损失;突发性是会展危机的起因性特征。

②危害性:危害性是会展危机的结果性特征。重大的会展危机往往造成会

展终止,有的还会造成巨大经济损失和社会负面影响。即会展危机的危害既包括会展参与个人的生命财产安全,也包括会展举办地社会形象的负面影响,同时给会展业的发展造成灾害性损失。

③紧急性:会展危机的特征决定了会展机构作出的反应和处理时间的紧迫性,任何延迟都会带来更大的损失。科学、合理的应急救援处置给会展危机事件的转"危"为"机",和最大限度地减少危机造成的损失产生积极作用。此外,会展危机发生后,还需紧急关注社会媒体大众对危机事件的报道和宣传,会展主办方和管理者需立即对危机的情况进行适时如实对外说明,尽量降低因媒体报道不真实给会展业的影响和负面作用。

④不确定性:不确定性是会展危机的本质性特征。危机事件爆发前的征兆一般不是很明显,难以作出预测。危机出现与否与出现的时机是无法完全确定的。这是因为在会展活动的举办过程中,会展的人群复杂、人员集聚,会展各阶段各环节的安全隐患存在,以及会展举办过程中突发事件的影响都会给会展活动的稳定增加不确定性。

⑤恐慌性。危机感会迅速上升为恐慌,使参展商或公众对展会前景预期不确定,与繁荣时对前景看好呈现巨大的反差。如果不及时控制危机的蔓延,会对会展组织产生长期的影响。

2.2　会展安全与危机的发生规律

自然灾害、流行性疾病、人为破坏、突发性的伤亡事故等各种突发事件都会给会展的安全稳定带来不确定性,随时发生的突发事件不仅会导致会展的延期、暂停甚至取消,更重要的是突发事件会给会展业带来不可预见的极其严重的人身、财产损失,甚至给会展活动举办地造成严重的负面社会影响。通过搜集新闻媒体、网络、报纸等报道的案例资料数据,据不完全统计,从2001—2012年发生的75起会展安全事故与危机案例,经过分析发现,会展安全与危机发生具有规律性特征。

2.2.1　空间规律

会展活动举办是在一个特定的空间场所和场地进行,而会展活动空间离不开会展组织者与参与者等营造的社会环境、自然环境、人工环境等因素组成的特定场所。其中,社会环境主要涉及国家政策法规环境、恐怖主义环境、市场竞争环境和经济发展水平环境等;自然环境主要指天气条件恶劣、地理环境复杂;

人工环境主要指场地环境、现场管理环境、现场活动环境、通信联系环境、活动路线冲突等。经过不完全统计分析发现(图2.1),因社会环境的空间因素产生的会展安全与危机占32.43%;自然环境的空间因素导致的会展安全与危机占22.97%;人工环境的空间因素造成的会展安全与危机事件占44.59%。由此看来,人工环境影响因素是不容忽视的重要因素,占比最大。会展活动中心的指示牌、安全出口、道路状况告示系统等营造的人工环境对会展安全有直接影响。指示牌、安全出口等标识不完善导致事故发生时,会展中心人流涌动,无序踩踏事故因此而生。

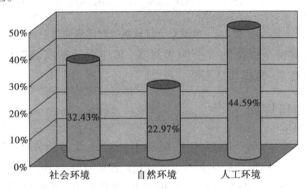

图2.1 会展安全与危机的空间规律

2.2.2 时间规律

会展安全与会展活动的举办时间存在一定的联系,表现出明显的时间规律性。会展活动安全现象表现出的时间规律性是因为会展活动举办的时间有着明显的时间规律性。通过对搜集的案例分析发现(如图2.2所示):每年3月、4月、6月、9月、10月是会展安全与危机事件的频发期,安全与危机事件的数量较多,尤其是每年的9月、10月,是全国各地举办秋季会展的高峰期,因而会展安全与危机事件的发生概率较高。其次是每年6月的夏季会展,火灾、食物中毒等各种安全问题和危机事件发生较多。每年的3月、4月是举办春季会展活动的小高峰,各种会议、展览、节事活动也较多,因而会展安全与危机事件也是时常发生。

会展安全与危机事件的时间规律反映出会展活动举办的高峰时段。高峰时段,各种会议、展览、节事活动、奖励旅游等活动大量开展,自然而然增加了会展安全与危机事件的发生概率。因此,会展安全与危机事件的时间规律给会展管理部门、主办方、参与者敲响警钟。对于会展活动管理者要在会展活动开展的高峰时段加强安全管理和防控;会展的主办方需要对会展场所、会展设施设

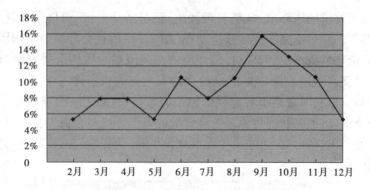

图 2.2　会展安全与危机的时间规律

备等安全问题进行全方位的安全隐患排查;在会展活动高峰时段,会展参与者也需提高防范意识,警惕事故发生。

2.2.3　项目规律

通过对搜集的 2001—2012 年的案例不完全统计分析发现,会展活动包括的会议、展览、节事和奖励旅游四个项目也存在明显的差异,具有一定的规律性(图 2.3)。仅从会展安全与危机事件的发生数量上看,展览项目发生的安全与危机事件较多,占四个项目总数的 83%;其次是节事活动,节事活动占 7%;会议和奖励旅游各占 5%。因为每年的各种展览活动较多,加上展览活动的特点,导致展览安全与危机事件发生频次较高。

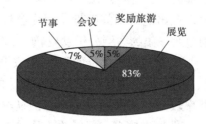

图 2.3　会展安全与危机的项目规律

2.2.4　活动规律

会展安全与危机问题的发生规律与会展活动项目的类型有关,并在会展活动的四个项目中表现出较大的差异性。由于会展活动本身是个动态的过程,同时也涵盖了会展业四个不同项目类型,在不同的活动背景下表现出差异性。因此,会展安全与危机在会展活动的不同环节也表现出较大的差异性。展览安全与危机事件主要有盗窃、展览设施设备故障、火灾、人员斗殴、展馆坍塌等安全问题;会议安全与危机事件主要是火灾、场所的设施设备问题;节事活动发生的人员拥挤、踩踏事件较多;奖励旅游涉及食、宿、行、游、购、娱等方面的安全与危机问题。

一般而言,奖励旅游的安全问题体现在:饮食安全问题主要是会展活动的食品用餐卫生问题及由此引发的食物中毒等;住宿安全问题中的防火防盗问题比较突出;旅行安全主要表现在旅游交通安全问题上;游览安全比较复杂,与游览活动的类型有关,主要表现为活动损伤、活动事故与遭遇突发事件等;购物安全主要表现为欺诈、纠纷等消费安全问题;娱乐安全则表现为盗窃、纠纷、斗殴、设施设备故障引发的事故等,并呈现出极端复杂性。

2.2.5 阶段性规律

会展安全在会展活动举办的不同时期表现出不同形态与规律。会展活动举办前,即筹备阶段,主要是因不可抗力的自然因素,如暴雨等导致会展活动的延期、暂停甚至终止;也有人文因素,如重要嘉宾未能出席,也可能导致会展活动延期;还有设施设备故障问题导致会展活动的正常进行受到影响。在会展活动举办过程中,即正式运行阶段,主要是人为因素给会展安全与危机带来的影响,如因人员集聚、人流拥挤的环境导致会展参与者中不法分子盗窃行为等,也有群体性的冲突、斗殴事件;还包括设施设备运行过程中发生的故障,导致的火灾、停电、网络中断等给会展活动的顺利运行产生影响,这阶段安全与危机事件最多,相对不稳定。在会展活动举办后,即结束阶段,会展参展商在撤展的过程中的展品的安全问题,如被盗事件、展品的知识产权问题等;还有会展组织者在拆除会展临时搭建的展台过程发生的设施设备坍塌事件,这阶段的安全与危机事件相对较少,较稳定。

2.3 会展安全与危机的类型及表现形态

2.3.1 会展安全的类型与表现形态

1) 会展安全的类型

综合所搜集的会展安全事故案例,并结合会展业安全管理内容特点,将会议和展览等大型会展活动安全主要归纳为以下五种类型：

（1）个人安全与人群安全

"人"的安全是会展活动的核心，会展活动巨大的人流使会展安全面临更多的威胁和隐患。根据会展活动的规模特征，将会展业安全问题主要归纳为个人安全和人群安全两类。个人安全主要指参加会展时发生在个别人身上具有个别特征的安全问题，如参展商在参观展览过程中被盗、被骗、被袭击等均属于此类事故，其中大型会展活动所邀请的重要嘉宾，如党政领导、外宾、著名专家、企业家等特殊身份人员的人身、财产、隐私等各方面的安全是会展安全工作的重点；人群安全则指由于会展活动带来的众多参展人群在各方面的安全问题。

这类事故的典型案例有：

案例1：2008年10月21日，厦门大学某院院长应台南艺术大学邀请参加第7届海峡两岸传播暨影像艺术学术研讨会，在参观台南市孔庙时遭到一些极端分子蓄意暴力攻击，人身安全与尊严受到严重伤害。

案例2：2004年2月5日晚间，在北京密云县第二届迎春灯展的第六天，因一观灯游人在公园桥上不小心跌倒，引起身后游人拥挤，造成踩死挤伤游人特大恶性事故，37人死亡，15人受伤。

案例3：2005年海峡两岸名优产品博览会开张首日，某江苏参展商由于随意摆放自己的笔记本电脑而导致被盗。

以上案例中，案例1、案例3属于个人安全问题，而案例2属于人群安全事故，其中案例1为蓄意类安全事故，案例2属于管理失控导致的安全事故，案例3属于失误类安全事故。

（2）场馆安全与设施安全

会展活动的场馆和设施安全也是会展安全的重要组成部分，因为会展场馆和设施的安全问题不仅包括场馆及其设施在会展期间的完好程度，而且场馆及其设施安全还直接或间接地关系着所有会展人员的安全。简单地说，会展业安全中的设施安全和场馆安全主要是指在会展活动中由于设施或场馆本身的问题而引发的安全问题。如设施设备质量不过关引发的展台倒塌、展品损坏以及人员伤亡事故，场馆本身质量问题引致的人员伤亡或器物损伤的安全事故等均属于此类事故。

场馆设施安全问题主要有：一是消防隐患。展馆没有定期检修、员工未经消防培训、通风设备不全、展位消防通道过窄、管理展商不力（展板不刷防火漆、任人吸烟、电焊施工等）等问题，都是引发场馆消防隐患的导火索。二是意外事故。展馆出现意外事故，从宏观上分析是因为展馆本身定位不准确和现场管理水平不高所致。有些展馆只适合举办中小型展会，但由于名利所趋，他们却在努力承接各种展会。承接不够,仍然接办重型机械展,导致楼面垮塌;展位华而不实,一触即倒,造成人员伤亡;观众通道狭窄,看台不牢,组织疏通不力,人流拥挤,出现踩人事故。

此类事故的典型案例有:

案例1:2008年11月29日上午,上海浦东新国际博览中心E6展厅内发生一起安全事故,一块广告板在搬运过程中从高处砸下,导致1名撤展工人当场死亡,3人受伤。

案例2:2005年6月14日中午,在国际展览中心8B展厅,第九届国际现代工厂过程自动化技术与装备展览会,施耐德公司约70 m² 展台顶棚突然倒塌,所幸没有人被砸伤,但一些电脑被砸坏。

案例3:2007年6月6日早上,原乐山农展馆房屋垮塌,造成约30名老年人受伤,无人员死亡。

案例4:2006年1月28日,波兰南部卡托维兹市一座展览大厅举办了"2006年信鸽展览会"。展览会设有120多个展厅,来自波兰、荷兰、德国、乌克兰和比利时的众多参展商参加了此次展览。当时展厅内人潮涌动,这座面积超过1万平方米的展厅因积雪过重突然发生坍塌,造成至少65人死亡,160人受伤。

(3)展览物安全与组织者安全

这类安全问题主要是指会展中被展物以及与被展物的安全保护和维护相关的责任人自身的安全。因此,会展安全不仅包括参展观众、参展商、展览及其设施的安全,还包括会展中展览物及其责任人的安全。首先,会展中的展品一般都是能够代表参展商最高科技水准、最好质量或者最具收藏价值的产品或者器物,一旦被损坏或者盗窃,对展品负有直接或间接保安责任的场馆人员就要受到牵连。

组织者安全问题主要有[1]:

一是展商临战退阵(开幕之前退展)。在招商完毕后,表面上本次展会展位已爆满,但临近开幕时,却有展商迟迟不到,整个展厅零星空缺,现场观感不协调。如:2001年在新疆某大型会议上,当政府领导在开幕之日视察展会时,发现主展厅居然空着偌大位置,询问才知道预订该展位的公司由于运输展品的车辆在路上抛锚,不能按时布展,导致展位空置。由于此事,该展览公司再也未能取得该展会的组织权。

二是展商拖欠展费。这种情况主要发生在中小型展会上,有些参展商怀疑

---

① 陈正武. 展览安全细细数[J].中国会展,2003(23).

展会效果或存心赖账,到布展之时也没交展位费,举办单位为保住展会可怜的规模,只能先顺着对方的意愿。没曾想大会开幕后,参展商竟以种种借口推托,待展会结束后,更成了一笔死账。

三是展商现场闹事(承诺不见兑现)。曾在北京召开的教育展示会,组委会在招商过程中许诺:展示会将邀请1 000多名中小学校长并向北京及周边地区发放5万张门票,而参展商在展览期间仅见到不足100名参观者,展会现场冷冷清清,于是,参展商们不停地打电话给组委会要求讨回损失,组委会不允,导致现场一片混乱。

四是组织者人间蒸发,卷款潜逃。在广东,某电子展的举办单位在临近布展时卷款而逃,人去楼空。参展商花费了巨额参展费、运输费、交通费等,到达目的地后连包装都没机会打开。

这方面案例相对比较多,比较典型的有:

案例1:2004年香港国际珠宝展上,尽管组织方除了加强保安工作之外,警方还调派大批军装和便装警务人员驻守展场,但开幕后仅半小时就发生2宗钻石失窃案件,总共损失22 000美元。

案例2:2004年5月7日,浙江上虞博物馆由于忘记开启红外线报警器、摄像头等技防设施,导致梁祝文化陈列室内5间文物被盗,事后分管安全的副馆长被免职,值班合同工被辞退。

案例3:2007年11月14日,在沙湾国际会展中心举办的"第九届西部国际三品博览会"活动中,成都芷萱阁艺术工作室的《孙子兵法》象牙微刻不慎被盗。会展主办方被告上法庭,并被索赔6万元。

案例4:2007年6月6日,四川乐山市农业展览馆发生屋顶垮塌事故,造成22人受伤,8名相关责任人受到党纪、政纪处分,馆长受到撤职处分。

案例5:2008年8月24日,甘肃省敦煌市博物馆在向参展观众开放期间,4面铜镜被盗,其中1面魏晋时期的铜镜为国家一级文物。

案例6:2008年12月9日上午,安徽六安市裕安区独山镇,在建的六霍起义纪念馆屋顶突发坍塌,造成两名工人被埋,导致一死一伤。

案例7:2010年3月14日上午,贵阳国际会议展览中心工程B2-C2展览厅之间的连廊工地,在进行浇筑连廊柱和梁板时,模板支撑体系发生局部垮塌。事故共导致7人死亡,19人受伤。

(4)信息安全与名声安全

信息安全和名声安全是指会展活动中有关参展观众、参展商、主办方、被展物、场馆等的信息安全和名声安全问题。会展活动安全中比较突出的信息安全问题既包括参展商的商业机密安全、出席会展的高级领导和外宾的隐私安全,也包括一般商户的隐私安全等问题。而像近年来接连出现的"骗展""混展"等现象就大大破坏了主办方的形象和名声,同时对展馆的形象也有较大的负面影响。这些也属于会展业安全很重要的一部分。

这类安全问题的典型案例有:

案例1:《信息时报》披露,2007年以来,广州市有关展销会虚假招展,欺骗客商的举报呈上升趋势。仅2008年5月,该中心就陆续接待了几批参展商集体举报,涉及的客商近50家,比去年同期上升了近30%,广州会展界因此得到了"会展骗子"称号。上海会展界也面临类似尴尬。

案例2:2004中国(上海)绿色交通工具展览会上,深感受骗的参展商们在向主办方声讨退款的过程中,横遭暴打,展商李剑被打伤头部和胸部。打人过后,主办方承诺第二天退还40%的参展费。可第二天,梦想能拿到赔付款的展商们,却遭到了20多名不明来历人员的围攻,并恐吓参展商李剑:"我对你们公司的地址很熟。"

展览项目知识产权被窃也是信息安全的重要类型。2002年在深圳某礼品工艺品博览会上,一参展企业在展示自己产品过程中,不慎走漏了准备新开发的二代产品的相关技术,待展会结束后准备回公司开发时,居然发现已有同行提前一天将该产品开发上市。另外,在某服装展会的开幕当天上午,一参展企业接待了一位"热情顾客","顾客"又是咨询,又是拍照,说是准备大量采购其具有市场潜力的新款服装。第二天下午,该展商陡然发现在同一展会上居然新冒出了与自己产品款式完全一样的服装,双方因此闹上法庭,才知道开幕那天的"顾客"在窃取真经后连夜赶制出了冒牌货。

展览公司责任转嫁展馆也直接影响了会展名声安全。2002年6月,广东某展览公司曾到重庆举办美容展,未经展馆方同意便将该展馆作为该展会的协办单位。展会召开时,由于展会实际状况与该展览公司当初所承诺的大有出入(规模太小、项目太杂、效果太差),致使参展企业的不满情绪现场爆发,该展览公司见势不妙便逃跑,参展商抓不到举办单位,索性找到展馆要说法,大大影响了场馆方的利益和形象。

(5)其他类型安全问题

除以上四种类型外,会展业还存在其他类型的安全问题,如火灾、爆炸、抢劫等突发性安全问题,参展观众、参展商等意外的食物中毒或者突发的身体健康问题。建筑物意外倒塌引起的安全问题也是会展旅游安全管理所不可忽视的。典型事故案例如下:

案例1:2008年4月13日,济南匡山汽车大世界内的汽车展厅发生火灾,导致展厅和部分待售车辆受损,所幸没有造成人员伤亡。

案例2:2007年7月23日,上海某酒店用品市场C3区展厅突发大火,过火面积超过2 000 m²,事故造成展厅内大量货品付之一炬,商户损失逾600万元。

案例3:2007年7月17日是某时装城举办的"2007年东方丝绸服装服饰展览会"闭幕的日子,丝绸展突发"水事件",有200多家被水冲了,每家的损失都在1万元以上。

此外,举办者挂羊头、卖狗肉现象也时有发生。在招商过程中,参展企业收到了有关自己项目展示范围的邀请函,到开展时却发现多数展品、项目与以往宣传的主题相去甚远。观众也不对口,展览效果不佳,展商利益受损。2002年5月,在成都举办的美容美发博览会无论在规模和档次上都比以前有所突破,但现场却出现了展商闹事,甚至惊动了成都市人民政府的事件,其原因就是举办单位在完成原美容展计划后,一心想再扩大规模,便在主馆旁边的侧馆增设了服装鞋帽区,出现了一个展会两个会标。

2)会展安全的表现形态

会展活动的安全事故的表现形态纷繁芜杂,具体形态多样,例如:啤酒节中,出现喝醉的游客斗殴事件。奥运会期间突然停电或通信中断。歌星、体育明星或电影明星出席的大型演出上,发生观众拥挤摔倒的情况。在婚礼宴会中发生食物中毒,客人被紧急送入医院。歌舞晚会时,舞台突然坍塌,造成演员或者观众受伤。会议室突然电线短路,发生火灾,造成人员伤亡。排水系统出了故障,造成污水四溢。会议室或通道的地板太滑,导致参会者摔倒受伤。大型演唱会上,不同偶像的歌迷发生冲突,并集体斗殴。在足球比赛中,观众不满意队员的表现,向球场投掷汽水瓶或其他硬物,导致球员和裁判受伤。

以上这些现象在展会活动过程中都不难遇到,如果事态严重的话,容易造成人员的伤亡,甚至造成群死群伤的恶性事故。

通过分析发现(图2.4),2001—2012年发生的会展安全事故中:盗窃事故约占42%,展位倒塌与坍塌事故约占15%,被骗事件约占10%,火灾事故约占8%,踩踏事故约占8%,交通事故约占5%,侵权事件约占5%,其他约占7%。

(1)盗窃事件

盗窃事件是会展活动中经常发生的一类事件。由于会展活动参加人数多、流动性大,对进入者的身份核查难度较大。近几年,在展览中发生的盗窃行为有上升趋势,有很多盗窃团伙、盗窃集团把展览看成是难得的"契机"。例如,2012年8月20日,郑州国际会展中心内的玉石离奇被盗,被盗13件玉石价值200万元左右。

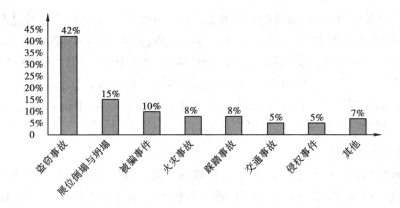

图 2.4　会展安全的表现形态

（2）展位倒塌与坍塌事故

由于展览会中的展台和所需要的各种建筑大多是临时搭建的,在活动结束后会被拆掉,因而一些参展商为了节约成本,找一些非专业的设计公司现场施工,所使用的材料及施工质量都可能存在严重的安全隐患。例如,2002 年 9 月 20 日在上海首届中国国际钟表、珠宝首饰、银器及加工设备展览会(Luxury China 2002)上,发生了一起展览界罕见的意外事故,正在展出的一家参展商的展位不知何故,突然翻倒,砸到了相邻的另一家公司的展位,造成了第二个展位的完全坍塌,连环倒塌的展位引起展馆现场出现短暂的短慌。由于展览会现场的参观者稀少,展位的工作人员躲避及时,所幸没有出现人员伤亡现象。又如,2008 年 10 月 25 日,重庆秋季房交会展台险遭倒塌,消防队员迅速出动,解除危险,才避免导致购房者受伤事件发生。

（3）被骗事件

会展活动举办过程中,被骗事件屡屡发生,展商开幕之前退展、展商拖欠展费、组织者人间蒸发,卷款潜逃。这些都是会展活动的被骗事件。例如,2001 年在新疆某大型会议上,当政府领导在开幕之日视察展会时,发现主展厅居然空着偌大位置,询问才知道预订该展位的公司由于运输展品的车辆在路上抛锚,不能按时布展,导致展位空置。由于此事,该展览公司再也未能取得该展会的组织权。例如,在广东某电子展的举办单位在临近布展时卷款而逃,人去楼空。参展商花费了巨额参展费、运输费、交通费等,到达目的地后连包装都没机会打开。

（4）火灾事故

在大型活动中,大部分火灾都是人为因素造成的。火灾也许是第二个最为常见的人为灾难。例如,展馆内部和外部的电路复杂,稍有疏忽就会引起火灾;展览会中的某些参与者可能将尚未完全熄灭的烟头丢弃,加上展台搭建用的材料很多是易燃材料,很容易使火势蔓延;更可怕的是火灾发生后会引起人们恐慌,匆忙向入口逃散,往往给救火工作造成阻碍;此外,由于恐慌的人群所造成的人员伤害更是无法估量的。例如,2007 年 12 月 1 日昆明国际会展中心 0-17-11#探头的报警,中心值班人员立即通过联网设备调看报警信息并通过电话与单位消防控制室核实,确认会展中心宴会厅一热水器起火,单位立即组织扑救,火灾得到及时扑救,没有造成更大损失。

(5)踩踏事故

踩踏事件一般发生在人员拥挤、高度密集的空间内,展览、节事活动发生概率较高。例如,2010 年 7 月 27 日,德国杜伊斯堡电子音乐节发生严重踩踏事件,数百人死伤;又如,北京时间 2010 年 11 月 23 日凌晨,柬埔寨最为重要的传统节日——送水节第三天,发生了该国 31 年来最严重的踩踏事故,死伤人数近千人,令人扼腕叹息。

(6)交通事故

会展活动举办期间,人流、车流拥挤,交通事故难以避免。特别是大型节事活动过程中,贵宾、名人出场,人员拥挤产生的交通事故,此外,展览会期间,参展商与参与人员的车辆涌进涌出,交通安全事故时有发生。

(7)侵权事件

会展活动中有关参展观众、参展商、主办方、被展物、场馆等的信息安全和名声安全问题。既包括参展商的商业机密安全、出席会展的高级领导和外宾的隐私安全,也包括一般商户的隐私安全等问题。展览项目知识产权被窃也是信息安全的重要类型。例如,2012 年 3 月 18 日广州琶洲家具展首日,一起家具产品侵权案引发轰动,A 区展馆 4.2C06 孔雀王家具多款产品涉嫌侵权。孔雀王家具品牌由佛山市富其家具有限公司经营,该公司法人代表当日未出现在展会现场,因此未予答复。皇朝家私所代理的意大利品牌 TRECI(特瑞琪)就多款产品向主办方及孔雀王家具责任人提出质疑。特瑞琪意大利籍老板于第一时间向欧盟维权机构申请保护。

(8)其他事件

包括:自然灾害、食物中毒等公共卫生事件、暴力斗殴行为等。

典型案例:

故宫盗窃案

2011 年最能突出我国会展安全管理方面的问题的是故宫盗窃案例。据了解,故宫在一级风险地点装有先进的设备和至少三种复核手段。其中,珍宝馆是重点巡查区域,馆的内外、红外线、微波、声音等多种报警器探头 24 小时开启,可全方位监视,没有空白点。在故宫中央控制室,保卫处工作人员24小时面对40多台显示器,故宫内任何地点一旦出现报警,系统将自动录像,并有三种以上的技术手段进行复核,如发生意外,会立即通过专线电话上报。那怎么会出现这种情况呢?

9日凌晨零时许,多名保卫巡查人员在故宫内发现一可疑人员,其身上蹭有红墙的颜色。巡查人员命令其蹲下,并打电话联系上级汇报情况,但在此过程中,嫌疑人逃跑。是保卫巡查人员在安全管理方面没有意识?这让我们质疑其是否受过安全管理方面的教育。而且盗窃者只身一个人竟然避开了人防、物防、犬防,三防到哪里去了呀?

经过调查,故宫大部分摄像头和报警器是没有经过正规程序购买的,存在严重缺陷,遇到雨雪天就失灵,这个情况已经持续几十年。失窃当天恰好下雨,故宫电子安保系统全部失灵。故宫回应说这个情况还会有,随时会考虑更换一些新的设备。北京故宫这种情况已经几十年了,出了事才说换,难道他们真的这么"拮据"?经过调查,每年国家调拨的大量安保费用都被挪用给宫廷部发放工资,因为长期内招制度造成故宫严重超员,脱产工作人员过多。不用上班,挂名领取工资的人员,每月可以得到1 200元,在职工人发放3 000~6 000元。故宫实际发放工资人数是额定人数的3.5倍。故宫对此的回答是:举贤不避亲,内招工作人员是故宫的传统,有利于把父子相承的手艺保留下来。至于脱产工作人员过多,虽然脱产人员都是一些老首长的孩子,但是这些人对故宫外事活动有很大的帮助,所以是必需的,现在或者将来都不会减少。

结合故宫失窃案,会展安全管理应注意:

1.首先要整顿内部,抓好制度。

2.加强证件的使用管理,实行安全保卫责任制,按照"谁主办,谁负责"的原则,加强安全宣传教育和管理,落实防火、防盗、防爆、防破坏、防事故等主要内容的安保措施,并签订安全责任书。

3.对所有标准摊位的照明及电源安装提供服务;需要24小时供电和延时断电的用户必须事先申请。

4.加强场内实地巡逻,加强警惕性,电工时刻待命,时刻检查安全系统的内部和各个角落。

5.保安人员闭馆后仔细检查各个展位。

6.要保证合格的人员进入,对有前科的人员要提高警惕,加快电子身份核查系统的开发和应用。对于安全要求标准较高的会展,要加大安全预算支出,引进和改进电子监控设施。此外,要加强安全保卫队伍的建设和武警官兵的联系。

资料来源:http://wenku.baidu.com/view/7e5c86d5c1c708a1284a4438.html.

2.3.2　会展危机的类型与表现形态

1)会展危机的类型

对于危机诱因的分类,不同的研究者基于不同研究对象提出了不同的标准,其中薛澜和张强等人依据危机触发的诱因,将所面临的危机按照五个标准分为不同的五类(表2.1)。这项划分标准较为详细,细致地说明了不同分类标准的作用下,相应的危机所表现出的各种类型,这对于各个行业危机事件的分类研究无疑是一个非常实用的标准。

表 2.1　危机诱因类型分类标准

分类标准	相应的危机类型
性质动因	自然危机(自然危害)、人为危机(恐怖袭击等)
影响时空范围	国际危机、国内危机、组织危机
主要成因与涉及范围	政治危机、经济危机、社会危机、价值危机
特殊状态	战争冲突、游行示威、骚乱、暴动
涉及主体态度	一致型、冲突型

不同行业的危机诱因和危机分类都有不同的标准,会展业的危机诱因较多,从不同的分类标准和角度,会展危机可以分成以下几类:

(1)根据影响动因划分的会展危机类型

从整体上来说,会展危机是一个动态的过程,采用动因分类可以较为深入地研究危机的发生、演变和进化。因此,我们将会展面临的危机分为四类:自然灾害、意外、技术故障和人为破坏(表2.2)①。

表 2.2　影响动因的会展危机类型

类　型	细　分	具体类型
自然危机	自然灾害	地震、海啸等
	意外	展览期间突然出现的外交、政治、文化、宗教等方面的冲突等
人为危机	技术故障	展览品安全、展览设施、展位设计的安全等
	人为破坏	展品现场展示的安全、个人物品的防盗、健康问题等

---

① 陈亮.大型会展危机管理研究——以中国-东盟博览会为例[J].学术论坛,2007(1):93-96.

其中,自然灾害和意外属于自然危机,包括地震、海啸等以及展览期间突然出现的外交、政治、文化、宗教等方面的冲突。技术故障和人为破坏则属于人为危机,指参展人员的人身安全、展览品安全、展览设施、展位设计的安全、展览现场的促销活动的安全、现场提供食品的安全、展品现场展示的安全、个人物品的防盗、健康问题等。自然危机是较难克服的,对于此类不可抗力因素,危机管理机构应该采取以预防为主的手段,时刻提高警惕,并作好充足的准备,建立应急系统。如多设置场馆临时逃生出口、消防装备齐全、多备用应急人手等。一旦事件发生,会展有关各方就可以迅速联合起来,确定危机处理小组,统一对外公布消息,并协调好负责现场处理等。对于人为的危机,更重要的是预测,尽早地识别出潜在的风险,发现苗头后要立即采取措施,最好是在展览开展前就能将其扼杀在萌芽状态。比如在恐怖分子活动期间加强安全检查、提高工作人员素质、保证展览设施的安全等。在危机出现时要准确地划分好威胁等级,制订相应的计划并且执行。

(2)根据产生动因划分的会展危机类型

通常,按危机产生的动因将危机分为内在危机与外在危机两大类(表2.3)①。会展内在危机主要是指在会展活动中,由于经营不善、管理不到位、主办机构财力不足、参会合作者严重失误或中途退出等所造成的管理失控和混乱,从而导致会展活动陷入困境。在会展经营层面的危机中,会展场馆危机主要指场馆和展位设施所引起的危险、盗窃、抢劫、爆炸、参展观众参观时人流拥堵所造成的倒塌伤害以及火灾、漏电、严重污染等事件,这些危机的产生大多属于管理层面上的问题。运营层面上的管理危机,也称为经营危机、财务危机或合作危机。值得提出的是会展行业中的盲目扩张、恶性竞争、弄虚作假等错误行为,是造成会展危机产生的祸根,应引起高度重视。

表2.3 产生动因的会展危机类型

类 型	细 分	具体类型
内在危机	竞争环境危机	潜在竞争者挑战、同行竞争的威胁等
	会展机构经营危机	管理危机、营销危机、会展场馆危机(包括会展设施与设备)、财务危机、展品危机、人力资源危机、信誉与想象危机
	其他危机	谣言传播、媒体误导、新技术挑战等

---

① 道客巴巴,会展危机管理,http://www.doc88.com/p-872117098434.html.

续表

类　型	细　分	具体类型
外在危机	自然因素危机	突发地震、海啸、飓风或暴雨、洪水等
	社会因素危机	战争波及、通货膨胀等
	公共卫生事件危机	传染病疫情、群体不明原因疾病、食品安全和职业危害、动物疫情

会展外在危机主要指公共安全危机,会展外在危机需要以政府部门为主体的公共部门作出决策,会展相关部门应密切配合,想方设法化解危机。会展外在危机包括:自然因素、社会因素、公共卫生事件等。

①自然因素危机。由自然因素引起的危机,诸如突发地震、海啸、飓风或暴雨、洪水等重大自然灾害,为了防范这些危机,会展组织方一定要加强与政府相关部门的信息沟通,一旦获悉可能产生此类危机,及时对会展活动作好日期变更或场地变更,甚至被迫中止而避开危机的发生。

②社会因素危机。这里主要指经济秩序和生活宏观环境变化而导致的危机,如战争波及、通货膨胀等。这些来自社会环境的巨大冲击,是任何会展组织者都难以抗拒的,故称之为不可控制的危机。但组织者如能从国家政府部门提前获得有关活动的危机信息,则可采取应急措施把危害降到最低点。

③公共卫生事件。主要包括传染病疫情、群体不明原因疾病、食品安全和职业危害、动物疫情以及其他严重影响公共健康和生命安全的事件。

(3)根据影响程度划分的会展危机类型

根据会展危机可能产生的影响程度,将会展危机划分成社会性危机、灾害性危机、生产性危机和安全性危机①。

①社会性危机。这类危机因国际社会的政治斗争、战争、恐怖主义影响而产生。外交关系恶化的两国之间,一般是无法举办大型会展活动的。"中国文化年"和"法国文化年"的成功举办,与中法两国邦交深化的政治背景是分不开的。在战火不断的中东地区,哪怕是举办一个小型的展览会,也是冒着被恐怖分子袭击的危险。1985年布鲁塞尔发生英国足球流氓骚乱导致看台坍塌,上百人死亡;1996年美国亚特兰大奥运期间发生奥体公园爆炸流血事件。由于大型活动是人群集中和社会关注的活动,因此往往成为恐怖分子袭击的目标,而一些出席活动的国家元首或重要人物往往成为攻击的对象。怎样保证这些特殊

---

① 刘松萍.关于建立会展预警机制的若干思考[J].科技管理研究,2006(8):70-72.

身份人群的安全,怎样保证普通群众安全地参加大型活动,显然是会展安全管理的关键环节。因此,社会性危机对会展业有着极其严重的危害,它可能会完全绞杀会展业存在的空间与发展。

②灾害性危机。这类危机一般由重大疫情和自然灾害所引起。2003年"非典"之灾,让中国会展业经受了一场严峻的考验。在"非典"期间,中国会展活动的数量与展出面积比上年同期减少了60%,收入减少55%,利润减少60%以上。

③生产性危机。2002年7月,乌克兰国际航展,一架战斗机在进行特技表演时坠毁,酿成人类历史上最为严重的航展空难事件。2003年,第8届中国国际建筑贸易博览会开展当天,会展主办方就收到浙江某知名装饰品公司和德国某卫浴公司的公函,称有十几家参展企业的产品侵犯了它们的专利,要求主办方妥善处理,否则将申请法院扣押展品。像这类由于技术、管理、经营和知识产权等原因引发的事故,均属于生产性危机。与社会性、灾害性危机不同,这些危机通过多方努力,是可以规避、化解的。

④安全性危机。2003年"香港国际珠宝展"开幕之日就发生了两起失窃案,两名参展商在两分钟内被分批盗走价值200万美元的钻戒,第二天又一美籍参展商报案,他参展的两盒共值100万美元的钻石不翼而飞。2004年北京密云发生的踩踏事件,造成了37人死亡,15人受伤。阿联酋著名港口城市迪拜每年初都要举办一次购物节,参展商家以国家为单位在市内的"地球村"中建设具有民族特色的销售展馆,在2005年的购物节上,主场地"地球村"发生火灾,致使参加购物节的中国馆被烧毁。这些都属于安全性危机。因此,安全性危机主要是指治安、消防等方面的事故,只要措施得当,是完全可以避免的。

(4)根据经营运行划分的会展危机类型

根据会展经营运行情况,可将会展危机划分成市场危机、经营危机、财务危机、合作危机及沟通危机五种类型①。

①市场危机。是指由市场和社会宏观环境所产生的对所有办展机构都发生影响的危机,如战争、自然灾害、瘟疫、经济衰退、通货膨胀、政治法律因素、国际恐怖袭击等。

②经营危机。是指因办展机构经营方面的原因而给举办展会带来的危机,如会展现场布置不当和设施老化等引起的会展现场火灾和展位坍塌、因通道安排不合理而导致人群拥挤并出现事故,因展会定位不当、招展不力、招展不顺、宣传推广效果不佳、人力资源及人员结构不适合、出现新的竞争者而使展会无法继续举办等。

---

① 会展危机管理计划,http://wenku.baidu.com/view/2b0ab3aedd3383c4bb4cd26c.html.

③财务危机。包括办展机构自有资金投入和举债筹措办展资金给财务成果带来的不确定性。

④合作危机。是指办展机构和各合作单位之间、办展机构与展馆之间、办展机构与展会各服务商以及各营销中介之间,在合作条件、合作目标和合作事务各环节上可能出现的不协调、不一致和其他不确定性而对展会产生严重的影响。

⑤沟通危机。主办单位和参展商以及受众之间由于沟通途径不顺畅所产生的误解或恐慌带来的危机,如对会展不利的谣言的传播。在沟通中,媒体的作用不可不提,媒体对展会的正面报道会调控社会及有关人员的情绪,还可以帮助办展机构与其客户及其他利益相关者进行沟通,利于展会的顺利开展;而负面报道则会放大企业的缺点从而引发危机甚至加大危机。在危机管理中要充分重视媒体的作用,积极发挥其有利影响,减少其不利影响。通过疏通沟通渠道,改善沟通方式,降低此类危机的发生。

市场危机、合作危机和沟通危机主要来源于办展机构外部,经营危机和财务危机主要来源于办展机构内部。

2)会展危机的表现形态

会展危机涉及我们社会生活的方方面面,表现形式也是千差万别,主要有自然灾害、公共卫生事件、火灾事故、偷盗事件、场内争议引发暴力事件、踩踏事件等会展危机事件。

(1)自然灾害

主要因地震、台风等自然灾害导致的会展危机事件。在会展的举办地,自然灾害这种不可抗力会导致财产和人身的危险。自然灾害的剧烈性和大范围破坏性通常会造成难以估量的损失。作为会展主办方,在选择城市、场馆时就要充分考虑这些因素,首先查看选择的城市有没有发生自然灾害的历史,其次场馆建造时有没有考虑地震、台风等因素,以及所能承受的自然灾害的级别。另外,会展参展商在选择参展的会展中心或展览中心时,也需要考虑会展活动举办期间的台风、暴雨等自然灾害的负面影响,特别是需要根据参展商参展的产品特征,以免台风、暴雨等自然灾害对其产生影响。例如,2007 年 7 月 17 日,"2007 年东方苏杭丝绸服装服饰展览会",面对突如其来的"水事件",参展商们很无奈,损失至少 300 万。

(2)公共卫生事件

会展现场是人流的聚集地,同时人员流动性强,会展活动的参与人员可能有传染病携带者参与其中,而会展组织者难以核查,在会展密集的场所难免会发生传染疾病的传播。会展参与者拥挤在特定的、有限的空间内,高人员密集的嘈杂环境中可能造成某些突发性疾病如晕厥、呼吸困难、窒息等。会展活动举办过程中,一般都是临时、统一安排用餐,在没有环境设施很完善的就餐条件中,会展组织者难以保证用餐的质量和食品安全,时有食物中毒等公共卫生事件发生。例如,各种流行病(如 SARS、H1N1 流感等)波及面大,传播迅速,受影响人群范围广。针对这种情况,许多展览场馆在大会现场增设了由专业医护队伍组成的"健康服务区",对有效杜绝该类问题的发生有显著作用。

(3)火灾

火灾也许是第二个最为常见的人为灾难,大部分火灾都是人为因素造成的。例如,展馆内部和外部的电路复杂,稍有疏忽就会引起火灾;会展现场中的某些观展者可能将尚未完全熄灭的烟头丢弃,加上展台搭建用的材料很多是易燃易爆材料,很容易使火势蔓延,更为可怕的是火灾发生后会引起人群恐慌,自然地向入口逃散,往往给救火工作造成阻碍。例如,2003 年 8 月 4 日,正在施工的南宁国际会展中心一楼发生火灾,事故中至少有一桶黏合剂发生爆炸。事发后,施工人员全部安全撤离,没有人员伤亡。

(4)偷盗事件

这是在会展中经常发生的一类事件。由于会展的参加人数多、流动性大,对进入者的身份核查一般都是填写一份表格,而表格的有效性难以核查,加上珠宝展、文物展、奢侈品展的兴盛,给盗窃犯罪分子提供了可乘之机,而且盗窃一旦发生,丢失的财物很难寻回。近几年,会展中发生的盗窃行为愈演愈烈,甚至有很多盗窃团伙、盗窃集团也把会展看成是难得的"契机"。例如,在一次"香港国际珠宝展"上,仅在开幕之日就发生了两起珠宝失窃案,两名参展商在两分钟内,先后被两批外来的珠宝大盗偷去价值 200 万美元的钻饰。为纪念浙江省与日本静冈县结为友好省县 30 周年,双方于 2012 年 4 月 5 日至 6 日举办了"浙江省—静冈县友好 30 周年名物展示会"。应静冈县政府的要求,中国浙江的"灵隐铜殿"四尊佛像也赴日本展出。但在撤展时,工作人员发现"灵隐铜殿"四尊佛像不翼而飞。

(5)场内争议引发暴力事件

会展有限的空间,承载着密集的人群,参与人员会展场内的争议、暴力、纠纷行为频发,而且暴力事件范围很广,包括抢劫、袭击、对抗、示威、恐怖活动和暴乱。国际恐怖主义活动的很大一部分是针对会展的,但是国际上有一种新的趋势,恐怖主义袭击的目标越来越多地指向会展参与者。例如,2012 中国—东盟机械工业展由中华人民共和国国土资源部、中华人民共和国商务部、中国国际贸易促进委员会、广西壮族自治区人民政府主办,由青岛凯路博会展有限公司、南宁凯路博会展有限公司承办。展会前夕,参展方还发布了参会情况的一些新闻:"受东盟自贸区火热影响,占尽天时地利的'峰会工业装备展'一跃成为中国—东盟自贸区域最大规模的专业工业装备类展览会,大会汇集了众多行业知名企业。中国和东盟国家的政府部门、商协机构将组织300多个专业采购团体参会。"但参展当天,参展商拉着"我们在南宁国际会展中心被骗了"的横幅大闹会展中心。之后,又有人传出"警方已经介入调查",也有人说在"贸促会"协调下同意退2 000元参展费等作善后处理。究竟是展会骗钱还是展商闹事? 又如,2008年11月28日,"2008印度国际制药原料展览会"孟买国际展会因袭击事件被取消,所幸中方参展人员平安。

(6)踩踏事件

密集的人群集聚在有限的空间,加上会展活动参与者高涨的心情,特别是在举办大型节事活动过程中,参展观众数量越多,拥挤、踩踏事件越难以避免。例如,2001年4月8日,陕西华阴玉泉院举行了传统的古庙会,由于古庙会恰逢双休日,天气良好,当地营销宣传力度较大,同时还有玉泉院免票和华山门票减半等优惠措施,因此当日古庙会的参展观众规模大大增加。事发当天上午10点40分左右,从华山西山门返回的下山人员行至铁路人行涵洞内,因上行和下行人群拥挤踩踏造成17人死亡,5人受伤。

(7)其他事件

除了上述六类会展危机表现形态外,会展危机表现形态还包括一些特殊的、意外的突发性事件,如会展经营财务危机事件等。

第3章

会展安全与危机认知

3.1 参展者安全与危机认知

3.1.1 参展者安全与危机认知的内容

参展者包括会展会议项目的参会者、展览项目的参展商、节事项目的参展观众以及奖励旅游项目的奖励旅游者。参展者安全认知是指参展者对安全问题的认识、关注与反应。参展者因其个体的差异而对会展安全与危机表现出不同的认知。

参展者安全认知的内容,即参展者应掌握的安全知识,主要包括会展参展商应注意的基本安全事项、会展活动中特殊危险的应对与处理、不同会展项目的安全与危机知识、不同会展项目的突发事件的注意事项、特殊会展场所的安全问题等。

1)参展商应注意的基本安全事项

主要包括制订会展活动计划时的安全考虑,会展活动前的安全信息监测与应急设施物品准备,会展活动中的安全防范、事故发生时的处理技巧,会展活动结束后安全事项与危机善后等。

2)会展活动中特殊危险的应对与处理

主要包括会展活动中应对特殊危险情形的技巧、方法和注意事项。这些特殊危险情形包括自然灾害,如地震、海啸、台风使会展活动临时取消或延期等;恐怖主义,如暴乱、斗殴等的应急处置;传染疾病,如流感、食物中毒现象的应急救助等。

3)不同参展者群体的安全知识

参展者主要包括会议的参会者、展览的参展商、节事活动的参展观众、奖励旅游的旅游者,这四类参展者群体分别处于不同的会展项目活动情境下,对会展活动有着不同的安全须知。比如,会议参会者应高度重视会场的领导缺席导致的滋事捣乱行为、会场的应急通道、会场的监控设施设备等安全事项;节事活动的参展观众应注意活动期间的盗窃、人员拥挤踩踏等问题。

4)不同会展项目中的安全注意事项

主要包括会议、展览、节事和奖励旅游四个项目的安全问题和安全管理。

比如奖励旅游者关注的安全事项较多,一次完整的奖励旅游活动涉及饮食、住宿、交通、购物、游览、娱乐六方面的安全事项,旅游活动六要素中牵涉的安全内容较多,只有六方面都保持安全稳定,才能使奖励旅游者达到满意。

5) 会展项目中突发事件的安全应急知识

会展项目中除了需要关注基本的安全知识外,还需要关注四个会展项目中的突发事件的安全应急知识。主要指会议、展览、节事和奖励旅游项目中的突发事件的安全应急知识与应急处置办法。比如会议主办方发放的资料和礼品基本相同,并使用统一的资料袋,这样与会人员参会期间就容易误拿、拿错别人的资料袋,一旦与会人员在资料袋中还装有私人的物品时,这样往往给与会人员造成财产损失,而且也带来尴尬。

6) 不同会展场所的安全知识

会展活动的四个项目可能会在不同的场所举办,主要包括会议场所、展览场馆、歌舞演艺娱乐场、大型赛事场所与表演场所、奖励旅游地等,诸如上述会展场所举办的活动时安全知识也是不同的,因此,会展参与者需要结合会展场所的类型,了解其安全知识。

3.1.2 参展者安全与危机认知途径

1) 会展主管政府部门的公共宣传

公共宣传包括严格的审批制度、媒体宣传、行业交流、学习培训、宣传板展示以及进驻社区等方式。

在现代社会,随着会展活动日益增多,会展安全事故的频发,造成的大量人员伤亡也成为社会关注的热点问题,成为大众传播媒体争相报道的焦点。因此,公共安全宣传在社会心理学意义上已具有了广泛的可接受性。特别在当今的"传媒时代""一夜之间家喻户晓"的社会效果无疑使大众传媒成为会展安全宣传的首选。

会展主管政府部门可结合当前会展安全的实际情况,通过制度审批、媒体宣传、行业交流等及时报道会展安全的各项工作。目前,会展主管政府部门更多地是通过行政审批制度来规范和监督会展安全管理工作,同时会展主管政府部门还通过安全管理组织机构建设、监督检查、安全风险评估、预案制定、消防设施、安保措施等方面和环节进行监督管理。特别要进行全面集中的报道,全面规范会展行业发展等方面的影响力。大力倡导会展业共创和谐安全局面的氛围。

会展主管政府部门可以建立常设性的会展行业安全经验交流总结大会和经常性的安全教育培训,邀请安全生产工作开展得较好的会展企业负责人介绍安全工作的理念和做法,以点带面,促进其他会展企业做好安全生产工作。同时,主管部门应定期组织安全知识讲座,邀请会展安全专家为会展经营管理者讲授会展安全专业知识,从而提高会展企业和社会大众的安全意识与应急能力。

2)会展企业自身宣传

负责任的会展企业应积极进行会展安全方面的宣传和教育,可以通过经营场所、企业网站、产品手册、行为指南等多种方式,有针对性地向会展参与者进行安全宣传、警示和教育,提升会展参与者的安全观念。也可以根据会展活动的内容和参展者群体的差异,有针对性地开展会展活动专题安全培训,提升会展参与者的安全素质与应急处置能力。

3)会展行业协会的安全教育宣传

当前,在整个会展安全管理行业体系中,会展协会并没有起到任何作用。作为会展行业的职业协会,会展协会应该担负起教育、培训、监督和管理的重要职责。邀请业界专家、学者深入研究危机的影响,为国家出台相关政策提供理论依据,并使会展相关企业充分认识到危机的影响,及时调整安全管理策略。行业协会要负责会展安全的宣传工作,并邀请专家学者进行安全教育宣传。

4)旅游从业者的强化教育

培养提高会展从业人员的安全意识与防控能力,通过会展从业人员向参展者进行教育、引导和示范,是向参展者传达会展安全知识的重要途径。因此,会展企业既要针对从业员工进行全方位的安全培训,提升从业人员的安全意识、观念和技能,也要定期将国家的安全法规、行业的安全案例和本企业的安全工作经验进行广泛的宣传,使员工能不断更新会展安全观念和技能,提升安全工作素质。

5)网络教育

信息网络革命对会展发展产生的深远影响是难以估量的。比如,越来越多的展会通过网络进行,越来越多的参展商通过网络查询展会信息,通过网络寻找合作伙伴,通过网络预订参展产品。网络在会展业发展中担当越来越重要的角色。在网络阵地宣传会展安全知识也具有综合性优势,网络会展安全知识可以集文字、图画、声音、动画、录像及模拟等功能于一体,有利于吸引参展者,并有利于面向更广泛的散客参展者。

3.1.3　参展者安全与危机意识与认识误区

从会展安全事故的案例分析发现,我国会展参展者的安全与危机意识存在不足,对会展安全与危机的认识含糊,对会展活动中突发事件的应急处置存在诸多缺陷,同时加上会展项目的内容多样,参展者的安全与危机意识存在更多误区,具体表现在:

1)参展者注重参与的主要目的,对安全与危机认知忽视

参展者包括的会议参会者、展览的参展商、节事活动的参展观众以及奖励旅游者,四类参与人群各自参与的目的不尽相同。会议参会者等的目的是参与会议,结交朋友,而且会议的期限一般较短;展览的参展商的目的是商贸洽谈;节事活动参展观众的目的是娱乐放松;奖励旅游者的目的是旅游与工作探讨等,参展者都有各自的目的。因此,参展者更多的是为了满足其目的而来,这样就容易放松安全警惕,对会展场所的安全不太重视。会展场所集聚了大量人员——会展工作人员、参展商、参展观众,他们中大多数人互不相识。这样给部分不法分子可乘之机,给参展者带来安全风险。

2)参展者对会展场所的安全认识不足

参展者对会展场所的安全认识存在问题,例如在展位设计方面,在很多展会上都设有开放式展台,让参观者进出展台或查看展品。所以,在展会人流量很大的时候,就不可能监控整个展台,而这也就可能导致一些安全风险,尤其是当展台上陈列了一些贵重物品的时候。展位的设计也可能遗留安全隐患。地面或地毯不平整,升降台或展台摇摇晃晃等都是潜在的安全隐患,所以在展会的规章制度中应该对此类问题作出规定。又如在很多情况下,参展商在确定的最后期限进驻展品,导致混乱。在大多数情况下,展会都有明确的时间安排,说明何时将物品搬入展会,何时将其搬出,但是参展商、装修商、独立承包商几乎同时到达。再加上压力因素,因此很容易出现混乱。

3)参展者的危机意识与应急技能欠缺

不论在哪里举办展会都可能会有相关的风险。目前很多的参展者明知存在风险,但自身的危机意识和应急技能缺乏。会议的参加者可能对会议场所的

应急通道不熟悉、逃生的技能欠缺,一旦发生火灾,导致的伤亡将很惨重。参展商对展览地的气候、参展场馆的布局不熟,遇到突发暴雨、火灾等时,展览损失巨大。

2009年12月3日下午1时许,天津琶洲会展中心2号馆内一汽车展位在进行撤展施工时,上千平方米的展棚因拆除时受力不均突然发生倒塌,施工被迫中断两个多小时,所幸未造成人员伤亡。

《圣保罗页报》报道,2013年11月27日,世界杯揭幕战所在的圣保罗伊塔克大球场发生严重的顶棚坍塌事故,造成3人死亡。事故原因在于一台起重机在起吊体育场顶棚时发生倾斜,致使该配件坠落并砸坏体育场部分结构。

节事参展观众拥挤、踩踏事故时常发生,没有很好的应急技能往往导致伤亡惨重。

2010年11月22日是柬埔寨为期三天传统送水节的最后一天,当时全国各地约有300万人涌向金边观看在王宫前的洞里萨河上举行的龙舟大赛以及在金边钻石岛等地的庆祝活动。当地时间22日23时左右,由于游人太多,金边市区连接钻石岛的一座桥产生晃动,引起人们恐慌,导致相互拥挤踩踏事故,截至23日死亡人数已攀升至375人,受伤人数达755人。

2012年11月1日凌晨4点左右,在西班牙马德里阿雷那体育场通宵举行的万圣节舞会上发生了踩踏事故,造成3人死亡、2人重伤,伤亡者均为18~20岁的年轻女性。据警方调查,发生踩踏事件可能是因为有人向体育场中央投掷了一枚焰火,一些观众以为是枪声从而引发恐慌,四处拥挤,而体育场当时只有一个出口,最终导致踩踏事故。

4) 参展者过于放心陷入误区

参展商的过于放心是展会管理人员面临的最为严重的安全问题之一。许多参展商错误地认为,展会管理人员、总服务承包商或者安全承包商会处理所有问题。由于一次展会上有众多的参展商,根本不可能对每一家参展公司进行监督,也无法对每一个情况进行监控,这就为展会留下安全隐患。

参展商在包装货物、贴标签和运输货物中的疏忽大意都可能造成问题。而将货物运到展台的过程中也可能会留下隐患。

许多参展公司都提供各种各样的促销礼物,如赠送参观者各种手袋等。这些手袋既有广告的作用,也可以方便参展者放置从展会上收集的资料。但是,这些手袋也为盗贼们提供了藏匿赃物的地方。而且一些警戒心不强的女性参观者还会把皮包放进手袋中,而这无疑会吸引扒手。

大多数展会都会安排展览期间的食物供应。许多展会还专门在展馆内设立就餐区,当然也有些展会不这么做。如果展会设立了临时的就餐区,那么就引起了另一种隐患——食物引起的疾病。通常在这些展会临时就餐区出现的问题诸如:食物加热不均匀、食物没有冷却、交叉感染等。

5)参展者的安全与危机的防范及风险化解意识缺乏

会展活动是一项人员高度密集、人流量较大的活动。会展活动期间临时汇集了大量人流、物流等,参展者又具有各自的参展动机,往往对会展安全与危机的防范较少,因而,参展时经常发生被盗现象。

参展者通常经过网络报名参展,对网络风险辨别缺乏,在实际中往往出现被骗现象。

参展者的风险化解意识缺乏,会展保险认识欠缺。尽管有参展者认为存有风险,但不少参展商至今却尚未认识到保险对展览会的风险保障作用,多数人仍以侥幸心理对待可能发生的风险。一旦安全问题发生后,主办方、参展商之间又常常会互相推诿责任,致使受害者的损失无法得到及时弥补。

3.2　会展从业人员安全与危机认知

3.2.1　会展从业人员安全与危机意识培育和管理的现状与意义

1)会展从业人员安全与危机意识培育和管理现状

近年来,会展安全问题已受到业界广泛重视,在会展宏观管理、监督和保护自身利益的双重力量驱动下,会展企业加强了安全管理,并取得了一定的成绩,但会展安全形势仍十分严峻,会展安全事故屡见报端。造成这些问题的原因是多方面的,其中对从业人员的安全意识培育和管理重视不够、安全意识培育不到位是重要的因素之一。主要有如下表现:

①在从业人员安全与危机意识培育方面,仍存在培育内容不全面,培训时间无计划、无定制,培训形式单一等问题。尽管各个会展企业对从业人员进行了不同程度的安全意识培育,如岗前基础知识培训、治安管理条例学习、消防模拟演练,但是这些培育往往都是重过程轻结果、走过场,因而培育效果较差。另外,许多会展企业没有从业人员的安全意识跟踪调查和培育的长期计划,会展企业间以及企业内部也没有建立完善的会展与危机信息通报制度。会展企业常出现从业人员安全意识、安全防范能力不稳定的问题。

②在对从业人员安全意识培育与管理方面,存在工作不到位、浮在表面的现象,不同企业从业人员的安全意识和安全防控能力有较大的差距。在会展宏观管理与监督下,会展企业基本上都配置了较完备的安全设施设备,制定了完善的安全管理制度。但许多会展企业管理者自身素质不高,会展安全与危机意识不到位,安全与危机管理工作存在很多漏洞,如不重视日常安全操作管理,不能贯彻执行安全责任追究制度等,不同会展企业从业人员的安全意识和安全管理水平就会参差不齐。

③行业行政管理部门以及行业协会对会展企业从业人员安全与危机意识培育与管理的干涉力度薄弱。在会展安全管理方面,行业行政管理部门偏重于监督和管理会展企业安全设施设备的配置状况,却较少涉及会展企业从业人员的安全意识培育和管理。会展行业协会在这方面也没有发挥应有的作用,诸如安全意识培养与管理的信息通报、集中培训、定级考核、检查监督等作用。

2)会展从业人员安全意识培育与安全管理的作用与意义

会展企业安全管理的常用手段有很多,如购置先进的安全设备、制定严格的安全管理制度和相关管理措施、不定期进行安全检查等。相对这些管理措施和手段,会展企业培育会展从业人员安全意识和加强对会展企业从业人员的安全管理对保障会展安全、降低事故发生率具有特别的作用与意义。

(1)更有效地降低安全事故发生率

导致会展安全事故的主要因素有:主办方的不安全行为、参展商的不安全行为、设施设备不安全、不可抗拒自然因素等。这些因素与会展从业人员的服务行为都有直接或间接的联系。例如,2008年4月14日,济南匡山汽车大世界内的一个汽车展厅发生火灾,消防队员及时赶到,迅速控制住火势,虽然展厅和部分待售车辆受损,但事故未造成人员伤亡。火灾是因一家汽车专卖店装修时使用电焊点燃了装饰材料而引起的。这类事故就是会展从业人员没有较高的安全防范意识,操作不规范导致的。又如,若某会展场馆不小心着火,而灭火器又不能使用,导致火灾发生。这类事故就与参展商和会展管理者对这些设施检查保养不善有关。另外,许多安全事故是会展参展商和服务人员安全意识薄弱、服务操作不规范而直接导致的。

(2)降低会展企业经营成本

培育会展从业人员安全意识,加强安全管理,具有降低会展企业经营成本的作用与意义。首先,它能降低会展安全事故所造成的损失。会展安全事故所造成的损失大小往往与处理事故所采取的措施有紧密的联系,及时采取有效的措施能够防止事故的扩大,减少损失。会展从业人员,特别是一线的员工,经常是安全事故的当事人或者是赶到现场的第一人,因而他们的安全意识与安全事故防控能力、处理能力也是有效处理事故、降低事故所造成损失的关键。提高他们的安全与危机意识、加强安全管理则是提高从业人员这种能力的基本手段。

其次,它能降低会展企业购置及维修保养安全设施设备的费用。企业的安全设施设备的维修保养费用与维修保养水平有关。从业人员在日常的服务工作中,如果安全意识较强,就能重视安全设施设备的维修保养,从而节省企业维修费。如果能延长设施设备使用寿命,还能减少企业购置费用。

最后,它能降低人力成本。会展从业人员安全意识强,能主动预防和发现隐患,并将安全隐患消灭在萌芽状态,能降低企业的安全事故发生率,减少安全部门的工作量,从而节省企业人力成本。

(3)提高服务质量,增强企业市场竞争力

会展安全是会展参与者在会展活动中的基本需要,是衡量会展服务质量的重要指标。对会展参与者来说,会展安全主要通过会展参与者的心理安全需要(会展安全心理,指会展参与者在会展活动过程中,对可能发生安全事故的忧虑、紧张的心理状态)来体现。会展心理安全是否得到满足直接影响到会展参与者对会展企业服务的评价。相对于会展企业的其他安全管理措施,如购置先进的安全设施设备、制定完善的安全管理制度等来说,会展从业人员在与会展参与者的"面对面"的服务工作中所表现出高度的安全防范意识和严谨、高效的服务作风与热情、周到的服务态度往往是最有效的"治疗"会展参与者这种心理安全的良药。因而,增强从业人员安全意识和安全防范能力是提高企业服务质量,提升企业市场竞争力的有效手段之一。

(4)提高员工的素质

安全意识和安全防范能力是一个人的基本素质的重要方面。培养会展从业人员的安全意识,提高其安全防范能力,就是提高了企业从业人员的个人基本素质。

3.2.2　会展从业人员安全与危机意识培育的内容与方法

会展从业人员安全意识培育包括安全意识培育的内容和培育方法两个方面。

1)会展从业人员安全与危机意识培育的内容

会展从业人员安全意识强与不强,与下列三个因素有关:第一,了解多少安全防范知识;第二,掌握多少安全操作技能;第三,树立安全意识的愿望程度怎样。从这三方面出发,会展从业人员安全意识培育的内容至少应包括以下七个方面:

(1)会展参与者安全至上的意识

会展参与者安全至上的意识指一切工作以会展参与者的安全需要为基础,全面地满足会展参与者的安全需要,要做到这一点,会展从业人员首先要重视和理解会展参与者安全需要,其次要了解会展参与者安全需要内容。

重视和理解会展参与者的安全需要要求从业人员从内心上认同参与者的安全需要,尊重个别参与者特殊的安全需要,它是从业人员做好安全工作的前提。全面了解参与者的安全需要,要求从业人员要全面地认识参与者所需的人身安全、财产安全、信息安全、隐私安全、心理安全等安全需要的程度与类型。会展从业人员只有了解参与者的安全需要内容,才可能有针对性地提高发现和处理安全隐患的能力,从而为参与者提供有效的安全服务。

(2)会展服务安全操作规范意识

规范会展服务安全操作,具有预防和及时控制安全隐患的作用。它主要包括以下三方面内容:认可会展服务安全操作程序与安全的关系,熟练掌握操作技巧及程序,自觉防范安全隐患。

(3)安全设施设备正确使用和日常维护保养意识

只有在发生安全事故时,安全设施设备才能体现出其价值和作用。会展从业人员如果不能深刻地理解这一点,在日常工作中,总认为安全设施碍眼、碍事,或者随便将之挪作他用,就会损坏这些设备,甚至造成不可估量的损失。安全设施设备正确使用和日常维护保养内容包括:实行计划维修检查、坚持每天保养、检查安全设备专项专用等。

(4)安全工作集体协调意识

会展活动涉及面广、复杂多变,从业人员必须具有强烈的集体协调意识。对安全隐患,要讲集体协调预防原则和落实到位原则,实行越级汇报制度。从业人员要养成不轻易放过任何安全疑点或隐患的习惯,对任何安全隐患不管是谁的责任,要求问到底、管到底。

(5)安全事故应急处理能力意识

应急处理能力是由人的心理素质、安全处理技能和对安全事故心理准备状况这三方面决定的。旅游从业人员应急处理能力强还是弱,是其能否及时发现和妥善处理安全隐患、应对突变事故的关键。对企业而言,要提高企业的安全事故应急能力;对每个员工而言,要讲究个人的安全处理技能;对每个岗位而言,要讲安全应急预防;对重点岗位而言,要由应急能力强的员工当班;对安全管理而言,要做到事事有准备,人人有准备。

(6)安全责任追究意识

会展安全事故危害很大,一次事故可能会造成人员伤亡,甚至会导致一个地区会展业的衰退。安全责任追究是促使会展从业人员树立安全意识的保障和动力。会展从业人员必须具有安全责任意识,企业要通过与员工签订岗位安全责任书、追究安全事故责任、总结表彰安全事故等手段,强化员工的安全追究责任意识。

(7)安全知识自觉修养意识

树立会展从业人员安全意识仅靠会展企业培训是不够的,它还要靠从业人员重视安全问题,在日常生活中自觉学习处理安全事故方法,点滴积累安全防范知识,提高其自身的安全防控能力和素质。

2)会展从业人员安全与危机意识培育的方法

会展从业人员安全意识培育方法很多,会展企业应结合企业的性质与特点,采用行之有效的培育方法。一般而言,有以下几种常用的培育方法:

(1)基本安全知识课堂讲解方法

课堂讲解是员工岗前培训和在岗短期强化培训的常用方法。它具有费用低、操作方便、适应范围广、可以集中培训等优点,适用于传授会展基本安全知识。同时,它也存在一些不足,诸如参与度低、不生动、留给受训者的印象不深等。克服这些缺点一般可采取以下措施:

①要求讲解内容尽量结合实际,结合实例,以增加吸引力,使受训者留下更深的印象。

②要求讲授方式多样化。采取播放幻灯片、录像片等形式授课,或者采取讲解与讨论相结合的形式授课,让员工参与讨论,发表见解,以提高员工积极性,活跃课堂气氛。

③将课堂教育和其他形式教育配合进行,提高从业人员的实际操作能力。

(2)安全技能模拟培训方法

安全技能模拟培训也是提高会展从业人员的安全防范能力和安全应急能力的一种较好的方法,这种方法具有实践性强、能较快地提高员工实际防范能力等优点。有针对性地对会展从业人员实行模拟训练,能迅速提高他们运用有关防范和处理安全事故的方法、技巧的能力,但它只适用于具有操作性的内容,诸如防火、防恐等安全防范,而对于诸如企业基本安全制度、安全隐患的预防等安全基本知识,就不能全部采用模拟培训的方法。另外,模拟培训所花时间和费用都很高,因而,它一般要结合课堂教育进行。

(3)安全信息通报的方法

要使从业人员保持较强的安全意识,安全意识培育必须经常进行,但频繁的安全知识教育、安全操作技能培训,不仅成本高,而且易遭到受训者反感和心理抵制,培训效果不好。安全信息通报具有及时、可以分散进行、易操作、费用低等优点,因此它能够有效地弥补上述不足。

安全信息通报的基本做法是:由会展主管部门通过公报、通讯等形式,不定期地发布其所收集到的有关会展企业和相关大型活动安全事故、安全隐患等信息。会展企业以这些信息为基础,通报相关内容,制定相关的管理措施,并组织相关部门学习和讨论。这种安全信息通报和学习方法,有助于会展企业每位从业人员及时了解安全信息,学习相关知识,保持较高的安全警惕。

(4)安全责任规范方法

规范安全责任,公平合理追究会展安全事故的责任是促使员工树立安全意识的动力,也是会展企业培养从业人员安全意识,提高其责任心的有效方法。首先,要规范安全责任制度。制定出合理、明确的安全责任追究制度,通过岗前培训、岗位学习,使从业人员树立安全责任追究意识。其次,要实行岗位安全责任制。要求员工在上岗、换岗、晋升时签订岗位安全责任制,使他们进一步明确自己的责任。最后,要坚持安全事故责任追究制。严格地实行安全事故责任追究、总结通报等安全责任保证措施。

(5)安全能力自觉修养的方法

安全能力自觉修养的方法也是会展从业人员安全意识培育的方法之一。很多安全知识需要从业人员通过读书、读报、看电视点滴积累。会展企业应该出台各种激励措施和政策,鼓励员工自觉研修安全知识,培养安全防范能力,并为他们学习安全知识、掌握安全操作技能等方面提供条件。如通过开展安全知识竞赛、安全技能比赛、安全操作观摩等活动,提高员工自觉学习、提高安全防范技能的积极性。

(6)检查和考核的方法

检查和考核既是了解会展从业人员对安全知识的掌握程度、保证培训质量的常用方法,也是促进从业人员掌握安全知识和技能、提高安全意识、遵守安全规范的有效措施。

检查主要是在日常工作中,检查会展从业人员具体操作程序和方法的规范性。对不规范的现象要找出根源和追究原因,要分析出现这些现象是技术原因还是思想原因、是个别现象还是普遍现象,并视具体情况,分别采取个别教育、集体培训等方式及时解决。

考核一般有基本知识书面考核、操作技能模拟考核、安全事故表现考核三种形式。一般来说,发生安全事故总是偶然的,从业人员容易忽略安全操作规范,犯麻痹大意的毛病,因此,考核工作要配合培训定期进行。另外,为了加强考核的效果,还应将考核结果作为评价员工工作能力的重要指标。

3.2.3 会展从业人员安全与危机管理与制度安排

会展从业人员安全与危机意识培育与管理,从内涵来讲包括推动和拉引两个方面,如果说促使从业人员树立安全意识是建立拉引动力,那么对会展从业人员进行安全与危机管理则是建立推动动力。它主要从两个方面进行:

1)建立会展从业人员安全操作程序规范、安全协调、安全控制、安全事故处理体系

(1)操作程序安全规范管理

规范从业人员的安全操作程序和标准是会展安全管理的基本方法之一。许多事故是从业人员或管理者认为安全操作程序烦琐、浪费时间,而自以为是或者麻痹大意所导致的。因此,首先要求从业人员认识严格遵照操作程序的重要性,向员工解释每一条操作程序规范的安全意义,以事例向员工说明这样做而不是那样做的原因,促使员工从心里接受安全操作规范。同时,应广泛地听取从业人员的建议,对操作规范中不合理的内容视实际情况予以调整,使操作规范适应环境的变化,使员工愿意接受企业的安全操作程序和规范。其次,在实际工作中,应采用强制化的手段,要求员工严格按照操作程序进行,对故意违反操作规范的员工按照制度严惩。

(2)安全协调规范管理

会展活动涉及面广,人员复杂,环境多变。一次会展活动涉及多个企业、多个岗位和众多服务人员。安全问题常隐含在这种多企业、多岗位、多服务人员的服务过程的衔接与协调中。因此,企业必须加强衔接过程的协调管理。首先要制定严谨的衔接规范,从制度上保证协调的通畅。在实际工作中,会展服务环境总在不断变化,协调规范再完善,也难免出现脱节,以致产生一些安全隐患。因此,还要加强从业人员安全责任心管理,将安全责任作为一种职业道德来要求。要求从业人员对个别环节的疑点问题,不管是谁的责任,也要越过岗位过问和追究,共同把隐患消灭在萌芽状态。

（3）安全控制管理

安全控制管理是安全管理的重要环节。一般采用目标控制、关键点控制和现场控制相结合的方法。

目标控制主要根据企业的安全管理要求，每个部门以及每个岗位、每个员工，分阶段设立安全管理目标，制定安全管理标准，定期检查和考评，以求不断地提高企业的安全管理水平。

关键点控制是指安全隐患多的关键部门、关键岗位、关键点（如重点安全岗位人员的配置、安全培训考核、重要接待任务布置等）实行重点要求、重点控制。

现场控制是指管理人员及企业的从业人员在日常工作的现场中，要树立良好的安全责任心，及时发现安全隐患，及时处理安全隐患，以减少现场安全事故的发生率。

（4）安全事故处理规范管理

重视安全事故的处理工作，具有提高企业安全事故处理能力，强化企业的安全管理制度，预防同类安全事故发生的作用。安全事故处理规范管理有以下内容：

①培育会展从业人员"客人安全至上"的意识。从业人员的服务工作要事事为客人的安全着想。在处理安全事件时，要将客人的安全放在第一位，尽量减少客人的痛苦，降低客人的损失。

②提倡"应急能力第一"的原则，提高会展从业人员"应急能力"，特别是对在安全事故发生率高的岗位上工作的员工，要求他们具有较强的心理素质，能熟练地处理一些常见的安全事故，对安全隐患保持较高的警惕。

③执行"安全责任追究"原则。通过建立严格的安全责任追究制度，培育员工安全责任追究意识，加强从业人员的安全责任。

④坚持"安全事故总结"的原则。发生了安全事故，不仅要找出原因，追究有关人员的责任，还要总结和评价事故的处理方式，把一件事故作为一次真实的演习，对事中人、事外人的表现都要进行评价，表现好地人员予以奖励，好的处理经验予以学习推广。

2）构建会展从业人员对客服务安全引导教育体系

许多安全事故与会展参与者的不安全行为有直接关系，会展的安全管理应包括对会展参与者的不安全行为进行适当的引导。培育员工预见和发现会展参与者不安全行为的能力，以及引导会展参与者正确的参展行为，也是会展从业人员安全意识培育的重要内容。

（1）要求会展从业人员对会展参与者行为进行安全引导与教育

"客人总是对的"这句服务行业的至理名言本身是不容置疑的，但认为任何时候，对任何客人，必须满足他的一切要求，而不能说"不"，则是一种片面的理解。在会展活动中，会展参与者不仅对会展活动信息的了解少，对自己的行为所产生的后果也不完全清楚，对安全的警惕不高，容易放松对自己的要求，有时可能做出威胁到自己甚至是其他客人安全的行为。因此，会展从业人员要从客人的利益出发，对会展参与者的不安全行为进行引导与教育。恰当的指导和暗示不仅有助于客人充分享有服务产品，而且能得到客人的理解和认同。培育从业人员对客安全引导、教育方法主要有：

①提倡员工用暗示和间接的方式，倡导会展参与者文明参展、安全参展。如在不安全的地方，使用警示牌。在会展参与者可能做出不安全的行为前，举出实例，引导他们不要重犯。

②经常组织从业人员学习和讨论会展参与者的行为规律，提高从业人员发现安全隐患、应对会展参与者的不安全参展行为的能力。

③提高从业人员服务语言技巧。要求从业人员学会利用语言技巧，在会展参与者能接受的情况下，教育与引导会展参与者，提高安全防范意识，或直接委婉地阻止会展参与者的不安全行为。

（2）鼓励会展从业人员满足会展参与者的心理安全需求

会展参与者对安全的需求常表现为会展心理安全需求，如参加会展前，担心会展不可靠、不诚信、受到欺骗；在会展过程中，担心被盗、火灾、突发事件等。会展参与者这种心理安全需求几乎伴随着其整个会展活动过程，能否满足会展参与者这种心理安全需求直接影响会展参与者的精神享受。因此，要鼓励和提倡会展从业人员在工作中尽量满足会展参与者的心理安全需要。要做到这一点，必须：

①提高会展从业人员通过客人细微的表情、动作来了解客人安全心理需求的能力，要求员工能及时发现客人对安全的疑问，有针对性地消除客人的疑问。

②加强对会展从业人员的工作作风和工作态度的管理，提倡严谨、稳重、细致入微的工作作风和热情、好客的服务态度，使客人通过从业人员的作风和态度，感到安心、放心。

③提高从业人员与客人沟通的能力。要求会展从业人员善于与会展参与者沟通，有针对性地消除参展者的不安全心理。

④提倡从业人员使用有形物品间接地向会展参与者展示企业的安全状况和安全保障能力。如向会展参与者展示服务指南之类的说明手册，间接地告诉参展者企业员工安全培训管理、安全记录、企业对安全的重视程度等情况，以提

高会展参与者对企业安全管理的信心。

3.3 会展行业与企业的安全与危机认知

3.3.1 会展行业的安全与危机认知

1)会展行业的安全管理体系

根据《北京市大型社会活动安全管理条例》,会展作为大型社会活动的一种,其安全管理是会展企业各级领导和全体员工的重要职责,条例通过严密的组织结构来有效实施各项安全管理规章制度,确保会展等大型社会活动的安全举办。我国目前会展行业的安全管理一般由当地人民政府各自规定实施,常见的会展安全管理体系如图 3.1 所示[1]。本着谁主办谁负责的原则,在各级人民政府的领导下,以会展主办单位和会展场地提供方为会展安全管理的主体,相关的国家政府机关,如公安、消防、公安交通、质量技术监督、商务、文化、体育、教育、旅游、园林等,按照有关法律、法规的规定和市人民政府确定的职责,对会展活动安全工作实施监督管理。

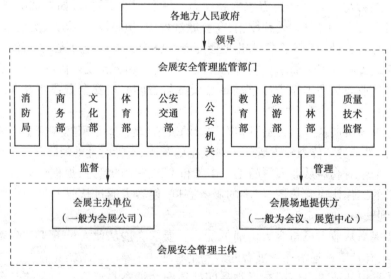

图 3.1 会展安全管理行业体系

---

① 嵇方.会展活动安全事故成因分析及预警模型研究[D].同济大学,2007.

2）会展行业安全与危机认知存在的问题

虽然在会展行业相关法规条例的指导下，我国会展行业安全管理体系正在不断完善，但是会展行业对安全与危机的认知仍然存在以下问题：

（1）统一的领导机构未建立，难以发挥全面指挥作用

目前，中国会展活动安全管理仍分属各地区政府管理，各地区政府分别制定适宜自己的管理条例。但是在很多情况下，常常举办跨区域的会展活动，一旦发生会展安全事故，往往给跨区域会展活动安全管理带来难度。

（2）资源整合意识不足，整体协调性不强

会展活动需要整合当地公安、消防、公安交通、质量技术监督、商务、文化、体育、教育、旅游、园林等政府机构的相关资源，会展活动的正常开展离不开上述部门的支持与配合。但是，目前，我国会展活动举办当地的各个相关部门的监督和管理工作各自为政，信息沟通不通畅，一旦发生会展安全与危机事件，会展安全与危机管理的整体协调作战能力无法实现。

（3）行业协会未发挥作用

在整个会展安全管理行业体系中，会展协会并没有起到多大作用。作为会展行业的职业协会，会展协会应该担负起教育、培训、监督和管理的重要职责。

（4）公安机关职责不明

在我国现行的会展安全管理体系中，公安机关既是会展安全管理的监督部门，制定安全许可和安全监督管理的工作规范和标准；又是会展安全管理的执行部门，直接参与会展活动的保安管理，出现了既是运动员又是裁判员的情况，难免引发矛盾和其他相关组织的不满。

（5）危机预警功能缺乏

从安全管理体系各组成部门的职责和权力来看，监督管理的职能突出，预警管理的功能缺乏；工作重点在于事后处理而非事前预防；重静态的安全管理，轻动态的预警管理；没有发挥预警预控的功能，虽然实现了强化安全观念、预防事故的目的，但是无法实现动态监测、识别和诊断会展活动安全事故的早期征兆，不利于及时报警和采取预先控制对策。

3.3.2　会展企业的安全与危机认知

1）会展企业的安全管理体系

通过对会展活动主办方的调研发现，会展活动主办方多数采用如图 3.2 所

示的组织结构①。在总经理的直接领导下,企业根据职能分为:会展部、市场部、行政部、工程部、公关部和财务部这六大部门。会展部主要负责会展活动的策划、招商、场地租借和具体运营等工作;市场部主要负责会展活动项目的投标;工程部则负责会展活动现场的设计和布置,但目前有很多会展公司将工程部门的职责外包给其他单位实施。

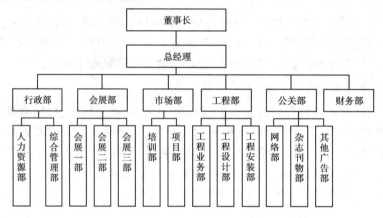

图 3.2 会展企业组织结构图

2)会展企业的安全与危机认知存在的问题

虽然在会展行业相关法规条例的指导下,我国会展企业对安全与危机的认知仍然存在以下问题②:

(1)安全管理制度落实不力

所有会展活动场地提供方都根据当地人民政府对会展活动安全管理的要求制定了自身的安全管理规章制度,但很多被调研者认为这些安全管理规章制度虽然比较完善,但是落实不到位或不太好,这说明会展场地的安全管理制度体系是好的,关键在于难以落实。以入场安全检查为例,有的会展场地上岗执勤的安检人员工作时间不足一年,现场辨别和应急处理能力相对较弱;有的企业为了减低企业成本,聘请的安全人员数量较少,造成他们连续工作时间长,而无法实现高效工作;有些活动安检免检范围过宽,免检人员过多。

(2)安全机构和岗位设置不合理

从图 3.2 所示的会展企业的组织结构来看,会展企业的组织结构中并不包括安全机构和岗位的设置,更不用说什么会展企业安全管理部门的职能是否清

---

① 稽方.会展活动安全事故成因分析及预警模型研究[D].同济大学,2007.

② 稽方.会展活动安全事故成因分析及预警模型研究[D].同济大学,2007.

晰,与各职能部门的关系如何。有些企业虽然设置了安全监察岗位,但是形同虚设,不仅该岗位的安全管理职能不明,而且岗位上的工作人员通常是由其他部门的人员兼职,根本无力进行安全隐患或事故征兆的分析工作,更谈不上安全预警和预控管理。

(3)安全工作人员的岗位适应状况不佳

由于会展企业的安全工作人员都是由其他岗位人员兼职,所以大多数人都无法适应该岗位的工作、不了解该岗位的工作要求,甚至部分安全工作人员思想观念落后,知识不足,业务不熟,技能不强。调查表明,78.47%的被调查安全工作人员都不具备该岗位要求的组织协调能力和专业技术能力,仅有一成安全工作人员被认为所掌握的知识和技能完全适应岗位的要求。例如,有的安全工作人员认为安全管理就是监督照章办事,对安全管理的认识局限于执行层次;有的基层安全工作人员对会展活动的安全要求几乎一无所知。

(4)员工安全教育和培训缺乏

近半数的被调查者反映所在会展场地会定期对员工进行安全教育,这表明会展场地还是比较重视员工的安全教育;但近90%的被调查者反映,所在会展公司没有定期进行员工安全教育和培训,只有在事故出现后,或是政府关注的国际性会议和展览活动之前才进行相应的宣传和教育。同时对不同层次、不同类型的人员进行安全教育的针对性还不够,不能形成一种"安全文化"的氛围。

(5)安全管理力量专业化程度低

我国大型活动的安全管理通常采用从各个部门抽调警力的方法临时组建安全管理队伍,大部分都没有经过专业知识的培训,专业技能缺乏,处置能力低,紧急救援工作有待改进。90%被调查者认为所在会展活动场地基本能够顺利完成紧急救援工作。但被调查人员认为急需改进硬件设施的管理、人员的安全教育及技能培训、紧急救援的模拟演练、紧急救援工作的有效组织、紧急救援工作的计划等。如在北京举行的第十三届亚洲杯足球赛上,中国队负于日本队,结果比赛后在现场发生球迷骚乱事件。虽然现场有相当的警力,但由于赛前没有进行针对性的演练,加上各个部门之间缺乏协调,致使警方的现场处置很被动。由此可见,我国在大型活动安全管理力量的专业化方面还有待提高。

3.3.3 社区与政府的安全与危机认知

会展当地的社区与政府对会展安全与危机的认知存在以下问题:

1)安全管理理念落后

我国《群众性文化体育活动治安管理办法》第五条规定:"申请举办群众性

文化体育活动的公民、法人和其他组织应对活动的具体内容、安全保卫措施承担责任,并制定安全管理的方案。"由此可见,我国在会展活动的安全管理中倡导"谁主办,谁负责"的原则,公安机关是承担监督、检查和指导的职能。但是,在实际工作中这一原则还远远没有在理念和行动上得到贯彻。一些党政机关的领导在安全理念上,把安全管理看成是公安机关的责任。在这些观念的影响下,公安机关在大型活动中承担了很大的责任,承受着很大压力。为了确保活动的安全,警方不得不包揽安全管理,导致了我国警力资源的滥用。此外,我国会展活动的预警系统不成熟,通常遇到会展活动就出动大量的警力进行保卫,人力资源严重浪费。公安机关的一些领导认为"人海战术"是最稳妥的方式,为了达到以大规模的着装警察来震慑犯罪分子的目的,常出现执勤民警的数量超过参加活动的人数,背离了活动欢乐祥和的主旨,更没有体现出安全管理人性化的理念。

2)安全管理体制不健全

我国会展活动安全管理的领导体制还不完善,普遍存在着领导层繁杂,指令缺乏权威性的情况。我国会展活动的领导体制,在公安机关内部往往就会分成多个指挥层,加上有时政府机关领导也会分管,权威指挥者定位不明确,造成基层的安全管理指挥者对问题的处理持观望态度,一旦发生问题,可能因职责不明而延误战机。

另外,我国大型活动应急机制落实不到位,缺乏有效的应急措施,一旦发生突发事件,警方及其他部门就会措手不及。北京市密云县灯展发生的惨剧就是一个血的教训,在这场特大事故中,由于游人的拥挤踩踏导致 37 人死亡,24 人受伤。在活动之前,没有对活动作出正确的评估以及缺乏应急预案是这起事故发生的一个重要原因。

3)安全管理科技含量低

从目前大型活动的安全管理现状看,我国安全管理对科技的运用主要存在以下几个问题:一是装备科技含量低。目前公安机关所使用的安全管理产品不能完全满足勤务的需要。二是领导不重视科技投入。由于我国已经在较长的时间内处于和平状态,在我国大多数人心目中,恐怖主义还是个比较遥远的名词,没有亲身的感受,一些领导长期在安全环境下产生麻痹思想,对于高科技的技术防范缺乏重视,认为把大量的资金投入技术防范建设是一种浪费。三是我国安防产业自身发展还比较落后。我国自主开发的安防产品少,缺乏研发创新能力,不能满足大型活动对优良安全管理产品的需求。

4) 法律保障滞后,难以满足现实工作的需要

我国当前许多的会展活动安全管理都是在沿用过去的法律条款,由于受时代的限制,有些法律条文已经和当前的社会现实有了较大的差距,现实作用性减弱。比如,在公安部根据国家有关法律法规制定颁布的《群众性文化体育活动治安管理办法》中,对体育比赛等群众性文化体育活动的治安管理问题作出了具体规定:违反治安管理规定的,公安机关可以责令其退出活动场所或者强行带离现场;违反治安管理办法的行为,依照原有的《中华人民共和国治安管理处罚条例》予以处罚;构成犯罪的,依法追究刑事责任。但是过去的《治安管理处罚条例》仅在第二十二条侵犯他人人身权利行为的条款中对殴打他人造成轻微伤害等行为作了处罚规定,对围攻、殴打裁判员、运动员尚未造成轻微伤害的以及向赛场内投掷杂物等扰乱大型活动场所秩序的行为没有作出相应的治安管理处罚规定。目前,随着我国大型体育活动的增多,球迷骚乱等事件层出不穷,由于缺乏相应的法律制约,许多大型体育活动存在着安全隐患。

另一方面,我国在大型活动上的法律规范远远不够,与一些规章制度产生矛盾,致使法律不能起到应有的作用。比如,我国大型社会活动相关的法律依据主要是《群众性文化体育活动治安管理办法》,公安机关按照其第六条作出规定,对群众性文化体育活动设定行政许可。而按照《行政许可法》的规定,原则上只有全国人民代表大会的法律和国务院的行政法规才能够设定行政许可,地方性法规和省级政府的规章只能设定部分或临时性的行政许可,也就是说部门规章无权设定行政许可项目。因此,公安机关不能再根据公安部制定的《群众性文化体育活动治安管理办法》对不按规定申报和不落实安全措施的活动主办单位进行处罚,由此造成活动安全系数下降,严重威胁到人民群众的生命财产安全。

3.3.4　会展业的安全与危机管理

会展危机管理需要政府、企业、行业协会分工协作,共同努力。具体来说,政府、企业、行业协会三个层面在会展危机管理中需要扮演各自不同的角色。

1) 政府层面:建立国家层面的经济安全体系,政府就要在会展业危机应急机制中扮演如下角色

(1) 成立会展危机管理机构

树立危机意识,借鉴发达国家危机管理模式和体制,成立专门的危机管理机构和统一领导、分工协作的反危机管理机构。危机管理机构是组织内部的重

要组成部分。它的主要任务是全面掌握会展危机管理的情报,及时预测危机并协调其他部门制定出有效的应对危机的措施。这种危机管理组织可以是临时的,也可以是企业内部长期存在的一个部门。

(2)制定和完善应对危机的法律

加快法制建设步伐,为安全管理提供完善的法律依据。随着我国与国际接轨步伐的加快,我国相关的安全管理法律要更多地考虑国际因素,尽快跟上国际步伐。韩国在日韩足球世界杯期间加强对犯罪分子的打击力度,严惩支持、协助、窝藏恐怖分子的罪犯,并且修订了有关出入境的法规,加强对签证的审查,断绝恐怖分子进入国境的途径。我国在法律方面也应有针对性地制定反恐的法律,严格边境管理。在加强打击恐怖分子力度的同时,我国在法律法规上还应尊重各国的风俗习惯和公民的权利,树立我国执法人员依法管理的形象。为了改善我国安全管理的相关法律普遍滞后的现象,立法部门对法律还必须及时地废、立、改,以适应社会发展的需要。

(3)建立一个危机管理信息系统和有效的指挥体系

危机信息对于会展活动的安全管理至关重要,会展活动危机应急指挥工作必须建立在及时、准确的信息分析基础上。目前,会展活动危机管理信息传递不畅,存在的突出问题是报喜不报忧、信息公开程度低、各部门间信息交流少。因此,会展危机管理需要尽快建立信息情报收集发布制度和信息公开制度,并广泛利用科技手段建立危机管理信息系统,实现信息共享。在危机管理信息系统的作用下,完善危机应急指挥体系,在危机应急指挥体系中建立警情分析中心,将各类信息汇总、分析、筛选、分类,并及时地传递到各职能部门。指挥中心要在充分占有情报信息的基础上,从全局的高度分析危机状况,准确、果断地作出决策,及时协调各参战部门。随着会展活动的增多,建立一个危机管理信息系统和有效的指挥体系十分必要,为会展活动的危机管理提供信息支撑和组织保障。

(4)建立危机管理的资源保障体系

会展危机管理离不开应急资源的保障。会展危机管理的资源保障体系包括财政、人员等方面,把危机管理纳入国家预算之中,建立各种专项资金和基金制度,及对基金的监管制度和社会救济等方面的制度。

(5)加强国际合作,整合国际资源

借鉴国外先进的会展危机管理知识和经验,加强国际合作是确保会展安全稳定的重要环节,国外有许多成功的会展安全管理经验和理论知识可借鉴。如2004年,希腊政府在举办第28届奥运会期间组建了奥林匹克七国顾问团,以寻求国际安全援助,该顾问团多方面地参与了奥运会安全力量的培训,并对安全管理方案提出了积极的建议。这届奥运会进一步加强了安全保卫工作,组委会共动用了 45 000 名保安工作人员。我国在会展安全与危机管理方面,需重视国际交流与合作,整合国际资源,推动会展业稳定发展。

2)会展企业层面:树立危机意识,增强自身抵御风险的能力

(1)加强会展企业从业人员的危机意识教育

作为会展企业的管理者或者参展商,要时时刻刻地认识到危机教育的重要意义并积极付诸实践,要经常、系统地通报形势变化及存在的问题,增强员工的危机意识。将危机教育与组织内部的政策结合起来,通过改革使员工树立市场意识、危机意识、服务意识等,提高抵御各种危机的能力。

同时,会展企业和参展商还应建立起灵敏、准确的信息监测系统,及时收集市场的信息并加以分析和处理,客观地评价自身的优势和劣势,以便尽快地找到解决问题的方法。

(2)加强会展企业从业人员的专业培训,提高专业技能

会展活动的安全管理人员在上岗之前必须经过严格的训练、考核,建立严格、统一的安全培训标准和考核规范,保证每个安全管理人员都能胜任岗位。在安全管理的培训中,要分专业进行针对性训练,如从交通疏导、反恐防暴、专业指挥、信息传递等方面开展,在培训中可邀请各行业的专家进行指导。在理论培训的基础上,实战演练也是安全管理培训的一个重要环节,实战演练可以增加安全管理人员的实战经验,并在演练中堵住安全漏洞。

(3)突出主营业务,开展多元化经营

由于会展业非常敏感,易受业内、业外突发事件影响,这样就需要会展企业在经营好主营会展业务的基础上,向其他产业或领域拓展,开展多元经营,防范经营危机。

(4)实行客户关系管理

实施 CRM 就是以单一客户为单位,对客户行为进行追踪和分析,发现每个客户的偏好和要求,进而提供相应的配置和服务方案,符合每个客户的个性要求。同时,会展业要建立起客户数据库,利用现代化手段进行数据处理,分析客户信息,从而把潜在的客户转变为忠诚客户,直至发展为终生客户,防范会展活动出现参展商临阵逃脱、骗展、欺诈等危机事件。

(5)加强会展业的危机公关

会展业联动效应大、带动效应强,公关显得特别重要,主要包括与政府、其

他产业、业内各参与主体以及媒体等各主体的联系,为会展企业树立形象和品牌。

3)会展行业协会层面:一个有效的会展行业危机应急机制,要充分发挥行业协会的作用

①通过行业协会加强会展各参与主体的合作。成立全国性的会展行业协会,使协会各成员都深刻认识到自己和其他企业命运休戚相关,在危机时刻,会展行业协会要充分发挥桥梁和纽带的作用,紧密合作,整合协调资源,积极应对。

②行业协会是重要的信息中心,具有一定的权威性和可靠性。在危机出现时,行业协会可及时公布有关信息,与媒体通力合作,加大会展目的的宣传和报道,以消除参展各方的恐惧心理。

③负责制定行业规范,进行自律性管理,协调各地区利益关系。这样,自下而上分层协调,有利于全国各地区会展业的良性竞争和共同发展,规范会展业,为今后会展经济的发展打下坚实的基础。

④邀请业界专家、学者深入研究危机的影响,为国家出台相关政策提供理论依据,并使会展旅游企业充分认识到危机的影响,及时调整会展企业的产品结构、组织结构和经营战略。行业协会要负责专门的数据收集工作,并邀请专家学者进行理论分析。

⑤加强会展行业协会人才的培养,改变目前行业协会人员素质差、专业人员比例低、专业人员老龄化的现状。

第 4 章
会展项目的安全管理

4.1 会议的安全管理

4.1.1 会议安全管理的内涵

会议安全是会展接待服务项目中一项十分重要且艰巨的任务。国内外各种会议举办得越来越多,会议安全管理的好坏,不仅直接影响到与会客人的人身、财产安全,还牵涉到会议主办方的切身利益,也将直接影响会议举办地的形象和品牌。会议往往在一个特定的场所举办,会议期间人流聚集,有时人员来自五湖四海,甚至素不相识,与会人员建立临时的组织,无形中给会议管理增加不安全因素和隐患。会议期间的偷盗、火灾发生因场地不熟,难以逃脱导致的伤亡事件时有发生,会议安全问题是会展安全管理中的重要方面。

会议安全管理是会议管理过程中最基本的保障需要。会议安全管理主要是指确保会议接待服务过程中的安全,为保障主办方、与会嘉宾、与会人员等的人身、财产安全而进行的一系列计划、组织、指挥、协调、控制等管理活动。

会议安全管理的内涵有以下三个层面:一是目的在于确保会展主办方、与会嘉宾以及与会人员的生命、财产安全;二是确保会议场所的内部服务和会议活动过程中,维持良好的秩序和安全状态;三是要对各种影响主办方、与会嘉宾、与会人员的人身、财产安全的隐患和潜在风险进行全面排查和防控。从利益相关者角度看,会议安全管理主要涉及主办方、参展商、参展观众的安全;从会议的具体内容看,一般包括会议自然灾害事故、公共卫生安全、公共伤害安全及意外突发事件的管理等。

4.1.2 会议安全问题

在会议活动的组织和举办过程中,由于其包含的内容众多,涉及的因素繁杂,而且各种不安全因素发生作用的条件各不相同,因此,可能出现众多事先无法预料的突发事件。这些事件一旦出现,就必然会直接影响会议活动的顺利进行。根据对国内外会议活动安全事故案例进行分析发现,会议安全问题主要有:

1) 自然灾害问题

对于会议活动来讲,气候的不确定性的影响是无法避免的,因气候因素带来的自然灾害问题也是时有发生,给会议相关者造成了巨大损失。无论会议活动是在室内还是在室外进行,天气的变化都会影响活动的效果和气氛。特别是当展会活动安排在室外进行时,遭遇台风、地震、暴雨等自然灾害所带来的破坏和损失不堪设想。

2) 公共卫生问题

会议一般是在一个临时的时间、特定的场所举办,会议活动涉及内容十分繁杂,会议人群也多样,公共群体性安全卫生问题难免产生。常见的会议公共卫生问题有:

①传染疾病。会议场所集聚了大量人流,一旦会议人群中有携带类似禽流感、H1N1等传染疾病,在密集人群中传播迅速,将对整个与会人群造成影响。因此,与会人员不幸患上严重的饮食方面的疾病或者是高度传染的疾病,对这类突发事件的策划至关重要。会议主办方要确保与专业健康专家保持紧密联系,以便在突发疾病时及时求助。

②食物中毒。从众多的会议安全事故案例来看,食物中毒事件屡见不鲜。例如,1996年9月,第30届国际地质大会,因送餐盒饭污染致病性蜡样腰芽孢菌,导致80人中毒。会议的食物更多的是通过供应商提供,食物中毒体现出会议的饮食供应问题很多,供应的食品令会议主办方难以满意。食物评估的数据需要提供供应时间、质量以及其他方面的信息,要对食物供应商及供应过程进行全程的监督和安全管控。

③与会人员突病情况。与会人员突发疾病,一方面可能来自五湖四海,一时难以适应会议举办地的环境,造成水土不服情况,导致突发疾病;另一方面可能与参会人员自身的身体体质有关;此外,可能还与会议举办场所的特定空间有关系,会议场所人群密集,难免不发生晕倒等现象。会议安全管理部门要配备应急药品及相关物品,以便在与会人员突发疾病时能够派上用场,重病者要及时送往医院。

3) 盗窃安全问题

会议活动为了追求尽可能好的效果,一般都会尽量选择人流比较集中的场所,与此相伴,这些场所往往也会混入一些社会闲杂人员,给不法分子以可乘之机,会议过程中的盗窃事故时有发生。2005年,海峡两岸名优产品博览会开张首日,某江苏参展商由于随意摆放自己的笔记本电脑而导致被盗。2011年6月22日,福州海峡国际会展中心,警民合围抓获一个专门流窜全国各大展会行窃的盗窃团伙。

4) 设施设备问题

当前,会议举办离不开现代的设施设备的支撑和辅助。会议举办过程中也时常遇到各种设施设备问题,设施设备故障也给会议的正常运行带来了诸多负面影响。常见的设施设备问题有:一是会场预订遇到高峰期,或应该在会议之前完成的整修工程延迟完成,会议无法如期进行;二是会议期间多媒体演示设备、同声传译设备、声光电组合装饰设备等故障,导致会议临时性中断;三是会议场所因线路载荷能力有限、线路短路等原因造成的停电现象。上述内容都是会议举办过程中常见的设施设备问题。

5) 火灾事件问题

会议场所内部和外部的电路复杂,稍有疏忽就会引起火灾;会议期间的某些参会者将尚未完全熄灭的烟头丢弃,加上展台搭建用的材料很多是易燃材料,很容易使火势蔓延;更可怕的是火灾发生后会引起人们恐慌,匆忙向出口逃散,往往给救火工作造成阻碍。此外,由于恐慌的人群所造成的人员伤害更是无法估量的。会议火灾安全隐患众多,线路的老化隐患可以排除,但是在其他的难以完全排除的情况下,需要与会人员提升安全应急处置的能力,提升应急救援能力。例如,学会使用会场周围消防器械和消防设施,在遇到较大火情时,及时启动消防、交警、治安、医疗联动机制,火灾发生时要及时、快速疏导与会人员有序离开会场。

6) 其他意外安全问题

会议活动涉及不同层面、不同内容,影响因素繁杂,给会议安全管理带来难题。除了上述安全问题之外,会议活动还将突遇以下意外安全问题:

①关键人物缺席,与会人员发泄不满。一些会议活动往往希望能够邀请一些重要的政界要员、商界大亨、文体明星等参加,提高展会的知名度和轰动效应。其实,这也为展会活动增加了一种风险,如果出现失误,关键的与会嘉宾未出席,而且关键发言人是位国际知名人物,他的发言还是整个会议活动的核心,那么与会人员一定会相当失望,而且很可能对会议发泄不满,或将使局面变得难以控制,甚至会彻底毁掉会议活动。

②捣乱滋事情况。在会议过程中,某些代表言行不当,若发生这种事情,可能会使与会人员产生不满情绪,严重的将产生捣乱滋事事件。另外,会议集聚在特定的空间,与会人员的性格、情绪也不同,不恰当的表现也可能会激怒与会人员,尤其涉及政治问题、国家安全问题的会议。

③资料、礼品安全问题。会议报道期间,会议主办方会给每位与会人员发放会议资料、礼品等,但会议主办方发放的资料和礼品基本相同,使用统一的资料袋,这样与会人员参会期间就容易误拿、拿错自己资料袋,一旦与会人员在资

料袋中还装有私人的物品时,往往会给与会人员造成财产损失,同时也会带来尴尬。

④规模的不确定性。组织一场展会活动,参加人数的多少直接影响着展会的成功与否,同时,人数的多少又会涉及礼品数量、场所容量、交通工具、床位、餐位预订等一系列问题。尽管组织者事前进行了大量的准备工作,对参会人员进行了反复的估计和可能的确认,仍然无法保证确切的参加人数。

阅读材料:

会议安全保密服务

会议的保密工作贯穿于服务人员会议工作的全过程,会中保密工作显得尤为重要。做好会议的安全保密工作,是保障会议顺利进行的重要条件。保密部门应根据会议性质和与会人员情况采取必要的安全保卫保密措施,着重抓好会议驻地、会场的安全检查和防特、防盗、防爆工作,严格保密纪律,杜绝泄密。

会场安全保密服务流程:

1.制定会议保密措施。如果召开比较大型的或秘密性较强的会议,服务部门要与保卫、保密部门取得联系,共同制定会议保密措施,尤其是加强会中的保密工作。

2.保密教育。要对服务人员进行保密教育,宣布保密纪律,规定与会人员不得以任何形式对外散布会议秘密。

3.资料统一登记。会议期间,服务人员对发放的文件、资料要统一登记,领取文件要办理手续,并指定专人负责管理文件。

4.录音保密。重要涉密会议期间,一般不准录音,经批准录音的,录音资料要按会议文件的保密要求进行管理。

5.凭证件入场。重要会议与会人员要凭证件入场,严禁与会无关人员随意进出。

6.秘密文件携带。对会上发的秘密文件,服务人员在传递时要通过机要通信部门递送,不要让与会人员携带。

7.保密检查。在会议期间,服务人员要时常对会议驻地、房间、会议室进行保密检查。

8.会议秘书保密。在会议决议事项形成期间,服务人员对需在一定范围内知悉的会议讨论情况也要保密,要做好会议讨论情况的保密工作。

9.会议宣传报道。会议期间,在进行会议宣传报道时,服务人员要认真审查把关,防止会议保密事项通过宣传渠道泄露出去。

资料来源:袁成.会展管理实训教程[M].北京:科学出版社,2009.

4.1.3 会议安全管理

会议的突发情况会给会务人员造成被动,如果会务人员不能及时从容应对,势必造成慌乱和差错,影响会议的效果。科学合理的会议安全管理是会议活动正常运转的保障。

1)树立应变意识,制定缜密方案

在会议的组织服务中,按照"周密、严谨、细致"的办会要求,一是完善会务方案,防止出现"万一"。成功应对会议突发情况靠的是会务人员对会务工作的缜密考虑。每次召开大型会议前,召开会务工作会议,就会议组织服务工作进行认真研究讨论。根据会议内容、议题、议程、会期长短以及人员多少,明确会议的要求,制定详细的会务工作方案。对规格高、规模大、人员多的大型会议,从交通安全、车辆停放、供水供电、卫生安全等各个方面制定出具体方案。召开交警、城管、电力、卫生等有关部门协调会,进行安排部署,并抽调有关人员驻会,便于及时协调指挥。如有观摩考察活动,则提前对观摩路线反复踩点,准确掌握观摩具体线路行程及观摩点情况。在观摩活动中,由会务人员打好前站,一旦出现突发情况能及时处置。二是细化应对预案,多想几个"万一"。会务服务中,坚持多想几个"万一",多设计几个"万一",把会议各个环节可能出现的情况逐一分析,制定每个可能出现情况的应对预案。特别是大型会议和活动,针对交通、天气、卫生等方面可能发生的情况拟定不同情况的工作预案,确保出现突发情况及时应对。针对可能出现的降雨天气,制定雨天停车、交通疏通、演职人员和与会领导出退场等应对预案,提前备好雨具、棉衣等保暖遮雨工具。在开幕式骤然降雨的情况下,及时启动应变预案,采取应对措施,保证开幕大会的顺利进行。

2)做好防范准备,提高应变能力

大型会议和活动会期长、规模大、人员多,会议期间活动较多,不可预期的因素也多,往往容易在细节上出现差错。会务人员必须做好突发情况的应对准备,保证临变不惊、处变不乱。

一是名牌多备。出席会议的领导在会前发生变化是会务服务中经常遇到的问题。在会议服务中,会前核对落实出席领导是否有变。会前10分钟还没到的,及时和领导秘书、司机联系,予以提醒,落实情况。同时,制作多套领导名牌,每套专箱保存,每次会议都带齐所有原拟定参加会议领导的名牌,对会前变更出席领导的,能及时更换。

二是材料备份。每次会议前,在领导讲话或会议材料定稿之后,提前送交有关领导及秘书的同时,会务人员还应另外多备一份讲话稿和会议材料。一旦发生出席领导因特殊情况忘带材料的情况,能及时送交领导。

三是会前查验。在会前对会场布置、会标挂制、材料分发和话筒音响等各个环节逐一进行查验,保证不出任何差错。

四是及时汇报。专题会议或小范围会议,通知会议时均要求参加会议单位回复参会人员名单,确认单位主要领导能否参会,对单位主要领导不能参加会议的及时向安排会议的领导汇报,以便及时调整参会人员或调整会议时间。

3) 加强沟通协调,确保信息畅通

会务人员对整个会议组织服务工作的了解掌握程度以及会务人员之间信息能够及时沟通,是保证会议不出差错、不出问题的关键,也是及时应对会议突变情况的保证。

一是加强沟通。除印发会务工作方案,明确各个会务工作组的职责任务、工作标准要求外,还印发会务人员详细分工及联络表,便于每个会务组互相沟通、了解情况。

二是注重衔接。在大型会议和活动组织服务中,注重加强各工作组之间的工作衔接。一方面,根据需要,及时召开会务各工作组碰头会,通报各组工作情况,分析会务工作中存在的问题。另一方面,在会议议程、时间地点、参会人员、出席领导等发生变化时,及时向各工作组和会务人员通报,保证信息及时畅通。

三是综合协调。大型会议涉及的服务单位多,特别是一些重大活动往往涉及信访、城建、交通、公安、卫生以及电力等多个部门,要保证突发情况的及时处理,必须加强各个部门的协调。大型会议活动组织服务中设立综合协调组,保证会议期间突发的重大事项、重大事件能及时协调处理。

4) 会议突发事件的应急处理方法

(1) 自然灾害事件应对

处理气候异常的预案。一是提前了解会议期间的天气预报,有雨雪天气应提前准备好雨具,气温过高或过低时应通知做好防暑防寒工作,如预报有气候灾害时应建议更改路线或推迟会期。二是会议期间如遇恶劣天气,应以确保人身安全为原则,做好相关服务工作。如果发生轻微的地震等自然灾害,工作人员的处理方法如下:

①疏散与会人员从安全出口撤离。

②根据会议室布局和室内状况,审时度势,寻找安全空间和通道进行躲避,

告诉与会人员切勿搭乘电梯。

（2）盗窃事故的应对

①盗窃事故的预防。

A.管理好会议场所的钥匙。

B.制定防窃措施。安保人员及服务员必须坚守岗位,掌握客人出入情况,做好来访登记工作,注意观察进出客人携带物品情况。加强出入口控制,防止外来人员窜入作案。加强对员工的培训,以提高他们的遵纪守法的自觉性。员工通道检查岗,防止员工或外单位人员偷拿财物离开。完善物品的领用及保管手续,责任到人。财务、收银处、保险柜等地方必须有防盗防抢装置。

②盗窃事故的处理。

会议客人的财物被盗后,客人直接通知公安有关部门,这叫"报案"。客人未向公安局报案,而向本会议接待服务企业反映丢失情况,属于"报失"。无论是报失还是报案,会议接待服务企业的领导、服务人员都应该帮助客人(或公安局)调查失窃原因。具体做法是:保持冷静,认真听取客人反映情况,并问清丢失物品的名称、特征、丢失的时间、地点等,同时做好记录;根据客人提供的情况,及时报告部门经理及保安部;尽量帮助失主回忆,在征得失主同意的情况下,帮助客人查找;如确属被盗案件,应立即报告值班总经理,经同意后向公安机关报告。

（3）设施设备事故应对

①设备损坏情况。

音响设备的安全管理:在会议召开前反复调试,达到最佳效果,另外再准备好所需的无线话筒。

照明设备的安全管理:会前检查灯管寿命,灯光有无晃抖、昏黄的现象,主席台照明设备的灯管在1/3的寿命时进行更换。

桌椅设备的安全管理:会议召开前,检查桌椅是否牢靠,桌布是否干净,另外再多准备几套桌椅放在会场附近,以防备用。

②停电情况。

应急处理及预防措施:活动前做好场地电力、照明的排查工作;活动前要备好应急照明设备设施,以供在停电时能够保证会议如常进行。

③处理安全隐患情况。

会场中的安全隐患主要是指因用电引发的火灾和因地震等不可抗力引发的安全问题。因用电引发的火灾的预案:一是及时检修线路,防止线路老化;二是正确用电,持证上岗;三是会场周围消防器械和消防设施齐全;四是遇到较大火情时,及时启动消防、交警、治安、医疗联动机制;五是快速疏导与会人员有序离开会场。

(4)公共卫生问题应对

食物中毒的处理:时间长、人数多的会议要特别注意食品安全,要让与会人员吃得干净,吃得卫生。一是安排卫生防疫部门进驻会场对就餐场所和食品进行检验检疫。二是如发生单个与会人员食品中毒,联系医疗组进行诊断;如发生群体性食品中毒事件,立即启动公安、医疗、卫生联动机制。

突发疾病的处理:当服务员发现客人突发疾病时,应立即报告主管,同时采取应急方法,缓解病情。主管或经理接到服务员情况报告后,要立即与医务室联系,并赶赴现场,及时处理。如果伤病情况不严重,急救处理后,可安排医生来出诊,也可送医院做仔细检查及治疗;如果伤病情况严重,应边急救边安排急救车送去医院治疗;若以上工作都有困难,应立即叫救护车,并将客人的伤病状况告知医院,以便急救,绝对不可延误时间。事后,主管或经理应写出有关伤病客人的处理报告,写明伤病人的姓名、国籍、住店房号、发病时间、地点、伤病情况及原因,以及处理过程与结果,呈报治疗,并留一份存档。

(5)突发火灾事故应对

会议服务员在工作、学习和生活中都应当注意周围的消防设施,熟悉灭火器材的摆放位置和掌握各种灭火器材的灭火方法。一旦发现火情,首先不要惊慌,应做两件事:一是报警;一是扑救。火灾初起时,一般是燃烧范围小,火势比较弱,如能使用就近的消防灭火器材,采取正确的灭火方法,就能很快将火扑灭。具体措施有:

①火灾报警。

在组织灭火的同时,应迅速向消防中心或公安消防部门报警。一是按下走道上的红色紧急报警按钮,即可向消防中心发出警报;二是拨打消防中心电话报警;三是拨打"119"火警电话。报警时,要讲清起火地点(包括路名、门牌号码、单位名称等),同时要报告火势情况、起火原因等。

②疏散逃生。

会议服务员平时注意保持通道畅通,经常查看安全出口指示灯和应急照明灯是否完好,要熟悉自己工作的环境和疏散路线。一旦发生火灾后,要组织有序(按照应急疏散预案)疏散,进入安全通道或楼梯后,一定要把防火门关闭,防止有害气体侵入安全疏散楼梯,切不可不顾被困人员的安危而自己逃生。

在有烟气的环境下,尽量不要大声呼叫,以免吸入更多的烟气。此外,也可寻找适当的位置暂时避烟。同时,千万注意不可躲在不易被人发觉的角落里,否则就会失去被人抢救的机会。

在有电梯的场所,火灾发生后不可抢乘电梯,因为电梯随时会被切断而关在里面,造成长时间缺氧窒息。

会议工作人员注意:迅速打开太平门、安全梯,并组织人员有步骤地疏散;要特别注意伤残客人和儿童,且避免大量客人涌向一个出口。火灾发生后,要注意检查是否还遗留有客人。

(6)其他意外安全问题的应对

①关键人物缺席情况的应急处理及预防措施:会议开始前5分钟,如有领导还未到达会场,会务人员及时与有关人员联系,确定该领导是否有特殊情况。因突然原因不能参加的,及时撤下座签、会议材料等,并向有关领导汇报。若与会的关键人物缺席,在会议开始前,请会务保安人员做好安全维护工作,同时安顿好现场的与会人员,避免不满情绪的发生。

②会议开始前应与发言人说明原则。请会议发言人提前做好代表发言的准备,以避免言行不当造成捣乱滋事事件的发生,如发生此类事件,必要时可请他出去。必须严肃地处理这种问题,而且处理应适当。禁止无关紧要的人员参加,必要时可报警。

③会议材料的准备和参会人数的核实。会务工作组除明确职责任务、工作标准要求外,还应印发会务人员详细分工及联络表,便于每个会务组互相沟通、了解情况,尽可能准确地了解参会人数,为会议的各项准备提供数据。会议材料袋发放过程中,可尝试在资料袋上贴上与会人员名单,以免错拿、误拿造成的尴尬和损失。

典型案例:

完成一场大型活动安保任务仅需40名民警

近年来,随着皖江区域经济飞速发展,在安徽省芜湖市弋江区举办的会展、文化、体育等各类大型活动呈几何级数增长。据不完全统计,2012年在该区共举办国家、省、市级各类会展、博览会、招商会等活动90余场次,各级别警卫任务36批次。压力面前,仅有220余名警力的芜湖市公安局弋江分局不断地在实践中总结经验,探索和完善安保工作机制,创新工作模式,全方位提升大型活动的整体安保管理水平。

一、安保勤务等级化

针对活动情况,确立了"演艺安保模式""会展安保模式""会务安保模式"。每种安保模式分为三个风险等级,并制定相应的安保工作预案和警力配置方案。

坐落于弋江区的芜湖海螺国际会议中心、国际会展中心及奥林匹克体育馆是目前芜湖市各种大型活动的主要举办场地。根据这些场馆承办各类大型活动的不同特点,弋江分局确立了三种不同的安保工作模式:针对奥林匹克体育馆以举办各类公益、商业演艺活动为主的情况,确立了"演艺安保模式";针对国际会展中心以举办各类博览会、人才招聘会为主的情况,确立了"会展安保模式";而国际会议中心主要举办各类招商会,同时需要做好警卫工作,据此确立了"会务安保模式"。

针对每种安保模式不同的规模、内容等相关因素,我们首先对大型活动安全情况进行风险评估,划定高、中、低三个风险等级,其次根据这三个风险等级制定相应的三级安保工作预案和警力配置方案。芜湖市公安局弋江分局局长许红斌对记者介绍说,例如奥林匹克体育馆的容纳量是5 000人,但在一场明星演唱会中出现了门票供不应求的现象,由于观众大多是年轻人,为防止出现人员场外拥挤、场内混乱的现象,分局将该演艺活动定位为一级安保任务,抽调了全区8个派出所、巡警大队、治安大队、刑警大队共计130余名警力,同时请求上级给予警力增援;而在一场钢琴音乐会中,4 000名观演群众大多是中老年人,弋江分局将其定位为二级安保任务,抽调40名民警、40名辅警,加上承办单位20名保安,圆满完成了活动现场安保任务。

"从去年开始,我们在每次接到任务,都会根据不同模式、等级提前联合交警、消防、组织方和承办方等部门举行联席会议,以确保形成共识后制定责任明确、措施完善的安保工作方案。"弋江分局治安大队大队长费贤民解释说。

二、安保管理社会化

根据不同场合配置民警、辅警、保安的比例,实现由计划指令型模式向市场商业型模式转变。

为避免在一些活动的安保过程中出现"执勤民警比观演群众多的现象",弋江分局积极探索大型活动安保工作市场化、社会化、规范化的有效途径,盘活演艺、会展等活动的商业化安保资源,在确保安全的前提下,逐步在各类模式中加大辅警和保安人员的使用量,根据不同安保等级,实现民警、辅警、保安比例的科学配置。如在"演艺安保模式"中,一级安保民警、辅警、保安的配置比例为5:3:2;二级安保比例配置为4:4:2;三级安保比例配置为2:5:3。

该分局对民警、辅警、保安三者的功能定位进一步细分,将一些执勤位置固定、任务相对单一的非关键岗位,如检验票证、出入口控制、人流疏导等,交由专业保安力量负责;执勤民警承担交通管理、防火监督、反扒、打击"黄牛"、现场治安事件和突发事件处置等重要工作,负责重点要害部位的控制;而对观众席秩序维护等需要安保力量多、分布范围广的工作,则由民警带领一定数量的保安进行管理。

目前,该分局已在商业性、营业性的大型商贸、文体、展览活动中,形成了公安机关审核、监督、指导,承办单位同保安公司协议,以专业保安力量为主、公安专门力量为辅的安保市场化运作模式,实现了该项工作由政府下达指令、公安机关全盘负责的计划指令型模式,向主办或承办单位自行组织负责,公安机关依法进行指导、检查、监督的市场商业型模式的成功转变。

三、安保防控立体化

"演艺安保模式"中,场内加强秩序管控,在进出口处安排双岗执勤,并加强对"黄牛"的查处。"会展安保模式"中,采取"总容量控制""分时段发票"等措施。

确保各区域安全是安保工作的重中之重。对于参与人数多、场地宽阔的大型活动,弋江分局按照"疏导外围、控制场内、分片管理、确保中心"的原则,确立"内外并重、分片管理"的安保工作思路,分层实施区域控制。

在"演艺安保模式"中,中心安全则整体安全。为筑牢内部安全铁网,该分局将活动区域细分为场内控制区、看台警戒区、场外管制区和外围疏导区4个区域,由中心位置向外围辐射分重点布置警力,加强对舞台和看台秩序的管控,每个观众席区域均安排2名执勤人员,规定演出开始至结束期间观众"禁下不禁上",避免观众来回跑动造成演出场面混乱的现象。

场外"黄牛"售假票、场内人员私自放无票人员进场的"放飞刀"现象一直是安保工作的两大隐患。在一场演唱会中,因一线明星到场献唱,而体育馆观众容量有限,导致一票难求。该分局对所有工作证件采用防伪标识处理,在进出口处安排公安民警与举办方安保人员双岗执勤,互相监督,杜绝内部人员"放飞刀";并提前布置警力加强对广场内外"黄牛"查处,当晚共查处"黄牛"4人、假票20余张、假证18个。

该分局对"会展安保模式"中的主要场馆采取"总容量控制""分时段发票"等措施,对各类工作证件分门别类进行管理,加派检票口执勤力量,严把进出口和票务关,通过设立环形栅栏和分时分段进入等方式控制人流量,避免拥挤现象发生,做到场内工作人员不超员、易于控制,发生突发事件时人员能及时疏散。

自施行安保新机制后,该分局2012年承接的各场活动安保任务和各级警卫任务无一疏漏,在有效节约警力的基础上实现了"零发案""零事故"。

资料来源:完成一场大型活动安保任务仅需40名民警[N].人民公安报,2013-03-18(5).

4.2　展览的安全管控

4.2.1　展览安全管理的内涵

展览场所是一个展览举办时的公共场所,人流量大、人员高度密集,同时展览期间也汇集了主办方、参展商以及参展观众的财产、物资和资金等,因此,展览安全管理是最基本的保障需要。

展览安全管理主要是指确保展览场馆的安全,为保障主办方、参展商、参展观众等人员的人身、财产安全而进行的一系列计划、组织、指挥、协调、控制等管理活动。

展览安全管理的内涵有以下三个层面:一是目的在于确保展览主办方、参展商以及参展观众等人员的生命、财产安全;二是确保展览场所的内部服务和展览活动过程中,维持良好的秩序和安全状态;三是要对各种影响主办方、参展商、参展观众等人员的人身、财产安全的隐患和潜在风险进行全面排查和防控。从利益相关者角度看,展览安全管理主要涉及主办方、参展商、参展观众的安全;从展览的具体内容看,一般包括展览治安秩序管理、消防安全管理、场馆安全管理及意外突发事件的管理等。

4.2.2　展览安全问题

由于展览活动是一项群众性的具有广泛性和复杂性的社会活动,具体表现在活动的内容丰富、参加活动的人员多、密度大、成分复杂、活动的规模大、范围广、场所复杂。正是由于上述特征的存在,给展览活动带来许多不安全的隐患和风险因素,都有可能导致重大人身、财产安全事故的发生。其存在的安全隐患可以从以下几个方面来分析:

1) 自然因素导致的安全问题

天气条件和地理环境的优劣对展览活动的安全有着重大的影响。这类事故的特点是不可预测、难以控制且容易造成严重后果,如地震、突发性地质灾害、灾害性天气等。在会展的举办地,自然灾害这种不可抗力会导致财产和人身的危险。自然灾害的剧烈性和大范围破坏性通常会造成难以估量的损失。作为展览活动主办方,在选择城市、场馆时就要充分考虑这些因素,首先查看选择的城市有没有发生自然灾害的历史,其次场馆建造时有没有考虑这些因素,以及能承受的自然灾害的级别有多大。

2) 人为因素导致的安全问题

人是大型活动安全管理的主体,包括活动参加者、组织者、安保人员和现场指挥决策人员。人群既有有序性,又有无序性,同时又兼具群动性和盲动性的特点,他们的心理素质、安全意识、判断能力等参差不齐,以及现场气氛与人群情绪的波动,很容易引起现场的失控。指挥管理人员的决策能力欠佳以及保安的安保工作经验不足等都容易导致安全事故的发生。

①火灾事故。在展览活动中，大部分火灾都是人为因素造成的。展馆内部和外部的电路复杂，稍有疏忽就会引起火灾;展览会中的某些参与者可能将尚未完全熄灭的烟头丢弃，加上展台搭建用的材料很多是易燃材料，很容易使火势蔓延;更可怕的是，火灾发生后会引起人们恐慌，匆忙向出口逃散，往往给救火工作造成阻碍。此外，由于恐慌的人群所造成的人员伤害更是无法估量的。

②卫生事件。展会现场是人流的聚集地，其中可能有传染病携带者，而病人和会展组织者可能不知道;拥挤或者过于激动也可能造成某些突发性疾病如晕厥;在统一安排的就餐环境中，由于条件不完善可能会发生食物中毒等医疗卫生事件。所以，基本上每个会展活动都应采取基本的医疗救助措施来维护会展活动的正常进行。

3) 场地与设施因素导致的安全问题

包括活动场地及其内部设备、设施、策划活动所需搭建的舞台、看台、高空作业及悬挂、疏散引导标识、临时安全防范、临时用电等都对安全存在着潜在的威胁。根据事故资料，该因素导致的后果是最严重的。例如，由于展览会中的展台和所需要的各种建筑大多是临时搭建的，在活动结束后会被拆掉，因而一些参展商可能为了节约成本，找一些非专业的设计公司现场施工，所使用的材料及施工质量都可能存在严重的安全隐患。

①消防隐患。展馆没有定期检修、员工未经消防培训、通风设备不全、展位消防通道过窄、管理展商不力(展板不刷防火漆、任人吸烟、电焊施工等)等问题，都是引发场馆消防隐患的导火索。

②意外事故。展馆出现意外事故，从宏观上分析是因为展馆本身定位不准确和现场管理水平不高所致。有些展馆只适合举办中小型展会，但由于名利所趋，他们却在努力承接各种展会。承接能力不足，仍然接办重型机械展，导致楼面垮塌;展位华而不实，一触即倒，造成人员伤亡;观众通道狭窄，看台不牢，组织疏通不力，人流拥挤，出现踩人事故。

4) 管控因素导致的安全问题

这是大型活动安全事故最为关键的因素。举办方的组织管理、场地内人群密度的控制、人员流向的引导、人员疏散等问题的失误都是引发展览安全事故的原因。

①盗窃事故，这是在展览中经常发生的一类事件。由于展览会的参加人数多、流动性大，对进入者的身份核查难度较大。近几年，在展览中发生的盗窃行

为有上升趋势,有很多盗窃团伙、盗窃集团把展览看成是难得的"契机"。

②暴力行为事件也是管控不当造成的典型事件。暴力行为范围很广,它包括抢劫、袭击、对抗、斗殴、恐怖活动和暴乱。

4.2.3 展览安全管理

展览安全既包括展览活动各环节、各阶段中的安全现象,也包括展览活动中涉及的人、设备、环境、管理等相关主体的安全现象;既包括展览活动中的安全意识、安全教育、应急预案制定等"上层建筑",也包括展览活动中安全的防控、保障、应急处置与管理等"物质基础"。

1) 构建组织管理体系

设立综合协调、应急行动、场地展务、联络服务、保安、服务保障等相关职能,建立相应的职责规范,配备专业人手,明确各个层面的工作职责,为会前筹备和现场管理提供有力的保障。

2) 明确展览安全责任

展览活动安全责任分配落实展览活动相关者(涉及主办方、承办方、协办方、场地提供方等)的展览服务,贯穿于整个展览活动的展前、展中、展后等各个不同阶段。主办方负责主要的组织策划及决策工作,具有会展主办的合法身份,会展活动符合国家和地方的法律法规,且经相关部门审查核实,并由其对会展活动承担主要法律责任。承办方则根据主办方的方案,服从主办方指挥,是会展的具体执行者,从事具体事务性工作,需要为会展活动的安全工作提供必要的保障。协办方的主体安全责任与承办方一致,但在会展活动举办之前须与承办方签订相应的安全协议,明确彼此的权责分配,以免发生权责纠纷。场地提供方需保证会展活动场所、设施符合国家安全标准和规范,配备应急广播、照明、消防等设施并确保完好、有效,并设立与会展活动安全要求相适应的安全防范设施。

3) 制定过程控制策略

正确划分责任区域,提前进行设备整改,把好布展材料关口,严格执行施工规范,发挥标识导向功能,严守关键性技术控制岗位等,保障人身安全措施。做好防止展位倒塌伤人、危险品进入展场、人员滑倒、暴力事件发生等措施。

4) 做好风险评估,编制应急预案

风险评估是对展会所面临的威胁、存在的安全漏洞、可能造成的负面影响,以及三者综合作用所带来风险可能性的评估。在风险评估过程中,有几个关键的问题需要考虑:一是要确定保护的对象及其直接和间接价值;二是面临哪些潜在威胁及其导致威胁的问题所在、威胁发生的可能性有多大;三是哪些安全漏洞可能会被威胁所利用,利用的程度如何;四是一旦威胁事件发生,会遭受怎样的损失或者面临怎样的负面影响;五是应该策划组织怎样的安全措施才能将风险带来的损失降至最低程度。为有效地控制事故后果,采取抢救行动和补充措施,编制应急预案,指导事故状态下的应急行动。

5)展览突发事件的应急处理

(1)台风暴雨紧急处理

遇雨天人群大量滞留时,推迟闭馆时间,展馆不清场,并进行广播宣传,劝导馆内人员暂时留在原地,不要急于离开,并将保卫力量重点转移到馆内大厅及主要通道,维护秩序,疏导人流,防止人多拥挤诱发案件和意外事件。同时协调交管部门加大运力,迅速疏散滞留的采购商和参展商。具体操作:

①在台风、暴雨来临前,做好各项防范准备工作。

②各部门检查房屋建筑的各项设备,对低洼处的设备做好防水淹的防护处理。

③各部门检查辖区的公共设施,进行加固移走处理。

④工程部检查各种排水设备,保证完好。

⑤场地管理部门检查天台、屋面等,保证畅通,通知保洁、绿化方对废弃物进行处理。

⑥台风期间,各部门加强值班和巡查制度,并组织应急抢救队伍,做到分工明确、措施得当。

⑦各部门巡查中发现事故,应现场及时作出相应的处理和维修。

⑧台风过后,各部门应立即组织检查,保证设施完好。

(2)火灾事故应急处理(图4.1)

展览场所的火灾应急处置一般需要四个小组:①通信联络小组;②安全领导小组;③疏散引导小组;④行动灭火小组,共同协调处理。具体火灾处理方案:

①展览场所的监控设施随时监控展览场所的火情,发生火灾事故时,监控中心将监测信息立即报告通信联络小组(总机)和行动灭火小组(安保)。

②总机接到火灾信息后随即报告安全领导小组(由值班经理转达总经理),总经理判断形势,作出处置决策,并立即拨打119,通知附近的消防部门赶赴现场救援。

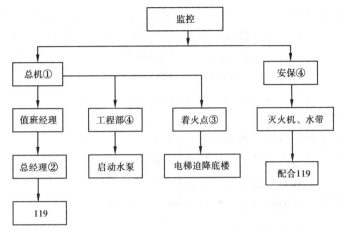

①通信联络小组；②安全领导小组；③疏散引导小组；④行动灭火小组

图4.1 展览火灾事故应急处理流程

③因行动灭火小组一般都整合工程部、安保部等资源，所以总机接到火灾信息后随即报告工程部，工程部和安保部协同行动灭火。工程部启用水泵，紧急灭火；安保部门使用现场简易灭火器材（灭火器和水带）进行扑救，防止火势蔓延。现场火势有蔓延趋势时，立即通知附近的消防部门赶赴现场，紧急灭火，并配合协同处置。

④总机接到火灾信息后，立即与着火点现场取得联系，疏散引导小组赶赴现场维护秩序，组织抢救工作。在现场疏散人员，同时将电梯迫降底层，禁止使用电梯，组织人群有序疏散。

（3）公共卫生事件应急处理

①食物中毒防范及应急处理。场馆办公室负责选择配套餐饮合作单位；场馆人员发现有食物中毒情况时的职责；保卫部值班人员任务；食物中毒发生后，各指定人员带相应的设备和物品赶到现场；食物中毒发生后各有关人员职责。

②传染疾病应急处理。展馆内出现流感或其他高致病性疫情时，要及时上报情况，协助卫生防疫部门对所涉及的区域进行封锁消毒处理，对患者和疑似病人进行妥善处理。

（4）展览场馆安全管理

展览场馆安全管理有三层含义：一是保护客人人身及财产的安全；二是保护会展场馆财产的安全；三是员工在生产和服务过程中的安全操作。其中，第一个是会展场馆的基本职责之一。

展览场馆由于其规模越来越大，业务范围越来越广，社会治安情况越来越复杂，对安全保卫工作的要求也越来越高，由此产生了专职的安全保卫人员和保卫部这个直接隶属于总经理的职能部门。除此之外,实际中还涉及各个部门。会展场馆保卫部一般设有内保组、警卫组、消防组、消(监)控室、办公室秘书等岗位。同时有固定岗位、流动岗位和临时岗位等形式,现实中会根据实际情况和工作需要而定。展览场馆的安全管理主要涉及:

①经常开展安全和法制教育,不断提高职工对会展场馆安全保卫工作的认识。

②逐步健全安全防范管理制度,逐步推行安全保卫岗位责任制。

③加强会展场馆内部的治安管理,维护内部的治安秩序。

④协助公安机关查处治安案件和侦破一般刑事案件。

⑤协助公安机关查处破坏性事故和治安灾害性事故。

⑥确保会展场馆的重点和要害部位的安全。

⑦保障客人的人身财产安全和心理上的安全感。

(5)展览场所的消防安全管理

展览主办单位严格落实内部消防安全组织,建立消防安全工作领导小组,明确各部门的消防安全工作职责,使单位内部消防安全工作政令畅通,指挥有效。

强化安全意识要求安全工作小组人员必须经过消防培训,让他们熟悉火情识别、报警要求、灭火程序和疏散方案,学会使用灭火器材,了解消防设施和安全出口的分布情况,并对其进行严格考核。

从会展招商阶段起,就要注重强化参展商的防火安全意识。要求每一位参展商必须与组委会签订治安消防责任书,以进一步明确安全责任,把展会的消防安全工作落实到具体的参展商。同时,还应要求他们在设计参展图时,按照消防法规留足消防疏散通道,不得遮挡消防栓、手报器等消防设施。在特装展位的设计上,尽量使用金属材料,减少木材等易燃材料的用量,使展具的消费要求与国际接轨。在审查确定展位图和特装工程方案时,严把特装设计方案消防安全评审第一关,针对每个展会的特点单独制定消防应急方案。

布展阶段,除日常消防检查外,在展会布展前应专门组织人员对所使用的展馆进行消防检查,检查内容包括消火栓是否完好,消防门是否正常,通过吹烟、点火测试烟感器、温感器是否灵敏,灭火器是否失效,消防通道是否畅通等,并对发现的消防隐患逐级落实整改。当确保展馆无任何消防隐患时,方可允许参展商入场布展。

在参展商进场布展期间,应严格按照消防部门的要求,落实展场消防巡查制度,防止参展商遮挡消防设施,阻塞消防通道。对于存在火灾隐患的施工作业,应及时制止或采取有效可靠的监护措施,并随时提醒布展搭建人员注意消防安全。对消防意识淡漠的参展单位,应坚持原则,严格要求其对火灾隐患进行整改。口头说服教育无效时,再出具整改通知书,如仍无效,则要立即向有关部门汇报,依靠组织单位和执法部门的力量敦促其整改,甚至落实为止。

(6)会展活动人员流动管控方案

在展览活动空间人群行动空间受限,完全跟着前面的人走,身体能感受到周围的压力,因此需要控制区域内人员的进入,并对人群进行疏导,具体管控措施如下:

①控制进入拥挤区域内人员的数量,只让区域内部的人出去,不许区域外的人进来,也可通过设置障碍物或其他方法来降低进入区域内的人流。

②信息的及时、准确、有效地传递是缓解人群恐慌情绪的重要措施,可通过设置标志、系统、喇叭或口头传达等方式,提供人们其他可选择的信息或其他吸引点,鼓励人们离开。

③如果拥挤是由于局部的吸引,如展览活动期间穿插的表演等,情况很危急而且难以控制时,可提前结束这些吸引或转换到其他更为开阔的地方。

④在疏散过程中最有可能发生拥堵的关键部位,如十字路口、出入口、狭窄的通道、台阶等部位,增加安保人员的数量,以组织人群有序疏散。

⑤当人群极度拥挤时,需要工作人员进行导向的措施有延长行进路线,控制人流前冲、分区安置参观者,疏导人员流动、穿插切割人群,分批小量组合,统一协调指挥,有效控制外围、控制事故触发源,遏制住次生灾难。

典型案例:

安全工作方案

根据国务院颁布的《大型活动安全管理条例》,特制定本方案。

活动名称:

时间:

地点:

主办单位:

承办单位:

一、展馆概况

杭州海外海国际会展中心地处杭州市上塘路329号(上塘路德胜路交叉路口),展馆室内可用面积约15 000 m²,分三层,每层均为5 000 m²,一楼、二楼为独立的展厅,三楼为可活动的多功能会展厅,另外拥有地下及地面停车场。

二、展馆规模

本次会展所用展区_____层,总展区面积_____ m²。可设标准展位_____

个(3 m×3 m),最大日人流量＿＿＿人单次,预计日人流量达＿＿＿人单次,主要展览内容(产品)＿＿＿＿。

三、展馆外围及馆内外安全设施情况

展馆正面面向上塘路,左侧是海外海皇冠假日酒店(紧靠德胜路),展馆每层有4个疏散出口、双向上下自动扶梯、1台货运电梯、3台乘人客用电梯。地下层为大型停车场,有2个车辆出入口,4个人员疏散口,地下停车场可停放小车246余辆(前后广场地面另有车位100余个),并设有自动排烟系统。大楼内设有全自动智能化消防监控报警系统,自动喷淋灭火系统,室内外消火栓系统,烟感、湿感、手动报警系统和温式报警系统以及应急疏散广播系统。室外有4只消火栓和喷淋结合器、消火栓结合器,展区内配有手提式灭火器70余台。消控中心实行24小时值班监控,每天晚上有值班人员6名,负责全馆的安全巡查。

四、会展安全保卫体系

本着"谁主办,谁负责"的规定,本届展会安全责任全部由承办单位承担。本次展览活动由主办方及场馆共同成立安保部。

1.本次会展安全负责人:＿＿＿＿,现任职务:＿＿＿＿,主要负责会展活动的安全保卫工作。布展、撤展、安全、消防安全和会展秩序的管理与协调工作。

2.展馆安全负责人:＿＿＿＿,主要负责布展、撤展、展览期间的安全监督与管理,配合有关部门进行安全检查。发现安全隐患,及时与会展组委会协调,提出整改意见,确保会展安全。

五、安全保卫力量配置

本次会展活动计划每天安排保卫工作人员＿＿＿＿名。其中会展中心安全保卫人员＿＿＿＿名。主要负责场馆的基本安全管理和每天晚上闭馆后的安全巡查和管理工作;广场外围的车辆停放、道路秩序,地下车库停车管理及广场外围的治安秩序管理,以及开幕式期间领导贵宾停车区的规划与管理,确保治安稳定,秩序良好、道路畅通、停车有序。

会展组委会安全保卫人员＿＿＿＿名,主要负责展区的日常管理和有关涉及安全和稳定方面的问题的处理和整改,主要工作为负责展区的安全巡查,检查展区有无出现安全隐患,防止人员拥堵,提醒展商和观众保管好贵重物品,制止在场内吸烟、用火等不安全、不文明行为。一旦发生突发事件及时组织人员从安全出口疏散,控制事态发展并及时向有关人员和部门领导报告情况。

六、展馆消防安全措施

1.承办单位应确保无论在何种情况下,火警警铃触点,消防水管绕盘,灭火器和安全门不得因展台、隔离物、展品或其他物品而阻塞。通向此类地点的通道亦不得被封住。

2.承办单位应特别注意一切消防设备系统,空调通气口、电梯火警拉线处、室内照明装置和监控装置不能受阻碍或视野受阻。

3.承办单位的工作人员应熟悉会展中心提供的火警警铃触点、消防栓、灭火器和安全门的位置;在展览期间观众进入租用区域的时候,所有出口不得封锁。

4.参展商仅能在所租用的展位区域内演示机器、器具,并由合格的人员操作;运作时不允许无上述人员监管。所有运行的机器必须与参观者保持相对安全的距离,且均应安装安全防护装置,只有当机器被切断动力源时,这些安全装置才能拆除;若参展商没有采取充分的防火措施,不得使用发动机或动力驱动机器。

5.除非另经本展馆的书面允许,否则不得在展馆内使用明火、爆炸物、石油和易燃有毒、放射性、腐蚀性物质;有毒废物应置于封闭并作标志的适当的容器内,并应与展馆安全部门联系其处理方式。

6.承办单位需设定治安缓冲区域,并设置明显的标识。

7.做好展会入场人员的票证查验,并进行必要的安全检查措施。所有进入会展中心和在展厅工作的人员必须将主办单位统一印制的有效证件挂在胸前,主动自觉服从和配合门卫查验证件和安全检查;证件持有人可进入办展单位租用区域并在此区域内工作,但不得进入会展中心内未经许可的区域。

8.做好展会现场秩序维护工作。本展馆每层有4个疏散出口,承办方需组织安排人员进行人员疏导工作。

9.承办单位需制定展会应急救援预案,随时准备处理各种突发事件,确保有效应对突发事件。

七、承办方具体负责下列安全事项

1.落实会展活动的安全工作方案和安全责任制度,明确安全措施、安全工作人员岗位职责,开展大型群众性活动安全宣传教育。

2.保障临时搭建的设施、建筑物的安全,消除安全隐患。

3.按照负责许可的公安机关的要求,配备必要的安全检查设备,对参加本次展会的人员进行安全检测,对拒不接受安全检测的,承办者有权拒绝其进入。

4.按照核准的活动场所容纳人员数量、划定的区域发放或者出售门票。

5.落实医疗救护、灭火、应急疏散等应急救援措施并组织演练。

6.对妨碍本次展会安全的行为及时予以制止,发现违法犯罪行为及时向公安机关报告。

7.配备与展会安全工作需要相适应的专业保安人员以及其他安全工作人员。

8.为本届展会的安全工作提供必要的保障。

八、安全保卫小组联系方式

会展安全负责人：　　　　　　　　　　　电话：

展馆安全负责人：　　　　　　　　　　　电话：

会展组委会

年　　月　　日

资料来源:安全工作方案.http://wenku.baidu.com/view/f9dbf113227916888
486d708.html

4.3　节事的安全管控

4.3.1　节事安全管理的内涵

节事活动也是在一个特定场所、有限的空间开展,参加节事活动的人员来自四面八方,人群蜂拥而至、高度集聚,也因此给节事安全留下隐患,节事安全事故相伴而来。影响节事活动安全的因素除了人群密集以外,还有节事活动场所的规模和区位(社会治安状况、周边交通环境、场馆设施条件等)、当地的气候条件和变化、节事活动的时间和性质、特征、节事活动期间的食物、饮品、参与人数、现场消防安全等。影响节事活动的既有确定性因素,也有不确定性因素;既有可控因素,也有不可控因素。

节事安全管理是指为保障节事活动的所有参与人员的人身、财产安全,节事活动场所的安全运行而进行的一系列计划、组织、指挥、协调、控制等管理活动。

节事安全管理的内涵有以下三个层面:一是目的在于确保节事活动所有参与人员的生命、财产安全;二是确保节事活动场所的安全;三是节事活动组织者在服务过程中的安全操作。从节事活动的具体内容看,一般包括治安秩序管理、消防安全管理、场馆安全管理及意外突发事件的管理等。从突发事件的分类来看,节事活动安全管理包括节事活动期间的自然灾害、事故灾难、公共卫生和社会安全事件的管理。

4.3.2　节事安全问题

《中华人民共和国突发事件应对法》中的突发事件是指突然发生的,造成或可能造成严重社会危害,需要采取应急处置措施予以应对的自然灾害、事故灾害、公共卫生事件和社会安全事件。从节事活动安全事故案例来看,影响节事活动的影响因素也不外乎突发事件的自然灾害、事故灾难、公共卫生和社会安全事件问题①。

1) 自然灾害问题

突发自然灾害,包括地震、突发性地质灾害、灾害性天气等。这类事故的特点是不可预测,一旦发生,难以控制并会造成严重后果,加上节事活动的特点,发生后将带来巨大的损失。如第十五届亚运会的举办城市多哈,从 1969 年起,每年的平均降水量不超过 60 mm,而在多哈亚运会进行的 16 天中,竟有 10 天以上出现降水。这些降水不仅使开幕式的多项空中表演项目被迫取消,影响了其完整性和观赏性,而且大雨还使不少比赛被推迟,给亚运会参赛队员及参展观众都带来了极大的麻烦。韩国马术选手金亨七因场地湿滑,赛马滑倒而意外身亡,成为该届亚运会最大的败笔。

2) 事故灾难问题

①火灾事故。火灾事故是节事活动中频发的现象,火灾事故一般是人为因素或管理存在的安全隐患造成的。节事活动集中在特定的场所,人员密集,发生火灾,因人群拥挤逃生或应急救援不善等造成的损失不堪设想。

②节事场馆的安全问题。2004 年莫斯科一座游泳馆的坍塌、2009 年上海闵行区一幢 13 层在建商品楼发生倒塌等事故提醒我们,建筑安全必须予以足够重视。特别是当前举办的体育赛事活动,很多的场馆是新建或经过扩建,在短短的时间内建设体育赛事需要的众多场馆,建筑结构、建筑消防安全设施设备等场馆安全问题需要高度重视。

③交通事故风险。一般情况下,各种节事活动都会引起大量的人流、车流,给节事活动举办地的交通带来压力。节事活动举办地疏导不及时,指挥不力,必然引发交通安全问题。节事活动的交通问题没有得到解决的情境下,甚或因交通安全事故引发其他次生事故问题,影响节事活动的稳定。

3) 公共卫生问题

①传染疾病。节事活动举办地人群密集、人流剧增,公共卫生问题难以预测和监控。节事活动参与人群中携带传染性疾病(如 2003 年"非典"、2004 年"禽流感"和 2009 年"H1N1"型流感),在密集的人群中传播迅速,影响面广,后果严重。公共卫生疫情不仅造成了巨大的财产损失,还给参与人群造成极大恐

---

① 齐霞.对广州亚运安保中突发事件应对的思考[J].河南公安高等专科学校学报,2010(1):104-107.

慌,严重扰乱了节事活动正常的运行秩序。

②食物中毒。节事活动中的食物安全也是不容忽视的,食物中毒事件屡见不鲜,节事活动中的食物中毒造成的影响大,后果严重。节事活动期间一旦发生食物中毒,势必会造成节事活动的恐慌和混乱,带来不可预料的事态变化。做好流行疾病的预防、控制与应对也将成为节事活动安全管理工作一个重要的不可缺少的重点和难点。

4) 社会安全问题

①刑事案件风险。当前社会不公平、贫富差距悬殊、仇富仇官等社会矛盾较为严重,比较容易发生社会失序、经济失调、群体心理失衡等问题,形成不稳定因素,同时给节事活动埋下了安全隐患。不法分子越来越倾向于在人流密集场所作案,节事活动的诸多特点是社会不法分子作案选择的对象和目标。从许多节事活动事故案例发现,节事活动期间的抢劫、抢夺、盗窃、斗殴等犯罪事件时有发生,对整个节事活动的正常运转造成极大破坏和损失。

②恐怖活动风险。当前,恐怖活动已成为世界各国最难以防范的潜在危险。2004 年雅典奥运会安保部部长康斯坦丁尼蒂斯先生极好地概括了反恐活动的特点:反恐是一场非传统意义上的战争,交战双方没有相对明确和固定的战场;一方是主权国家和国际组织,一方是恐怖组织及使用恐怖手段实现政治诉求的极端势力;一方基本遵守着传统游戏规则,一方则不择手段,无所不用其极;一方依靠强大的战争资源和手段却难以应付,一方以简单甚至原始的手段却能达到四两拨千斤之效;这场战争参与国家之多、波及范围之广、投入资源之巨、引起恐慌之甚、造成损失之大,非一般意义上的地区冲突和常规战争所能相比。恐怖分子之所以易瞄准大型活动作为袭击目标,主要是想借助大型活动在全世界所具有的巨大的影响力和眼球效应,以得到最大的新闻效应和公众心理的震撼效果。

③群体性骚乱事件。群体性骚乱是大规模节事活动都可能发生的一种突发事件,只是时间、地点等要素不固定。因为群体性情绪没有得到控制而引发的骚乱,闹事本身并不是一种主观故意,它往往是特定群体自发、有诱因或趁机的动乱,具有极大的煽动性、从众性等特点。当前,群体性骚乱事件最多发生在体育赛事当中,因体育赛事的观众成分复杂、情绪激昂,特别是在参赛队员之间竞争时,难以控制现场的情绪,可能引发其他突发事件。

④人流拥挤踩踏事件。有限的空间、人群相对集中的场所,都存在着踩踏事故发生的风险。当人群因恐慌、愤怒、兴奋而情绪激动失去控制时,在人多拥挤的地方就非常容易发生踩踏事件。纵观国内外大型活动,踩踏事件时有发

生。如北京时间 2010 年 11 月 23 日凌晨,柬埔寨传统节日——送水节第三天,发生了该国 31 年来最严重的踩踏事故,死伤人数近千人。2004 年 2 月 5 日,在北京市密云县举办的迎春灯展,由于现场缺乏对人流的有效疏导控制,发生 37 人死亡、多人受伤的踩踏事故。2006 年 2 月 4 日,菲律宾最大的私营电视台 ABS-CBN 在马尼拉东郊帕西格市一体育场举办庆祝活动,由于巨额奖品的诱惑,人群争先恐后进入会场,使只能容纳 17 000 人的体育场,涌进了约 25 000 人,最终发生 74 人死亡、400 多人受伤的踩踏事故。

⑤网络信息系统风险。节事活动的举办离不开网络信息系统的支撑。但网络像一把双刃剑,给各项工作带来便利的同时,通过网络进行的犯罪活动也频频发生。节事活动期间,网络信息系统的风险主要有以下几个方面:一是不法分子散布和传播一些恐怖的信息,也有可能针对信息和通信的基础设施进行恐怖活动,造成大量的"虚拟灾难",给节事活动参与人群造成恐慌;二是存在不少具有攻击性的黑客,大型节事活动网络系统遭到攻击的破坏力和影响力较大,给节事网络信息系统安全造成极大威胁。

4.3.3 节事安全管理

1)节事安全的预防预警

(1)节事安全预案的制定与管理

应急预案又称应急计划,是针对大型节事举办过程中的危机事件,为保证迅速、有序、有效地开展应急与救援工作、降低危机事件造成的损失而预先制订的有关方案或计划。

①节事活动应急预案的核心内容。

应急预案是针对可能发生的危机事件所需的应急准备和应急行动而制定的指导性文件,其核心内容应包括:一是紧急情况及对其相关后果的辨识和评估;二是各个应急部门的职责分配;三是应急工作的指挥与协调;四是应急处置工作中可能涉及的人员、物资、设备、经费等,包括社会和外部援助资源等;五是在危机事件发生时抢救生命、保护财产安全的相关措施;六是现场恢复重建等善后处理工作。

②节事活动应急预案管理。

会展应急预案的建立,是为了加强和规范突发事件的应急管理,以便在最短时间之内,通过最有效的途径,采取最有力的措施,把突发事件带来的损失和社会影响降到最低。要做到防患于未然,遇到突发事件能够得到满意的有效处置。会展预案主要有以下内容:

A.组织指挥机构及职责。明确各组织机构的职责、权利和义务,以突发事件应急响应全过程为主线,明确事件发生、响应、结束、处置等环节的主要部门与协作部门;以应急准备及保障机构为支线,明确各参与部门的职责。

B.预防和预案机制。包括信息监测与报告、预案预防行动、预案支持系统。

C.应急处置程序。包括分级响应程序(原则上按一般、较大、重大、特别重大四级启动相应预案),信息共享和处理,通信,指挥和协调,紧急处理,应急人员的安全防护,群众的安全防护,社会力量动员与参与,事故调查分析、检测和后果评估,新闻报道,应急结束等11个要素。

D.应急保障措施。包括通信与信息保障,应急支援与装备保障,技术储备与保障,宣传、培训和演习,监督检查等。

(2)节事安全风险的识别

①辨识和控制各种不稳定因素。大型节事活动的危机事件与自然灾害、事故灾难等事件一样,它是由一些因素相互作用而引发的,往往在发生之前会有一些征兆现象。因此,可以通过设立各种网点,对可能引发紧急情况的各种因素进行辨识、发掘和控制,从而降低大型节事活动举办过程中不安全事件发生的概率。

②建立监测信息分析、诊断制度。监控机构必须有专业的人员对监测点的信息进行采集与分析,并对监测信息的可信度进行评估;同时,构建一个有效的诊断制度,从不同层面对监测网点的运行情况进行分析、诊断,从而确保监测网点的高效、安全运行。节事活动危机监测活动的主要监测风险因素和节事活动的人群流动性和拥堵情况。

(3)节事安全风险的预警

及时、准确地发布预警信息。预警信息的发布是实现"公民知情权"的重要方式。涉及参与节事活动的人身及财产安全的预警信息,不仅安保主体及其职能部门应当获知,普通大众也有权利获知。因此,预警信息的发布不仅应当面向安保部门,也要面向普通民众。而预警级别的判断标准不能仅仅以人员伤亡、财产损失等固定量化的指标为判断标准去衡量。

2)节事安全的应急处置

(1)应急响应

危机事件发生后,报警信息会迅速地汇集到应急指挥中心并立即传送到各个专业的应急指挥中心,接警的主要工作是详细记录发生的紧急情况并及时将信息传递给相关部门。应急指挥中心接到报警以后,应立即建立与事件现场的地方或内部单位应急机构的联系,根据事件报告的详细信息,由应急中心值班人员或现场指挥员对相应级别作初步的判断。

(2)应急启动

应急指挥中心根据事件报警信息作出初步判断,启动相应的应对方案,迅速调查本地资源和力量,现场采取紧急救援活动;根据现场情景评估确定的相应级别启动应急程序,通知应急处置指挥中心有关人员到位、开通信息通信网络,调配救援所需的应急物资、装备,派出现场指挥协调人员,必要时申请上级部门,请求国家在资源力量方面予以支援,全面开展现场处置与救援工作。

(3)现场应急处置

成立现场应急指挥部并迅速启用,应急处置专业力量、救援专业队伍及时进入事件现场,开展人员隔离、人员疏散与救助、抢险和消防、消除事态进一步恶化等处置工作,在必要的情况下,启动与专家顾问团的通信联络,接受专家们的决策建议和技术支持。

3)节事安全的善后处置

(1)危机事件状态终结

在采取了必要的应急措施之后,紧张事态消除,应急指挥相关部门、人员进入临时应急恢复阶段,进一步开展事件的调查、善后处理、法律救济和评估等工作。危机事件状态的终结后,承担应急职能的机构应当对应急措施加以调整,或者停止继续执行,以结束应急状态。

(2)危机事件损失评估

大型节事活动举办期间发生的危机事件在应急处置完成以后,应急指挥部门组织有关部门和专家进行分析评估,要建立科学的危机事件损失评估机制,以下五个方面的内容尤为重要:人员伤亡;物质损失;经济损失;心理创伤和其他损失。其中,心理创伤评估甚为重要,造成的心理影响需要长期加以关注。而其他损失在具体评估时,通常将事件造成的损失分为直接损失和间接损失。

(3)危机事件原因调查及责任追究

要完善危机事件行为主体的法律追究,节事活动安全管理机构应协助公安机关对危机事件行为主体进行立案侦查,查明事件行为主体及其行为动机、目的等,收集犯罪证据,将其缉拿归案。侦查破案是危机事件应对与恢复重建中的一项非常重要的工作,将违法犯罪分子的违法行为予以查清,并送交司法机关追究其相应的法律责任,是大型节事活动中危机管理的基本要求。

4) 节事安全的重点环节

节事活动由特定的组织机构主办,一般在室外或室内举办的节庆或赛事活动,如烟花汇演、歌舞演唱会、体育赛事等。根据历年的安全事故案例来看,节事活动安全管理在遵循上述应急管理流程外,还需重点关注以下方面:

(1) 天气影响

由于大型节事庆典活动一般在室外进行,天气变化对大型节事活动场地影响非常大,雷雨、狂风、烈日等都会致使活动推迟,甚至取消。因此在活动举办前应对气候情况进行预测,并做好紧急预防措施和应变对策。

(2) 人群风险

节事活动最大的风险来自于激动兴奋的人群,而且这类活动的参与者多为年轻人,年轻人的热情是导致人群风险的重要原因。在管理时要特别注意,随时防范年轻人因兴奋过度而采取的过激行为。

(3) 人群控制

对于大型节事庆典活动的另一个人群风险是人流密度过大,造成拥挤和踩踏。特别是在举行室外汇演、体育赛事时,要考虑到人流的流动方向,对于一些重要观赏点要控制人群的流入。必要时,还需安装临时的监视器或摄像头,随时对现场人群进行监控。

(4) 舞台的安全

舞台的安全包括两个方面:一方面是舞台的搭建安全,防止舞台塌陷,尤其是对于一些大型的文艺表演;另一方面是对舞台进入的安全,要杜绝观众或其他无关人员进入舞台区,影响正常的庆典活动。

(5) 用电安全

大型庆典活动所需的动、声、光、色设备的用电功率一般较大,而且是临时拉线,因此,要特别注意活动现场的用电安全,防止出现超负荷用电所造成的断电甚至火灾。

(6) 观赏区的安全

大型活动的观赏区包括三类:第一类是体育馆内的固定看台;第二类是临时搭建的看台,观众可以从上往下观看,如 2005 年广东省旅游文化节闭幕式时,为观看在珠江水面上的表演,而在江岸搭建的看台;第三类是广场临时布置的简单观赏区,一般当大型活动在一个开阔的广场举行时采用。这三类观赏区的安全管理均有不同要求。

典型案例:

上海世博会安全信息系统

2010 年上海市将举行世界博览会,预计超过 7 000 万人次前往参观,近 300 个国家和国际组织参加,时间跨度 184 天,建设投资超过北京奥运会,其规模为世界博览会史上第一。上海世博会的参展服务、票务销售、特许经营、人流疏导、运营管理、人员培训等一系列重要的工作都是通过网络信息平台展开的。与此同时,上海世博会还在世博会历史上首次尝试"网上世博会"项目。

具体而言,与奥运会类似,上海世博会信息系统包括官方网、管理网、场馆接入网等。而世博会没有设立单独的票务系统,而是借助银行、电信运营商、邮政等单位的票务系统进行售票。网上世博会是 2010 年上海世博会的重要组成部分,是世博会的网络展示平台。它提供给各参展者在网络环境下建立虚拟展馆,以世博会内容为基础,采用不同的方式和技术在互联网上进行展现。按照功能的不同,网上世博会展馆分为浏览馆和体验馆两个类型,浏览馆通过文字、图片、视频、音频等方式使网络参观者了解展馆的空间布局和参展内容,而体验馆更增加了网络观众与展项之间进行信息互动。可见,网上世博会的网络核心类似于一个大型的 IDC(互联网数据中心),在网络安防工作中需要结合 IDC 网络和多媒体浏览服务特点。信息系统是上海世博会筹办工作的中枢神经,信息安全对于世博会的成功举办具有至关重要的意义。

广州亚运会网络信息系统

第 16 届亚运会于 2010 年 11 月 12 日至 27 日在广州进行,比赛设 42 项比赛项目,72 个竞赛场馆,之后还举办了第十届残疾人亚运会。亚运会信息系统组成与奥运会非常类似,"数字奥运"之后提出了"数字亚运"的口号,面向组织、面向竞赛、面向媒体、面向观众提供信息技术服务。

亚运会网络信息系统(GAGIS)包括 3 个独立的网络(Admin、AGIS 及公安专网)。除此之外,还包括由赞助商提供的官方网、票务网,以及各场馆的互联网接入等。Admin 即组委会信息系统,包含 5 个核心节点、2 个数据中心以及 13 个非比赛场馆,Admin 协同办公平台应用系统包括公共子系统 11 个、业务子系统 17 个,用户范围为亚组委内部办公人员,最多扩充至 1 000 人,加上志愿者、IT 运维人员等,估计有 2 000 用户左右。对 Admin 网影响最大的信息安全威胁包括病毒和恶意代码,通过网络实施对信息系统的入侵攻击、内部网络安全风险等。

AGIS 即运动会信息系统,是支撑亚运会举办期间关于人员、物资、车辆和比赛组织的信息管理,是对竞赛成绩的快速采集、处理、发布和查询的关键系统。AGIS 为运动会管理、比赛控制和将赛果信息分发到不同的终端用户提供关键的应用。确保亚运会顺利举行,必须确保其网络和信息安全,建立系统的整体的网络和信息安全保障体系。亚运信息系统安保工作结束后,同样可以利用亚运安保的经验和形成的体系,构建广州全市范围的长效的网络安防、通报机制。建立会展危机管理机构系统,构造危机的快速反应机制。

资料来源:高建新,舒首衡,伭剑辉,等.大型活动信息系统网络安全监控研究[J].信息网络安全,2010(1):41-43.

4.4 奖励旅游的安全管控

4.4.1 奖励旅游安全管理的内涵

奖励旅游产生的历史可以追溯到 20 世纪二三十年代的美国,如今已有50%的美国公司采用该方法来奖励员工。根据国际奖励旅游协会的定义,奖励旅游的目的是协助企业达到特定的目标,并对达到该目标的参与人士给予一个尽情享受、难以忘怀的旅游假期作为奖励。其种类包括:商务会议旅游、海外教育训练、奖励对公司运营及业绩增长有功人员。需要指出的是,奖励旅游并非一般的员工旅游,而是企业业主提供一定的经费,委托专业旅游业者精心设计的“非比寻常”的旅游活动。用旅游这一形式作为对员工的奖励,会进一步调动员工的积极性,增强企业的凝聚力。奖励旅游是会展旅游的重要组成部分,它们具有共同的特点,如组团规模大、消费档次高、季节差异小、经济效益好等。除此之外,奖励旅游还有它自己的特点:具有鲜明的企业文化特征;团队整体素质高,约束力强;会、奖结合。

奖励旅游安全指旅游活动过程中所发生的涉及奖励旅游者等各相关主体的人身、财物安全现象的总称。广义的奖励旅游安全指奖励旅游现象中的一切安全现象的总称,既包括了奖励活动中各相关主体的安全现象,也包括与奖励旅游活动相关的安全现象。狭义的奖励旅游安全指奖励旅游活动中各相关主体的一切安全现象的总称,它包括奖励旅游活动各环节中的安全现象。奖励旅游安全管理就是保障奖励旅游的相关主体在活动期间的人身、财产安全,维护奖励旅游安全,稳定运行。从旅游活动的环节和旅游活动的特点看,奖励旅游安全管理贯穿于奖励旅游活动的六大环节,可相应的分为饮食、住宿、交通、游览、购物、娱乐安全管理六大方面。

4.4.2 奖励旅游安全管理的内容

1) 奖励旅游饮食安全管理

(1) 奖励旅游饮食安全问题

①食物中毒。在旅游旺季和炎热的夏季,由于奖励旅游者人流规模大、食品处置进程加快,容易引起群体性食物中毒。在沿海地带,海鲜类食品不易保存,也容易因食物腐败变质引发食物中毒。食物中毒对奖励旅游者的伤害较大,严重者将危及奖励旅游者的生命安全。

②饮食引发的疾病。旅游饮食引发疾病有食物原因和奖励旅游者个人原因等多个方面。常见的旅游饮食引发的疾病包括肠道感染、肠胃功能紊乱、肠胃溃疡等,这些疾病容易引起旅游者的恶心、呕吐、腹泻等症状。

③营养不良、旅途劳累引发的旅游疾病。旅游疾病一般专指旅游者因旅游活动中地域移动、体能消耗大、营养摄入不足引起的种种疲劳症状,其最终表现为旅游活动中的疾病。比如,"上火""便秘"等是旅途中旅游者常出现的典型症状。

④饮食场所的盗窃。旅游者在饮食场所停留具有短暂性和仓促性,因此饮食场所容易发生针对旅游者的财产行窃行为。

⑤饮食欺诈。主要指餐饮经营业主对旅游者的欺诈行为,它表现为诱骗、敲诈、强买强卖及宰客等现象。

⑥其他饮食意外事故。餐饮场所的意外事故类型较多,比如地板油腻湿滑导致旅游者跌伤,餐具破损割伤旅游者,菜肴太热烫伤旅游者,电力泄露击伤旅游者等。此外,奖励旅游者与服务人员间的主客冲突也比较常见。

(2) 奖励旅游饮食安全管理

①加强食品卫生管理,对食品从采购、储存、加工和服务过程进行全方位安全监控。

②严格饮食场所的消防安全管理,加强消防设施的配置和服务人员消防能力的提升。

③加强防盗监控,提升餐厅工作人员的防盗意识和能力,通过设施配置和加强保安减少偷窃行为的发生。

④加强餐饮经营业主的职业道德教育与管理,防范与控制饮食场所的敲诈、强买强卖、宰客等非法经营现象。

⑤加强餐饮场所的现场安全管理,防止出现因地面油腻湿滑、餐具破损等

人为原因造成的旅游者跌伤、割伤、烫伤等不安全事件,避免饮食场所的酗酒、斗殴现象。

⑥加强对餐饮服务人员的安全教育与管理,提升其安全意识和安全技能,防止主客冲突行为的发生。

⑦加强对奖励旅游者的提醒与引导,倡导科学的旅游饮食。

(3)奖励旅游饮食安全管理体系

如图4.2所示,奖励旅游饮食安全管理体系包括教育与引导管理、食品卫生管理、餐饮现场管理等主要环节,任何环节的缺失都会导致奖励旅游饮食安全隐患的产生。

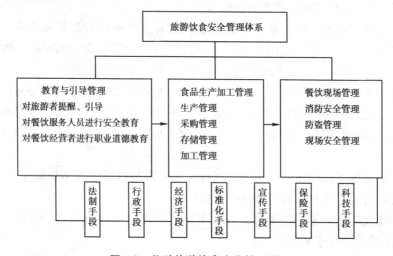

图4.2　奖励旅游饮食安全管理体系

2)奖励旅游住宿安全管理

(1)奖励旅游住宿安全问题

奖励旅游住宿中的安全问题主要表现为偷盗类犯罪、住宿火灾、隐私名誉受损、心理安全受侵犯、顾客逃账等安全问题。

①住宿场所犯罪

奖励旅游住宿安全中的犯罪大多以偷盗为主。盗窃案件是发生在住宿企业中最普遍、最常见的违法犯罪行为之一。从犯罪主体看,住宿企业盗窃案件有以下特点:第一,社会上不法分子进入住宿场所内盗窃;第二,内部员工借工作之便进行盗窃;第三,酒店客人利用住店之机进行盗窃。

酒店盗窃的方式主要包括:第一,顺手牵羊型,以盗窃小件贵重物品为主;第二,"抽签式"盗窃现金;第三,"偷梁换柱"式偷盗;第四,智能化和高科技化偷窃,以利用财物账号偷窃为主。

②住宿场所火灾

近年来,我国住宿业的火灾频频发生。住宿场所火灾不仅危及客人、员工的生命,使企业遭受重大的经济损失,部分住宿场所火灾甚至还给国家带来不可估量的经济与形象损失。

③名誉安全问题

名誉安全问题指奖励旅游者住店期间因住宿企业或他人的不良行为而遭受名誉损害的现象。例如,由于酒店有卖淫、嫖娼现象或赌博、打架斗殴等不良行为,导致酒店形象不良,从而影响客人的消费形象,伤及其个人名誉。

④隐私安全问题

隐私安全问题指奖励旅游者的一些个人生活习惯、爱好、嗜好等私密信息被泄露出去。客人住店期间、消费中或在被服务过程中,有时会无意间流露出难以启齿的个人生活嗜好、不良习惯与行为,甚至一些生理缺陷。这些隐私如果外泄,会影响到奖励旅游者的个人形象,甚至影响其正常工作。因此,服务人员有责任为奖励旅游者保守秘密和隐私,使奖励旅游者能够放心无拘束地消费。

⑤心理安全问题

心理安全问题是指奖励旅游者对酒店环境、设施和服务产生不信任感,以致在精神上、心理上遭受困扰,产生不安、局促、尴尬等个体行为的问题类型。有时奖励旅游者人身和财产并未受到损害,但奖励旅游者却感到有不安全的威胁,并产生恐慌心理,比如设备安装不牢固,电器设备有漏电现象,住客楼层有闲杂人员,地面光滑易摔倒,娱乐场所有人起哄等,都会使客人产生不安全的心理感受。

(2)奖励旅游住宿安全管理

①加强宏观性的行业安全管理,充分利用《治安管理处罚条例》《旅馆业治安管理办法》《消防法》等安全法律法规和标准,加强对住宿企业的安全检查、监督和评价,推进住宿企业的安全监管。

②加强住宿企业的个体安全管理。住宿企业应建立有效的安全组织与安全网络,制订科学的安全管理计划、制度、预案及安全管理措施,加强紧急情况的应对与管理,全面提升顾客的安全保障能力。

③加强对住宿奖励旅游者的引导与管理,既要防止假奖励旅游者借助奖励旅游身份制造安全问题,也要正确引导奖励旅游者,使奖励旅游者能够遵守安全法律法规,按照住宿业的行业规范进行消费,避免住宿过程中的不良行为,避免奖励旅游者本身成为安全问题的来源。

（3）奖励旅游住宿安全管理体系

如图 4.3 所示，奖励旅游住宿安全管理体系包括住宿行业安全管理、住宿企业安全管理、住宿顾客安全引导与管理等三个主要环节。

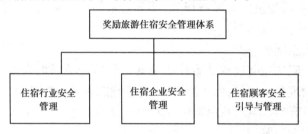

图 4.3　奖励旅游住宿安全管理体系

3) 奖励旅游旅行安全管理

（1）奖励旅游旅行安全问题

旅行是奖励旅游者借助各种交通工具或交通方式，由居住地到旅游目的地或由旅游目的地到居住地或者是旅游目的地间的空间位移活动。旅行安全问题主要有旅游交通事故、疾病、犯罪、黄赌毒、自然灾害以及特殊事故等表现形态。其中，旅游交通事故、犯罪是最突出的问题类型。

①旅游交通事故。旅游交通事故是旅行安全问题最主要的表现形态，也是旅游活动各环节中影响最大、发生频率最高的问题类型。按照交通工具形式，旅游交通事故可分为道路交通事故、高速公路事故、水难事故、航空事故以及特殊旅游交通工具事故等。

②旅行中疾病。旅行途中的疾病指奖励旅游者在旅途中因个人身体原因或他人原因而发生的或被传染而发生的各种疾病，同时也包括因运动量大、旅途劳累、交通工具颠簸、交通工具内气压变化以及噪音、污染等因素造成或引发的相关疾病。奖励旅游者的旅行疾病主要包括晕动症、航空性中耳炎、"上火"、时差反应、传染病等类型。

③旅行中犯罪。指旅行过程中发生在奖励旅游者身上的抢劫、偷窃、欺诈、人身攻击等安全事件。旅行是一个空间移动过程，来往人员鱼龙混杂，存在着各种不安全因素。身处异地的奖励旅游者很容易成为犯罪分子的目标对象，因此旅行中的犯罪行为时有发生。

④旅行中的黄赌毒现象。指在旅行过程中播放色情影碟、嫖娼卖淫或引诱旅客参与黄赌毒等活动的行为。例如，犯罪分子在车上利用赌博诈骗财物，或者在旅行中通过各种手段引诱旅游者吸毒，甚至利用旅游者携带毒品和运输毒

品,帮助犯罪分子进行毒品交易等。

⑤旅行社业务事故。旅行社业务事故是特指旅行社接待服务中出现的漏接、错接、空接、误机、误车(船)等相关业务事故。

(2)奖励旅游旅行安全管理

①加强旅游行程中的交通安全管理。旅游活动组织者应遵守道路交通、铁路交通、水上交通和航空运输等交通法律法规,积极购买交通保险。

②加强旅游汽车安全管理,选用合格的旅游汽车,杜绝隐患汽车上路。加强对驾驶员的监管,避免违法驾驶、疲劳驾驶等交通安全事故。

③涉水安全事故是多发的安全事故类型,乘坐水上交通工具应加强安全管理。水上旅行安全防范与管理工作涉及航运码头、船运公司、船员及旅客等多方面。安全防范与管理工作的重点应放在宣传教育、制度法规建设、完善安全管理体制、提高从业人员素质和强化现场管理等五个方面。

④加强旅行中疾病的防范与控制。由于旅行交通工具中人员聚集度高,车厢、机舱内空气流通较为不畅。若有传染病源存在,交通工具内的旅客极易被传染而得病。汽车、火车、飞机以及轮船等交通工具上的工作人员要加强对传染病危害的认识,杜绝或减少传染病源进入交通工具,保持交通工具中空气的畅通。

⑤加强旅客过度生理反应的防范与控制。对患有晕动症、航空性中耳炎、"上火"、时差反应的旅客应加强干预和处理。

(3)奖励旅游旅行安全管理体系

如图4.4所示,奖励旅游旅行安全管理体系包括交通安全管理与旅客安全管理,其中,交通安全管理包括交通法律法规管理、交通工具安全管理、交通运营人员安全管理;旅客安全管理包括旅客旅行安全教育和旅客旅行突发事件的防范与控制。

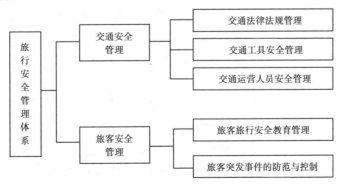

图4.4　奖励旅游旅行安全管理体系

4)奖励旅游游览安全管理

(1)奖励旅游游览安全问题

游览安全突发事件主要有景区内犯罪、景区自然灾害、游览设施安全事故、疾病、火灾以及其他意外事故等突发事件类型。

①游览中的自然灾害。自然灾害也是游览安全中常见的表现形态之一。威胁人类生命、破坏景区旅游设施的自然灾害大体包括:气象灾害、海洋灾害、洪水灾害、地质灾害、地震灾害、农作物生物灾害和森林生物灾害等类型。

②旅游设施安全事故。旅游设施安全事故指因景区内的游乐设施、交通设施或服务设施发生故障而导致的安全事故。最常见的游览设施安全事故有大型游乐设施事故、空中缆车索道事故、游艇、皮划艇、竹筏等漂流事故,围栏、护栏失控事故等。游览设施安全事故在景区中时有发生,常带来不同程度的危害。

③游览中的疾病。游览中的疾病是指旅游者由于旅游目的地和景区特殊的地域环境和自然条件原因而引发的疾病。例如,旅游者在高海拔旅游区容易发生高原病,严重时可能导致死亡。

④游览其他意外事故。指在游览中由其他不可控、不可预期的意外因素引起的安全事故。例如,2009 年 5 月由厦门市旅行社组织的一个赴台旅游团中,两名游客在游览台湾太鲁阁时被落石意外砸伤。

(2)奖励旅游游览安全管理

①强化景区安全管理。景区景点是游览活动的载体,旅游景区的安全管理是游览安全管理的核心内容。

②根据景区的区域特点、旅游项目特点和地形地势特点等,构建科学的安全管理体系。

③加强景区的安全人员配备和安全设施配置,强化安全标志的设置及引导管理,增加景区人员的安全管理知识。

④加强景区预案制度体系的建设,加强对特殊项目、特殊区域的安全监控与管理。

⑤加强景区周边环境的安全管理,创造安全的景区环境氛围。

(3)奖励旅游游览安全管理体系

如图 4.5 所示,奖励旅游游览安全管理体系包括游客安全管理与景区安全管理。其中,游客安全管理包括游客安全教育、游客安全警示、游客安全控制;景区安全管理包括环境安全管理、设施安全管理、安全人员配备等。

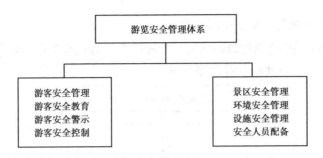

图 4.5　奖励旅游游览安全管理体系

5）奖励旅游购物安全管理

（1）奖励旅游购物安全问题

奖励旅游购物安全问题指旅游者因购物行为而发生的相关安全问题，主要包括遭受欺诈、偷窃、抢劫、勒索，及遭遇火灾事故等问题类型。

①旅游购物欺诈。欺诈是奖励旅游者旅游购物中最容易出现的安全问题，主要表现为以次充好、冒充古董、赝品销售、销赃、哄抬价格等形式。

②偷窃、抢劫与勒索。偷窃也是旅游购物中比较常见的安全问题之一。犯罪分子常利用奖励旅游者集中精力挑选商品、营业员集中精力推销商品的有利时机进行偷窃作案。抢劫主要表现为犯罪分子使用暴力对处在购物中或购物后的旅游者实施财物劫取的行为。勒索主要表现为犯罪分子以购物品作为诱饵，威胁或要挟旅游者高价购买购物品的行为。

③旅游购物场所火灾。旅游购物场所的商品种类繁多、陈列方式多样、来往客流较为复杂，一旦发生火灾，很容易造成财产损失和人员伤亡。

（2）奖励旅游购物安全管理

旅游购物安全问题的发生既归因于旅行社和不良商场的非法操作，也归因于旅游者个人的不理性购物行为。因此，购物安全管理可以从旅行社管理、购物行业管理和旅游者购物安全教育三方面入手。

①加强对旅行社的业务管理，坚决取消零团费、负团费等恶性旅游产品，避免购物欺诈产生的温床。

②加强对旅游购物行业的整体管理。旅游部门应协同工商部门等相关部门进行联合执法检查，加强对旅游购物企业的安全监管。

③奖励旅游者购物安全教育。旅游购物是旅游者和旅游商品供给者双方共同完成的过程，两者缺一不可。在加强旅游购物行业安全管理的同时，也应加强对旅游者的购物安全教育，让旅游者睁开"雪亮的眼睛"，提高警惕，增强消费安全意识，避免购买赃物，避免购买假货。

（3）奖励旅游购物安全管理体系

如图 4.6 所示，奖励旅游购物安全管理体系包括旅游者安全教育管理、旅游购物行业管理、旅行社业务管理等方向。

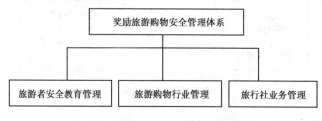

图 4.6 奖励旅游购物安全管理体系

6）奖励旅游娱乐安全管理

（1）奖励旅游娱乐安全问题

奖励旅游娱乐安全问题主要包括娱乐场所的火灾、打架斗殴、偷窃、黄赌毒以及游乐设施安全事故等事故类型。

①娱乐场所火灾。歌舞厅、卡拉 OK 厅等娱乐场所往往灯光昏暗，客人又喜欢饮酒抽烟，因此火源往往较难发现和控制。娱乐场所装修材料多为易燃材料，场所的出口通常狭长、路线曲折，因此逃生与救援很不方便，发生火灾时容易酿成大祸。

②娱乐场所打架斗殴。打架斗殴多发生于歌舞厅、卡拉 OK 厅、酒吧等娱乐场所，主要源于酗酒。娱乐场所内的打架斗殴容易殃及其他旅游者，不仅对旅游者造成身体伤害，也将使旅游娱乐企业蒙受财产和经济损失。

③娱乐场所偷窃、敲诈。旅游娱乐场所容易发生偷窃行为、销售假货劣货行为，也容易发生以色情为饵的诱骗陷阱，不少旅游者曾被不法分子敲诈勒索。

④娱乐场所的黄赌毒现象。黄赌毒指在旅游娱乐场所发生的卖淫嫖娼、赌博、吸毒等严重损害人们身心健康的不法活动。有些营业性歌舞娱乐场所为了吸引旅游者，以色情或变相色情的方式引诱、陪随客人消费；或者以提供摇头丸、冰毒等毒品来吸引消费者，刺激客人消费；娱乐场所的赌博现象经常是以带有赌博性质的娱乐方式来引诱旅游者上当，并利用赌博心理使旅游者无法自拔而达到赚钱的目的。

⑤游乐设施安全事故。主要指娱乐场所的游乐设施故障引发的安全事故。比如，2010 年 6 月 29 日，深圳华侨城太空迷航娱乐项目发生重大安全生产事故，造成 6 人死亡、10 人受伤。

（2）奖励旅游娱乐安全管理

①加强黄赌毒的防控与管理。黄赌毒不仅危害人们身心健康，还危及旅游业的健康发展。必须加大对黄赌毒的打击与控制力度。对黄赌毒的打击与控制应从以下方面入手：

A.加强行业监管与控制。

加强检查与打击，除国家每年举行的扫黄打非专项检查、打击黄赌毒的活动外，各旅游地公安部门、旅游部门还应联合起来，定期、不定期地对黄赌毒多发娱乐场所进行突击检查，并对查出的从事黄赌毒行为的个人或企业进行严厉的打击与处罚。

B.加强旅游者禁黄禁赌禁毒教育。

应通过媒体、板报、旅游手册等方式教育旅游者防范黄赌毒，提醒旅游者加强自我保护，从消费源头上杜绝旅游娱乐中的黄赌毒现象。同时应加强对旅游从业人员尤其是旅游娱乐业从业人员的安全教育，提升其配合扫黄扫毒的意愿，从环境上控制和防范旅游者参与黄赌毒的各种行为。

②加强娱乐场所和游乐场所的安全管理。

A.加强游乐设备管理。

加强对游乐设备的检查与监管，加强对游乐设施司驾人员的执业资格要求，严格持证上岗制度。强化游乐场所安全标志和专业安全设施的配备。

B.强化游乐场所安全管理体系构建。

游乐园（场）应建立健全各项安全管理制度与安全管理措施。制定并完善员工安全管理制度、游客安全管理制度、安全设施管理与维护制度等相关制度，并建立完善的预案管理措施。

（3）奖励旅游娱乐安全管理体系

如图4.7所示，奖励旅游娱乐安全管理体系包括黄赌毒防控与管理及游、娱

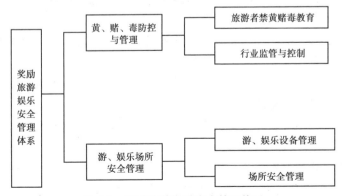

图4.7 奖励旅游娱乐安全管理体系

乐场所安全管理,其中,黄、赌、毒防控与管理包括旅游者禁黄赌毒教育、行业监管与控制;游、娱乐场所安全管理包括游、娱乐设备管理、场所安全管理。

阅读材料:

重要宾客、大型活动、大型会议、接待安全工作预案

为了确保重要宾客、大型活动、大型会议、接待期间园区及园区会所内部的稳定与安全,积极预防各类刑事、治安灾害事故的发生,特制定此工作预案:

一、现场指挥

遇有重要宾客到访会所、大型活动、大型会议、接待等情况,现场值班职务最高者负责组织、指挥值班人员,配合会所进行先期安全检查、协调、配合职能部门等工作。

二、签约园区责任及处置规范

1.重点防范区域:停车场、会所、湖区景点。

2.其他防范区域:会所外围。

3.会议、活动前工作准备:

(1)组织由园区总监任组长,各部门经理任组员,安保部主要负责安全工作的领导小组。

(2)在重要宾客、大型活动、大型会议、接待举办之前,各部门要加强对员工的宣传教育,密切掌握员工队伍的思想动态,及时发现并果断处置各种闹事苗头,确保会议、接待期间不发生群体性事件。

(3)工程部:要加强对园区各部位(包括商铺)涉及水、电、气等的机器设备和电器设备的检查,防止各类事故的发生。

(4)游客服务中心:与洋湖公司密切联系,对大型会议、大型活动、接待活动的详细信息情况提前进行了解,重点掌握会议的名称、内容、会议的时间、参加会议的重要宾客的各种信息,要安排固定人员负责接待、联系工作,随时向安保部报告各类情况。

(5)解说员及电瓶车司机:要做好电瓶车司机、解说员的接待培训,安排业务能力强的主管人员负责解说和接待工作。

(6)会所:要做好重要宾客来会所前的房间及餐饮服务准备工作,安排服务员重点检查房间的各类设备和设施的完好性。

(7)安保部:召开全体安管工作会,部署安全工作的具体方案,负责对园区内商铺、会所进行人员清理整顿,全力扫除黄赌毒等社会丑恶现象,保持园区良好治安环境。对以上单位的外地务工人员三证(身份证、暂住证、务工证)不齐的,要求不得容留和使用。加强安全检查,重点对重要客人用房、会议召开的厅堂、用餐的餐厅进行仔细检查。收集各类信息,上报各上级主管领导。

4.安全工作预案：

（1）在会议、活动期间安排足够人员上岗，在园区入口、停车场、参观景点、会所安排岗位。

（2）加大会议、活动期间的巡视，注意发现可疑情况，对园区周边环境的乞丐、小贩、拉客卖淫等闲散人员进行严格控制和打击，确保园区及周边环境的安全，发现可疑情况及时报告。

（3）加强各主要部门的值班力量，对园区各场所、各部位加强巡视检查，注意发现可疑情况。

（4）监控室要利用监控设施严密监控会所区域、参观景点区域，发现情况立即上报安保部。

（5）配合政府部门来园区参观、考察会议的各项接待工作。

5.信息沟通与反馈：

（1）游客服务中心每天向安保部、接待活动领导小组上报接待情况和各项安排，安保部根据当天情况反馈给各上级主管领导。

（2）安保部每天派专人负责向各部门传达各项安全信息，各部门要认真落实。

（3）在会议、重大活动、接待期间发生意外事故，各部门应按照各类预案紧急处理。

资料来源：http://wenku.baidu.com/view/12cd4ed549649b6648d7474b.html.

第5章
会展危机防控与应对

5.1 危机防控与应对的原则

会展危机指影响参展商、参展观众、相关媒体等利益相关主体对会展的信心或扰乱会展组织者继续正常经营的非预期性事件。会展危机具有突发性、危害性、紧急性、不确定性等特征。会展危机预防与应对是指会展业为避免或者减轻危机所带来的严重损害和威胁，从而有组织、有计划地执行和实施一系列管理措施和应对策略，包括会展危机的预防、会展危机的规避、会展危机的控制、会展危机的处置等不断学习和适应的动态过程。在面临各种危机事态时，不同的指导原则将会给危机的应对带来截然不同的后果，因此，明确并遵循会展危机管理的指导原则是有效处理危机事态的前提和基础。会展危机的预防与应对需遵循以下原则：

1) 以人为本原则

会展活动的特征之一是人流汇集，特别是大型会展活动，往往会有数以万计的参加者聚集现场。人的生命与安全高于一切，当会展活动发生危机并危及人的生命安全时，应当将人的安全放在第一位，进行全力救援与救助，尽可能地将人员伤亡损失降到最低。

2) 预防为先原则

孙子兵法说，不战而屈是上上之策。能把危机在发生之前就有效地解除乃是危机管理的最高境界。会展危机管理重在预防，建立科学、严谨、周密、系统的会展预警机制是有效控制会展危机的关键。会展危机管理需要政府、会展企业、会展行业协会等各部门分工协作，共同努力。作为会展行业的组织者，在危机没有发生的时候就必须事先做出响应和应对计划，对员工进行危机处理的培训，并且联合相关机构、社区做好准备，以预防可能出现的危机。即使危机发生，也在掌控之内，使危机的危害最小化。

3) 快速响应原则

快速、及时响应是危机管理的一条最基本原则，快速响应对于争取应对危机的最佳救援时间显得十分关键。尤其是在事关会展参加者的健康卫生方面的危机，如突发公共卫生事件（食物中毒、昏迷、中暑、心脏病、有害气体中毒等），处理此类危机事件必须快速反应，争取最佳救援时间，采取果断有力的措施控制危机事态发展。另外，会展危机处理有"黄金 48 小时原则"，也就是在危机发生后必须力争在两天之内解决。同时，危机发生后的 24 小时是解决危机最有效的时限,这就要求会展管理者有良好的心理素质和丰富的危机管理经验,能迅速地找到问题的关键,并启动相应的预案或提出行之有效的对策。

4)信息对称原则

在危机处理过程中,危机管理部门对内部员工和外界公众应持一致的口径,应努力避免信息不对称的情况。在对内、对外两个层面上,保持信息管道的双向畅通。对内,要杜绝散布非正式渠道消息,尽量减少信息失真,杜绝内部员工的妄自猜想,防止非正式渠道消息的扩大,避免危机事态加重或引发出新的危机;对外,发言的立场要前后一致,减少信息传播的渠道和层级,采用面对面的通知和交流方式,避免信息失真,减少事端的发生,降低危机的负面影响。

5)全面管理原则

危机应对的全面管理原则可概括为"全过程、全阶段、全员、全方法"。会展危机管理强调参与团队工作,负责到人。围绕危机事态所作的一切管理决策,都应以办展主体、展商、参展观众和媒体为决策的基准点,进行全方位的衡量和筹谋,平衡各方面的利益,除此以外,还要兼顾经济利益、社会利益和环境利益。这一法则要求决策人员有大局意识、果断决策的战略能力和高度的社会责任感。

6)维护形象原则

维护形象也是危机应对管理中不容忽视的重要内容。对于会展的主办单位来说,危机事态对于会展形象和品牌的危害影响最深刻、最难以恢复。在危机发生之后,会展主办单位的立足点应放在维护展会的形象上,在危机管理的全过程中,要努力减少对形象带来的负面影响,争取展商和参展观众的谅解、信任,维护会展形象和声誉,实现转"危"为"机",给会展业提升的转机。

5.2 会展危机防控与应对策略

5.2.1 会展危机的识别与评估

1)会展危机的识别

避免危机发生是对抗危机的第一条防线。会展危机管理要求在事前做好充足的准备,建立专门管理机构对可能存在的潜在危机进行识别。从业人员需要投入大量的时间与精力,在会展筹备之初对活动可能存在负面影响的各种因素及他们的特性进行综合考虑。通过历史资料查阅、头脑风暴讨论、现场踩点考察、请教专家和一线工作人员,从业者不但要回答会展中存在哪些潜在危机,还必须明确这些危机会引起什么风险,这些危机的严重程度如何,并进一步将其分门别类。

2)会展危机的评估

在危机识别之后,紧接着需要做的事情就是对所识别的潜在危机进行适当评估。管理者的精力是有限的,不可能面面俱到的对待每一个潜在危机。评估的主要目的有两个方面:

(1)了解危机将存在于何处

①尽可能收集信息。无论面对的是小型还是大型的会展,都要确保将与其相关的所有可能的安全风险因素都考虑周全。收集尽可能多的信息,对会展地点和场所、设施物品、人员以及程序进行危险及弱点调查。通过捕捉危机可能发生的蛛丝马迹,分析危机事件发生的可能性,针对危机可能发生的概率制定不同的预防措施,做到防患于未然。

②回顾以前展会举办情况。主办方可在起草会展计划前,与其利益相关者一起,回顾该会展的历史,预测会展所处的行业或组织可能出现的变化,例如政府待公布的法规、经济指标的变化或者潜在的协会合并等情况。

(2)对潜在危机进行分级排序

一般情况,每一个潜在危机的危害大小是由两方面决定的:一是危机发生的可能性,二是危机发生后对会展所造成的危害程度。对这两方面,从业人员可以用一些定性的描述词,如"非常高的""高的""一般的""低的"和"非常低的"等进行分类。通过对危害程度和可能性进行组合,进一步将危机评估为高破坏性危机、较高破坏性危机、中等危机和次要危机。

在操作中,管理者可以根据不同的会展活动制定适当并符合实际的危机划分级别要求,对危机的可能性与危害程度加以分析,然后根据危机的具体档次进行时间与精力的分配。通常,应对"高破坏性危机"和"较高破坏性危机",管理者需要开展大量有针对性的具体研究,建立危机预警机制和应对方案;对于"中等危机",要在人员方面明确具体管理责任,保证责任到位,并事先明确应对措施;对于"次要危机",因为其危害程度最小,所以投入也相对较少,有时甚至可作忽略处理,但为保险起见,从业者仍需对各项"次要危机"做好宣传培训工作。

5.2.2 会展危机的预防

通过对会展危机的识别和评估,会展相关部门需要做好危机事态发生、发展的预防工作。会展危机的预防是有效控制会展危机事态的基础工作,目的在于将危机事件尽可能地消除在萌芽状态。会展危机预防主要包括:成立会展危机管理机构、制定会展危机分类预案、加强会展危机管理培训和演练、开展网络营销和电话会议、建立危机管理的资源保障体系等。

1)成立会展危机管理机构

会展危机管理机构包括确定负责人、替补人员以及组织结构设计等。办展机构的高层管理者及专业人员之间互相协调,达成共识,迅速地对预警系统所收集的情报作出反应。危机管理机构是一个组织内部的重要组成部分,它的主要任务是全面掌握会展危机管理的情报,及时预测危机并协调其他部门制定出有效的应对危机的措施。这种危机管理组织可以是临时的,也可以是企业内部长期存在的一个部门。

2)制定会展危机分类预案

随着会展业的发展,会展活动的规模越来越大、频率越来越高,各种危机事态频频发生在会展活动中,影响着会展活动的正常开展,给主办方、展商或参展观众造成财产损失,甚至生命危害。因此,在会展业引进危机管理是必要的。制定详细的会展危机预案虽然并不能完全阻止危机事态的发生,但是对于有效处理危机事态却是行之有效的一种对策。

分类预案是指根据危机的类别,确定相应的危机处理的目标、所需的资金、资源和方式、办法。危机预案是危机一旦发生后,危机处理的保证和行动指南,在心理和行动上为危机管理决策者提供了信心基础,是危机管理决策者反应迅速,防止危机进一步扩大,降低危机危害程度的最有力的环节。危机预案一般包括危机管理机构,危机预测和分析,危机事态分类,危机事态排序、分级和评估,分类预案,危机管理培训和演习六个部分的内容。

阅读材料:

会议活动突发事件应急预案

为做好会议活动安全防范工作,确保全体参会人员生命安全健康,依据××市局(公司)《突发应急预案》要求,从此次会议实际出发,特制定本预案。

一、指导思想

坚持以对党和人民高度负责的精神,从全局的高度、战略的高度、政治的高度认识此次会议安全工作的重要性,坚持"以人为本、安全第一,预防为主、常抓不懈"的思想,快速、及时、有效地处置可能出现的突发性事故,确保会议安全。

二、组织机构及职责

(一)为保障此次会议安全顺利召开,成立会议应急处理领导小组

组　长:××,负责全面统筹和指挥会议安全总体工作。

副组长:××,协助统筹和指挥工作,负责预案的具体实施工作。

成　员:全体参加会议人员,负责做好各自范围内各项安全防范工作。

(二)应急处理领导小组下设五个应急处置小组,各小组人员分工及职责

1.抢险救援组:市局(公司)办公室主要负责人任组长,成员由办公室、专卖稽查、各县(区)局(营销部)及营销中心参会人员和物业警卫人员组成。负责会议突发公共事件应急救援任务,组织抢险、疏散人员、搜救伤员、抢救物资、事发现场警戒及周围区域安全保卫工作。

2.救护组:政工科主要负责人任组长,成员由政工科、基建办、内管科及法规科参会人员组成。负责组织现场救护,与医疗救护单位联系,及时将受伤人员送医院治疗。

3.后勤保障组:机关服务中心主要负责人任组长,成员由综合信息科、机关服务中心参会人员组成。负责"110""119""120"报警、救援车辆调度,应急处置物资、应急处置装备及时到位,保证应急处置过程中通信、网络的畅通。

4.善后处理组:人劳科主要负责人任组长,成员由人劳科、安保科及离退科参会人员组成。负责安抚伤者;维护单位的稳定,按国家规定做好有关善后工作。

5.调查组:监察科主要负责同志任组长,成员由财务、审计科和监察科人员组成。负责调查突发公共危机事件的起因、人员伤亡、财产损失、性质、影响,总结经验教训;对负有责任的单位和人员提出处理建议;对应急处置工作过程进行监督、检查;审计、评估应急处置经费及应急物资的使用和落实情况;向市局(公司)应急领导小组提交突发公共事件调查报告。

三、突发事件的估计、预防及应急处理方法

(一)突病情况

应急处理及预防措施:救护组要配备应急药品和相关物品,轻者就地救助,重病者送医院治疗。

(二)拥挤踩伤情况

应急处理及预防措施:领导小组安排专人对进退场进行规范,按照市局(公司)应急预案要求,有序进行。

(三)捣乱滋事情况

应急处理及预防措施:禁止外来人员参加,必要时拨打"110"报警。

（四）火灾情况

应急处理及预防措施：严禁场内吸烟，活动场内尽量不放易燃物品；现场组织人员和后勤组应密切关注场内情况，一旦发生火灾，一方面启动灭火设施，并根据情况拨打火警电话；一方面与抢险救援组配合把参会人员安全疏散。

（五）停电情况

应急处理及预防措施：活动前做好场地电力、照明的排查工作；参会人员在停电后应保持安静，不要乱动，并通知相关人员尽快打开应急照明设备设施。

（六）雾、雪、冰等恶劣天气情况

应急处理及预防措施：活动前要了解好相关天气状况，若出现恶劣天气，取消会议或加强交通安全。

四、几点注意事项

1.所有参会人员遇突发事件一定要冷静，果断采取措施，各小组人员要立即到位，根据各自工作职责按部就班开展工作。

2.会议活动应急处理领导小组在突发事件发生时，要及时向参会人员传达明确信息，发布明确指令，稳定情绪，维护秩序，防止引发更大的混乱，避免不必要的恐慌和动荡，并根据事态情况，按照程序，进行逐级上报。

3.突发事件发生后，会议活动应急处理领导小组要考虑可能引发继发性伤害问题，要妥善处置，不要激化矛盾，防止事态扩大和演变。

2010 年 12 月 28 日

资料来源：http://wenku.baidu.com/view/faeb9e3331126edb6f1a10e0.html.

3) 加强会展危机管理培训和演练

培训和演习应包括心理训练、危机处理知识训练和危机处理基本功演练等内容。培训和演习不仅可以提高应对危机的快速反应能力，强化危机管理意识，还可以检测已拟定的危机预案是否切实可行。

作为会展管理者或者参展商，要经常、系统地通报形势变化及存在的问题，增强员工的危机意识。将危机教育与组织内部的政策结合起来，通过改革使员工树立市场意识、危机意识、服务意识等，提高抵御各种危机的能力。主办者可以通过模拟一系列参数，计算会展活动的规模，设定各种可能出现的最好的和最坏的情况，然后在此基础上，对可能发生的会展危机事件进行模拟演练，促使会展预案能更好地付诸实践。

4) 积极开展网络营销和电话会议

无论是办展机构还是参展商，都应充分重视网络的作用。互联网所具有的无可比拟的渗透性和广泛性,使其正在成为信息沟通中的另一个有效的营销工具,"网交会"等网上会议和展览将是一种可以利用的新式营销工具,是对传统会展的一个有力的补充。由于当前电子和网上交易将比以往更加容易为人们所接受,所以会展主办单位、参展商、参与人员等要能够在非常时期巧妙利用这种新式营销手段减少危机带来的损失。比如,在会展现场发现疑似"非典"或禽流感的现象,要赶快把这个信息反馈上去,迅速进入会展的危机管理系统,让整个大系统都知道这件事并及时采取措施。此外,电话会议可通过视频系统达到面对面交流的目的。

5) 建立危机管理的资源保障体系

针对会展危机,办展机构应建立起全面的资源保障体系,即人力资源、财务资源、物质资源及大量的信息等。有效的资源保障体系是预防危机及克服危机的关键。

5.2.3　会展危机的预警

危机预警机制的建立对危机管理具有重要的意义。第一,有利于办展机构及时采取措施预防危机事件的发生,有利于将可能发生的危机事件消灭在萌芽状态;第二,有利于办展机构及时发现危机并迅速采取措施,对危机事件作出快速反应;第三,可以大大降低会展危机管理成本,确保会展按期安全举办[①]。

1) 建立会展危机预警制度

会展活动出现的危机具有突发性的特点,但会展工作是有计划性的。由于大型品牌展会是一个长期的、周密计划的工作,因此,会展的危机管理工作也可以进行制度化的管理。会展机构应划拨一定经费用于会展危机的预测、管理与控制。有关的预案一般由各项工作制度组成,如险情分级制度、启动预警制度、信息速报制度、应急资源调配制度、突发事件专报制度,应急值班等。对展览及各大型活动的组织者而言,都应该有一套制度化、系统化的有关危机管理和灾难恢复方面的业务流程,并有相应的组织机构保障,以便在危机发生时能及时启动并有效运转。

2) 建立会展危机预警监测系统

监测范围不仅局限于展会活动现场防止盗窃、暴力行为、医疗突发事件等,

---

① 刘松萍.关于建立会展预警机制的若干思考[J].科技管理研究,2006(8):70-72.

而且要监测场馆以外的政治环境、经济环境和社会环境对展会造成的影响。监测可以借助现代电子装置进行监控,也要有专门人员监测电子装置无法监测的区域。建立信息传递和反馈系统,可以保证监测信息的畅通流动。

3)会展危机预警系统流程

在对会展危机的分析评估的基础上建立会展危机预警系统,危机预警是将危机事件的预防工作上升为一项日常的规范性、程式化的工作常备不懈。会展危机预警系统流程如图 5.1 所示。

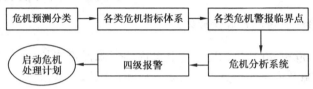

图 5.1　会展危机预警系统流程

资料来源:彭青《大型会展活动中危机事件预防与应对》

4)会展危机预警系统建立要求

一是会展危机预警系统指标体系必须科学、可操作,符合会展活动的特点。在确定会展危机预警系统指标体系时,要全面考虑会展活动各方面的因素,准确地设计各项指标的量与度。例如对于大型的展览活动,对展览馆容量有要求,多少人是最佳的容量,容量极限是多少,超出这个极限就可能出现拥挤、破坏甚至危险情况。特别是对消费型的贸易展,有效控制普通参展观众的入场是一个十分重要的危机预防措施,如香港贸发局在举办的书展中对会场内参展观众的容量有一个科学的指标,通过限时段来解决这一问题。

二是预警系统中处理方式要明确,预警系统应根据会展特点,考虑会展活动中可能出现的所有危机情况,将可能对会展活动造成威胁的各种潜在危机一一列举出来,并加以分类。根据其危害性的大小定级,有针对性地设计特殊应对方案,预计所需经费,准备相关物质,明确责任人选。通过宣传与教育让人们一目了然,保证公众接收准确预警信号,同时能够准确了解它的含义。这样一旦发生意外事故,人员就能对症下药,遵循一定的程序,开展会展危机处理工作。

同时,相关的危机管理人员有效地实施危机应急预案的前提是学习与训练。学习和训练能提高危机管理人员的能力,使他们熟悉自己在危机中的任务与位置,增加危机管理中的警惕性和处理经验,降低实际操作中的人为失误,减少现场调配的时间。

三是建立动态的预警系统。无论在会展之前对各种可能出现的危机考虑如何周密,但会展活动环境是在不断变化发展的,总是会出其不意的产生新的危机,因此要根据改变了的环境不断调整各项指标,依据实际情况进行灵活的处理。

5.2.4 会展危机的处理

在会展的组织过程中,不管事前工作如何充分,现实的操作中总是会有这样那样的危机出现,所以,如何处理危机并将其在初露端倪之时就加以消除,最大程度地减轻风险就成为了危机管理的第三步。本着经济可行、果断周到的原则,会展危机处理可以采用以下四种方式①。

1) 回避危机

回避危机是指当危机发生可能性很大,不利后果也很严重,又无其他策略可用时,主动放弃或改变会展活动方案,从而规避风险的一种策略。在采取回避策略之前,必须对威胁出现的可能性和后果的严重性有足够的把握。

危机回避策略在具体实施时有两种,一种是先期回避,一种是中途放弃。先期回避是办展机构根据危机预警,在危机发生前就远离危机而不承担危机风险的一种策略,这种策略在现实中应用很广。在 2003 年 SARS 疫情期间,绝大多数办展机构都是用这种办法来管理危机的,我们在前面曾经提到,在 2003 年 5 月,全国有 98 个展会被取消。中途放弃是因为种种原因而使办展机构中途放弃已经承担的危机风险,这种策略一般不常用,使用这种策略很多是被迫的,如 2003 年上海国际汽车展览会因为全国 SARS 疫情日益严重而被迫提前 3 天闭幕就是一例。和先期回避策略相比,中途放弃的成本较高,也较难处理中途放弃后与各方面的关系和有关利益补偿等问题。

2) 减轻危机

减轻危机主要是为了降低危机发生的可能性或减少后果的不利影响。在减轻危机中,要集中力量专攻威胁最大的那几个危机。有些时候,高风险是由于风险的耦合作用而引起的。一个危机减轻了,其他一系列危机也会随之减轻。

主办方可以通过减少损失发生的概率,在事前减少损失的发生。例如,会展活动现场的建材都使用防火性质的,以防止火灾事故的发生;建立计算机安

① 沈金辉.会展危机管理的必要性及其策略[J].现代商业,2010(15):85.

检系统,配备并安排安检人员,了解并维护现场安全设备,防止失灵等。此外,还应该在损失发生之后,尽快采取措施降低损失。例如,在发生火灾时,要尽快启动现场的灭火器和自动喷淋系统。

3) 分担或转移危机

分担或转移危机的目的不是降低危机发生的概率和不利后果的影响,而是借用合同或协议,在危机事故发生时将损失的全部或一部分转移分担到第三方身上。采取这种策略所付出的代价大小取决于风险大小。当资源有限,不能实行减轻和预防策略时或危机发生概率不高,但潜在的损失或损害可能很大时可采用此策略。

会展的取消、延期、现场混乱(如火灾、洪水、突然停电、爆炸)等事故往往是会展主办方不可控制的事情。保险能够转移会展与大型活动组织的风险,主要体现在既能够获得专家关于风险管理的建议,同时又能保证获得财务损失的补偿。会展活动中危机规避所需要的保险主要包括:财产风险、责任风险、展览取消风险、人身风险、净利损失风险和其他风险,等等。

4) 危机自留

危机自留即把危机事件的不利后果自愿接受下来。自愿接受可以是主动的,也可以是被动的。由于在危机管理中对一些风险已经有了准备,所以当事件发生时可以马上执行应急计划,这是主动接受。被动接受危机是指在危机事件造成的损失数额不大、不影响大局时,将损失列为费用的一种。危机自留是最省事的危机规避方法,在许多情况下也最省钱。当采取其他危机规避方法的费用超过风险事件造成的损失数额时,可采取危机自留。

典型案例:

上海车展的危机处理

2003 年 4 月 20 日至 4 月 24 日,在上海新国际博览中心隆重举行的"第十届上海国际汽车工业展览会"吸引了来自 23 个国家和地区的 730 家厂商参展,展出面积 81 000 m^2,观众达到 15 万人次,中外媒体 576 家,记者 3 000 多名。海内外媒体对上海车展投入了极大的热情,参与报道的记者人数之多、范围之广、关注程度之高也创下历届之最。主办方首次将开幕前一天设为媒体日,并首次建立起大型新闻中心。

车展主办方——上海国际展览公司(以下简称国展)在 SARS 疫情压力之下开始了一场没有硝烟的战争。根据市政府防治 SARS 的有关精神,主办单位专门成立了防范工作领导小组,在浦东卫生疾病防治控制中心的指导下,展览会期间采取了大量预防措施,如在现场设立医学观察站、加强展馆通风及消毒、控制观众流量、减少大型活动等。由于SARS疫情的严峻,上海市政府和外经贸委决定将本次车展展期由8天缩短至5天。因此,国展人员在耐心细致地做好参展商和观众工作后,面对众多媒体进行了广泛沟通及咨询发放。最终,使得本次车展获得了意想不到的成功,同时为国际展览公司赢得了声誉。在上海国际汽车展举办期间遇到SARS危机,导致提前闭幕,确实留下一些遗憾。但是,"危机"是"危"与"机"的组合,一方面代表着危险的境界,另一方面也意味着大量的机会。从积极的方面看,这为上海市贸促会、上海市国际展览有限公司提供了一个正确处理危机、顺利过渡危机的实战机会,这也是可遇不可求的。从危机管理的角度看,我们不能完全排除危机的发生,只能尽量减低其发生的可能性。即使有更完善和良好的风险管理意识及技巧,危机一样有可能发生。所以,对于危机的面对及处理,不应只侧重危机前的防备,亦应同时顾及危机中与危机后的管理。危机发生后,负责单位必须迅速防止危机的扩散及蔓延,作出适当的反应与策略,尽快收拾局面,使公司得以继续维持正常运作。简单而言,危机后的风险管理可归纳为即时反应及善后策略两大类。

国展公司之所以能打赢这场战役,和他们在SARS危机处理五个阶段强烈的风险意识和详细的工作部署分不开。他们把即时反应及善后策略有效地融入到这五个阶段中。

1.危机界定阶段。这是危机处理的前提,危机的界定必须清楚明确。车展开幕前三个月,国展就开始启动了全面准备和临战的准备工作。当时有两大因素可能会影响展览会:一是伊拉克战争,二是SARS。国展随时关注国际国内形势的变化,及时掌握信息。到3月底,排斥了伊拉克战争的影响,但SARS的问题越来越突出,明显地表现了其无法预料、无法控制的特征。

2.风险评估阶段。危机到底会造成什么后果和影响,必须分析到位,估计准确,这是危机处理的基础。车展是一个带有明显公众参与和接触的活动,是SARS容易扩散的渠道。如果控制不好的话,对车展会带来极为严重的后果。作为主办单位,将无法面对参展商、观众及几千名为车展服务的工作人员。就是因为国展全体上下都有这种清醒而充分的认识,因此在以后的行动中都能齐心协力、步调一致。

3.方案部署阶段。这是危机处理的关键,方案部署必须全面及时。当危机发生时,每一家公司都必须有一套完善的应变计划,公司内涉及的部门均需要参与应变。它包括正常展出方案和紧急情况提前闭幕的方案。

4.执行方案阶段。这是危机处理的根本,执行方案必须严格细致,有条不紊。

5.善后处理阶段。这是危机处理的保证,善后处理必须有理、有利、争取共赢。善后处理主要针对部分提出赔偿要求的展商,对他们要认真做好解释工作,做到晓之以理、申明大义。

案例启示

会展业该如何面对突发危机,如何进行有效的危机管理,车展的案例确实给中国各会展企业带来很多宝贵的经验。分析如下:

第一,快速反应,信息公开。综观车展期间,SARS疫情的形势瞬息万变,主办单位反应必须迅速、快捷,处理必须及时、正确。危机处理中,很重要的就是广泛沟通,保持信息的公开度、透明度和准确度。我们不难见到,无论在危机前、危机中及危机后期,有关公司对内对外均要作出大量沟通及资料发放。上述行动可以避免外界作出无谓的猜测并影响内部员工的士气及情绪。因此,公司需要在最短时间内将发生的事情立即向公众解释。肯定的是,在危机发生后采取正面的态度,可以使公司在一个有利的位置上控制其消息的传播。另一方面,发言人所扮演的角色极为重要,因为怎样发布信息及与大众沟通往往比信息本身的意义更为重要。其要点在于,必须令外界相信及知道公司处理危机的方针及手法,从而建立公众对公司的信心。

第二,正确处理与展商、媒体、观众的关系。首先要从大局出发,讲清道理。必须清楚地意识到,在SARS面前,展商、媒体、观众的健康安全是第一位的,我们的一切工作必须要从维护公众利益这个角度出发。二是要学会换位思考,从多角度来考虑问题。危机来临时,要考虑自己若是展商、媒体和观众会怎么办?这样,才能制定出人性化的有效措施。

第三,善后策略完善有效。善后策略主要针对危机后所遗留下来的问题,以及对整体危机处理作评估与检讨。事后评估的牵连层面非常广泛,不只评估危机处理表现的好与坏,更重要的是寻求更佳的解决方法以便日后得以应付同类危机。其实,在评估项目中应包括:

(1)公司怎样处理危机,即评估危机管理的表现。(2)受危机打击后的评估,这属于危机后所导致的结果。(3)评估传媒的影响以及有关的沟通。(4)评估有关损失所带来的影响,并对其受害人及有关单位做出补偿的方案。(5)最后,不可缺少的是评估有关危机再出现的可能性。

资料来源:顾逸南.会展业面对突发事件的管理[J].国际商务研究,2005(1):56-59.

5.2.5 会展危机的恢复

会展危机事件消除或告一段落之后,会展危机管理还不能随之结束,管理人员要着手进行恢复工作。在事后恢复方面,会展企业可以在力所能及的范围内,对外有效利用资源,逐步恢复企业形象、提升消费信心、调整会展产品、打通营销渠道;对内重塑员工工作积极性,利用企业文化增强内聚力,制定新的发展战略。

恢复工作的执行者最好是能够代表高层领导的人,要尽可能给予参展商、参展观众和内部员工最大的心理安慰。

危机过后,展会市场和公众形象往往受到重创,因此,在恢复的基础上,展会的主办单位还要致力于重新塑造形象,采取积极有效措施,展会主办单位和展会本身的形象会得到大大提升。事实上,在大多数情况下,展会的形象受损都是因为主办单位在危机管理中的沟通不畅。由此可见,逐步挽回和重新塑造因危机事件而受损的展会形象也是危机恢复阶段的重要工作。

为重新塑造形象,展会组织者可以从以下几个方面入手:与媒体进行及时沟通,恰当解决公众存有疑虑的问题;有效传达展会组织者对危机的真实态度和已做出的一切努力;努力采取新的有效手段来转移媒体和公众的注意力;协调利益相关主体的关系。

5.2.6 会展危机的总结

在危机总结环节,会展企业首先要对危机事件管理进行概括。另外,对于危机防控也要进行适当总结,包括危机预警机制是否为危机管理提供了有用指导,存在哪些问题,与其成本比较是否合算;危机教育是否起到了作用,有哪些项目有待加强和完善;预警系统是否发出了及时的警报;人们是否对预警系统的警报予以足够的重视并采取了正确的反应等。会展危机总结有利于企业有针对性地进行工作反思、反馈,帮助企业重新修正预防系统的失误,以便建立一个新的更有效的预防机制,加强危机管理的指导性和可操作性。

会展危机管理还有一些后续工作。包括:①对内部的工作人员、外部调用人员、危机涉及的参展商和参展观众按照规定给予抚恤、补偿或补助,并提供司法及心理援助。②调查危机产生的起因、落实责任、评估危机对展会产生的影响范围,采取补救措施维护展会的品牌和形象。③编写危机报告,一般是记录危机发生过程中可能用到的所有信息和数据。例如,记录危机事态的所有目击者的姓名和地址,记述事件发生的确切时间、地点等。第二种报告是有效并及时将事件报告给合适的机构,如警方、消防局、医疗协会等。

阅读材料:
广州亚运安保应对突发事件的构想
尽管突发事件是一种难以避免的社会现象,发生的原因各有不同,但只要做好预防工作,突发事件发生的概率就会降低。退一步讲,即使发生突发事件,只要我们准备充分,应对得当,就可及时调动一切可利用的资源,采取切实可行的方法,将突发事件及其带来的负面影响加以限制和消除,将可能造成的损失降到最低程度。

(一)建立专门的突发事件应急指挥机构

突发事件一旦发生,往往涉及公共卫生、医疗救护、消防、交通、气象、市政、环保、通信等部门,有时甚至涉及军队等部门。在亚运安保指挥系统中成立一个以政府首脑为领导核心、各行业行政领导和行业专家为成员的亚运突发事件应急指挥机构,赋予其突发事件发生时的全面指挥权和整体调度权,直接向亚运安保指挥系统最高领导负责。该机构的具体职能:领导亚运期间突发事件的应急工作;确定亚运期间应对突发事件的重大决策;审定广州市突发事件总体应急预案;开展特别重大、重大突发事件的组织指挥;突发事件发生时,协调各有关部门的关系;当突发事件超出广州市的处置能力时,依程序请求广东省支援;根据相应法规并经批准后宣布部分地区或广州进入紧急状态;分析总结亚运会期间广州突发事件应对工作。亚运突发事件应急指挥机构的统一领导能有效克服目前缺乏指挥权授权、缺乏各部门之间协调、无法明晰责任等因素所形成的弊端,而行业专家则能更好地为突发事件的处置提供科学而有效的解决方案。

(二)制定预案,明确责任与权利

突发事件一旦发生,必将造成巨大的社会损失和社会冲击。将突发事件遏制在萌芽状态是最好的策略选择。针对可能发生的突发事件,应采取事前预防的措施,尽早发现引发突发事件的线索和诱因,预测将要遇到的突发事件以及事态的基本发展方向和程度,对一切显露出的问题积极采取措施,制定出多种可供选择的应变方案,实现早发现、早报告、早控制、早解决。正如戴维斯·杨所说,"面对任何危机,首要的目标是尽快结束危机。而比这更重要的是要做到防患于未然"。在亚运会前夕,除了亚组委会安保部的组成单位,广州市其他各职能部门,包括医院、消防、气象、交通、学校、通信等单位和行业,都应成立突发事件应急小组,确定本单位、本行业可能发生突发事件的种类并制定出预案,确定不同等级突发事件的应对方案,明确分工,责任到人。

(三)整合信息资源,建立信息平台

运行良好、时时畅通的信息系统是处置突发事件的基础保障。目前,虽然公安、消防、交通等职能部门均建立了自己的情报信息系统,但是相互之间缺乏有效沟通,信息整理、汇总的渠道也比较分散,信息资源未被高效利用,难以对各种突发事件进行全面的监测和预警。亚运安保部门应当建立一个以网络为平台的信息系统,整合目前分散的情报资源。通过该系统的建立,应急指挥机构可以在突发事件处理中迅速、准确地调动各种资源,这样不仅能减少突发事件所带来的直接损害,而且有利于突发事件之后的重建与恢复。

(四)专群结合,建立全民防御体系

公安、消防、交通等专业部门应针对各类可能诱发突发事件的矛盾和隐患开展细致摸排、澄清底数、把握全局、力争主动。同时针对广大群众进行突发事件防范和应对基本知识的宣传教育,提高群众预防突发事件的意识和自我保护的技能。组织群众针对不同的突发事件进行避险、自救、互救等常识学习,并同时开展特殊训练,如针对大规模杀伤性武器的紧急医疗救助和行动、应对球迷骚乱的应急反应等。通过这一系列的活动使群众对突发事件有进一步了解,能在工作和生活中自觉、有效地配合突发事件的处置。

(五)开展综合模拟实战演习,提升处置突发事件能力

2002年西安"3·24"球迷闹事事件中,虽然公安机关事前针对球迷闹事问题制定了应急预案,但因缺乏必要的实战演练,导致球迷闹事事件发生时预案执行不力,使事态蔓延扩大,造成严重后果。处置突发事件仅有预案是远远不够的,缺乏必要的演习、防范力量未能充分整合都会使突发事件的处置陷于混乱。因此,各有关部门除了组织本单位人员和群众的分项模拟演练外,还应定期组织综合性的应急演习。通过综合演习,可以起到锻炼队伍、落实责任、熟悉应急指挥、协调跨部门之间配合及通信联络的作用,从而确保紧急状态下有效沟通的实现。同时,还能检验预案的可行性,并不断完善应急预案,切实提高处置突发事件的能力。

总之,对于2010年广州亚运会的安全保卫工作,应通过充分的前期调研把可能危及亚运会安全的不安定因素全部纳入视线,充分掌握各类信息情报,制定详尽安保预案,并在综合实战演练的基础上不断完善体系,形成覆盖所有广州亚运会涉及时空的突发事件防范体系,最终确保广州亚运会成为一届"最成功、最精彩、最难忘的亚运会"。

资料来源:齐霞.对广州亚运安保中突发事件应对的思考[J].河南公安高等专科学校学报,2010(1):104-107.

5.3 会展危机典型表现形态的应对

5.3.1 自然灾害

在会展举办地,有可能发生自然灾害,并由此导致危及财产和人身安全。

由于地震灾害的剧烈性和大范围破坏的可能性,在有地震活动风险的任何地方,地震急救都应当作出相应计划。作为会展主办方,如果所在的城市有可能发生地震,就应当和公众安全办公室或紧急服务办公室联系,以获得有关地震应对方案和灾难应对计划的专门信息。

大多数会展设施在地震易发区域都有严格的建造标准,这些标准是参展商在展览期间的安装和搭建中都必须遵守的。展厅平面布置图必须包括过道和出口区域,并且要符合当地的标准。

其他一些应当提前考虑的自然灾害包括天气灾害,如龙卷风、冰雹、浓雾和水灾。展览馆都有为观展者的安全和撤退方便而建的龙卷风"地窖",还有在龙卷风发生情况下可以使用的特殊报警器。在做场地检查时,要确保已经对所有报警装置都有了清楚的认识。

一旦地震、火山爆发等灾害性天气发生,应在第一时间拨打120联系当地医疗机构救治伤者,并立即启动紧急应急小组和紧急突发事件预案。按事前制定的"疏散、撤离方案"组织协调现场人员安全撤离出危险区域,并协助医务室抢救伤者。

5.3.2　公共卫生事件

食物中毒通常是在人群聚集的会展场所发生的一种危机事件。食物中毒是由于食品和饮料提供商的工作失误而发生的,会展举办过程当中,必须采取紧急措施进行防控。

防范会展活动过程中的食物中毒危机,首先应作好基本的调研,要收集关于安全的食品准备和处理方面的信息,要与会展所在地的公共卫生管理部门、酒店保持沟通,保障在外就餐的会展参与者的食品安全。对会展场馆的厨房进行全方位的实地检查。在餐饮准备期间而非空余时间做这项检查。在现场检查中要检查所有的餐饮准备区域,检查它们是否符合公共卫生标准,如卫生手套、带盖子的垃圾箱、洗手和换手套习惯、冲洗菜板并消毒、食物存放等。检查完毕,立即将不符合规定的事情通报给厨师和餐饮服务经理。

要采取前瞻性防范措施,对会展全盘管理计划中的食品安全部分进行有效的管理。在会展全面应急计划中,应有处理食物中毒的对策。如果有食物中毒的可疑情况,就必须搜集证据,并妥善保存,直至开始进行全面调查。

除了食物中毒以外,对于突发性传染病暴发,一方面,应当联系当地的医疗机构进行救治;另一方面,应当视其严重程度,减少展馆内人员流量,必要时应当立即关闭展览会。

5.3.3 火灾事件

火灾也是最为常见的人为灾害,所有公共设施的消防规章必须遵守。另外,一定要遵守关于举办会展的防火条例。消防检查清单在场地检查时是必需的。每一份参展商手册中都应该注明防火要求。每一位观展者在登记入住的时候,所在酒店应给他们一份防火小册子。如果酒店没有给的话,会展主办方就需要在观展者登记礼包中放入一份,这对会展主办方来讲是大有好处的。

发生火灾时,应在第一时间拨打119联系当地的消防队救火,并拨打120联系当地医疗机构救治伤者。应立即启动紧急应急小组和紧急突发事件预案。组委会成员应分为两组:一组到事发现场,用展馆内的消防设施救火以及协助医务室抢救伤者;另一组按事前制定的"疏散、撤离方案"组织协调现场人员安全撤离出危险区域。事后要做好安抚伤者、向保险公司索取赔偿并发放给伤者等善后工作。

5.3.4 暴力事件

暴力行为范围很广,它包括扒窃、袭击、骚扰、恐怖主义分子爆炸威胁或暴乱。通晓主办会展所在区域的犯罪率和以前会展期间发生过的犯罪种类,是建立危机管理计划的最好开始。如有必要,可向当地警方查询,以获知所在区域过去的治安情况。总而言之,为了会展期间所策划的活动的安全需要,要对暴力行为的发生有非常敏锐的感知力并作出计划。

1) 示威

示威是一种有组织的公开展示,表达了对可感知的令人生厌的人和政策的反对观点。示威者通常拿着标志和横幅大声呼喊,并分发传单来说明他们的意图。倘若示威已经得到了相关部门的批准,并且没有干扰会展的正常进程,在这种情况下是合法的。当然这一批准也会限制示威者与会展场馆的接近程度。

通常,主办方如果聘请了一位能言善辩的发言人或是有一位重要的客人卷入这场论战之中,这时就可能发生示威。主办方要为会展中的活动和客人提供额外的安全保障,来确保活动和观展者不受干扰或损害。

2) 对抗

对抗是一对一的相互作用,意在扰乱会展的正常业务。很多对抗都起因于示威,所以应当预先计划保证任何已知的示威不会失控。通常来讲,如果事先知道有示威会发生,聘请一位受过专门训练的专家是更明智的做法。让这位专家成为危机管理小组的一份子,并且留意他所给出的建议。当然也可以雇佣更多的安保人员或是召集当地的警力,来确保客人和观展者得到足够的保护。

3) 恐怖袭击

恐怖主义是真实的,而且不幸的是主办方几乎不能做任何事情来避免恐怖袭击。然而,承认恐怖主义的存在是减少遭受这种袭击可能性的第一步。美国联邦调查局将恐怖主义定义为对人身、财产非法使用武力或暴力,以便恐吓或强迫政府、民众或其任何部分来实现其政治、社会目的。

为了降低潜在的风险,了解恐怖主义可能袭击的目标很重要。国际恐怖主义是会展管理者、观展者和参展商最可能遇到的恐怖主义形式。恐怖袭击很大一部分是针对交易型的展会。还有一个令人担忧的全球性趋势,那就是恐怖主义袭击的目标越来越多地指向旅游者。因此,提前做好计划是减少潜在风险的最好方式。

一旦发生恐怖袭击事件,应在第一时间拨打 110 联系当地公安机关,并立即启动紧急应急小组和紧急突发事件预案。按事前制定的"疏散、撤离方案"组织协调现场人员安全撤离出危险区域,并协助医务人员抢救伤者。

5.3.5　人员意外伤害事件

人员意外伤害事件是展览会中最常见的紧急突发事件,而这种事件往往都是由于当事人自己的不小心造成的,所以也是展览会中最不容易防范的突发事件。当出现意外伤害事故时,应立即将伤者送到展览现场的医务室进行紧急的救治,并视其伤势的轻重由医生决定是否拨打 120 送当地医疗机构。因其是在展览会现场受伤,故展馆和展览会的主办方都有相应的法律责任,所以对待伤者应尽量以安抚为主,并应支付一定的医疗费用,由于我们在展览会前已经办理了保险,所以此费用应当由保险公司承担。

5.3.6　会展财务危机的应对[①]

近年来,会展业以行业总规模年均增长 20% 的速度迅速发展,各类专业展览公司不断涌现,市场竞争日益加剧,客观地存在于会展企业经营活动中的财务风险也日渐增长。由于财务风险是经营风险发生的前兆与货币化的集中体现,一旦爆发会使企业经济损失严重,甚至导致企业经营失败,因此,应采取积极措施应对会展业经营的财务危机。

---

① 赵军红.会展企业财务风险分析与防范[J].科技情报开发与经济,2008(3):177-179.

1) 会展业财务风险的类型

财务风险是指企业在整个财务活动过程中, 由于各种不确定性因素的影响导致企业蒙受经济损失的机会和可能。按照资金运转过程, 财务风险可分为筹资风险、投资风险、资金回收风险和收益分配风险。由于会展企业以经营展会及会议项目为主, 该类项目的资金运转具有前期投入数量大、时间长, 后期回收时间集中、风险较高的特点, 因此其财务风险与其他企业相比表现不同。会展企业财务风险的表现:

(1) 筹资风险

筹资风险是指由于负债筹资而引发的会展企业到期不能偿还债务的可能性, 风险的高低取决于企业筹资方式、筹资期限、筹资数量及资金的运用与管理。目前会展企业常用的筹资方式主要有: 自有资金、政府资助、单位赞助和银行借款。一般中小型展会项目, 前期要求资金投入较少, 企业一般采用自有资金投入为主、政府资助为辅的筹款方式, 很少运用借入资金方式, 因此筹资风险几乎为零。规模大、周期长的展会项目, 由于前期需要大量的资金投入, 虽然有政府资助, 但也是杯水车薪, 所以负债筹资就成了此类项目的必选方式, 筹资风险便随之而来, 其风险的高低受举债规模大小与所借资金运用管理好坏的影响较大。

(2) 投资风险

投资风险是指会展企业投资不能达到预期效益及遭受损失的可能性。投资风险源于会展企业组织、决策与管理不力及外部突发因素的影响。例如, 会展企业在组织展会项目招商前一般需要提前几个月甚至一年预订展览馆, 为此企业要预付一笔可观的定金。如果企业决策错误, 展会选题不当, 招商将不尽如人意, 甚至展会将无法如期举办, 从而给企业带来所付定金无法收回、前期投入高额成本无法得到补偿等投资风险。另外, 自然灾害、宏观政策调整、传染性疾病、突发性事件等因素的出现也会引发投资风险。

(3) 资金收回风险

资金回收风险是指会展企业提供产品和劳务后, 以展位费、门票、会务费、赞助费、设备出租费等收入形式无法收回全部资金, 而引发损失的可能性。会展企业的运营资金一般在展会项目运行的中、后期逐步收回, 由于极易受内外不利因素的影响, 所以会展企业资金收回的风险性高于其他企业。

(4) 收益分配风险

收益分配风险是指由于收益分配可能给会展企业今后的经营活动带来不

利影响的可能性。这种风险有两个来源:一方面是收益确认风险,即由于会计处理方法使用不当,造成虚增当期收入与利润,导致提前缴纳大量税款而引起的资金周转困难、现金断流等财务风险;另一方面是对投资者分配收益的形式、时间和金额把握不当的风险。

综上所述,财务风险客观地存在于会展企业筹资、投资、资金回收及收益分配等各项财务活动及经营管理活动中,一旦爆发将使企业经济利益遭受巨大损失。会展企业无法回避或消除财务风险的存在,只能利用其可预测的特性,建立有效的防范机制,来预测它的爆发,控制它的危害。

2)会展财务危机的防范与控制

针对财务风险的特性与表现,会展企业应本着成本效益原则,预先确定一系列的政策、措施,采用一些合理有效的防范措施,将可能导致财务风险爆发的因素降到最低点,把财务风险控制在一个合理的、可接受的范围之内。

(1)树立正确的财务风险意识

由于会展业属于高速发展的新兴服务业,多数企业起步晚、规模较小、人员素质较低,其经营管理人员对财务风险的本质及危害认识不足,他们普遍认为目前会展企业盈利状况较好,不应存在财务风险。这种缺乏财务风险意识的现状持续下去,必将导致会展企业财务风险的爆发。会展企业经营管理者应充分认识到问题的严重性,利用各种渠道开展宣传教育,帮助经营管理人员了解财务风险方面的知识,树立正确的财务风险意识,将财务风险防范贯穿于经营管理工作的始终,把财务风险降到最低点。

(2)设立相关的财务风险管理岗位

随着市场竞争的加剧,财务风险对企业的破坏力越来越强,许多企业设立财务风险管理岗位对财务风险进行全面的控制,实践证明效果良好,会展企业应借鉴经验,在大型展会项目中设立相关岗位对客观存在于展会项目中的财务风险实施有效的监督和控制。针对大型会展项目的特点,财务风险管理岗位的具体职责应包括:制定财务风险管理制度、认真分析展会项目理财环境及影响因素、监督项目预算的执行、准确预测财务风险、协调内部各部门共同控制财务风险的发生、降低财务风险的危害。

(3)加强借入资金管理和防范筹资风险

筹资活动是会展企业经营活动的起点,其风险主要来自举债筹资,因此应加强借入资金的管理,以有效防范筹资风险的发生。具体可从以下几个方面入手:一是科学地预测资金需要量,确定合理的筹资规模;二是依据筹资规模,选择正确的筹资渠道,一般应先自有、后资助、不足选借入;三是设计合理的筹资计划,应慎重考虑利息成本、利率波动、资金借入时间等问题;四是实施筹资计划,保证资金按时足额到位;五是加强借入资金的使用管理,控制引发筹资风险不利因素的出现。

(4)慎重选择展会项目以防范投资风险

会展企业筹资活动取得的资金,绝大部分将投入展会项目的前期运作,如果展会项目选择不当,可能导致展会不能如期举办或收入状况不好,使企业整体盈利能力和偿债能力大幅下降,引发投资风险。展会项目的选择是会展企业投资成功的保障,会展企业应在充分考虑自身资源和所面临外部环境的基础上,做好市场调查分析,对展会项目的收益性与风险性进行科学的预测,以保证决策的正确。另外,应建立展会项目运营环境监控机制,及早发现、控制内外部环境中存在的各种不利因素,提高展会项目的盈利能力。

(5)设立风险准备金以防范资金回收风险

会展企业资金回收风险主要来自应收账款的管理与突发事件的影响。虽然利用应收账款可以增加企业当期收益,但是不能增加现金流入量,如果管理不善,极易引发入不敷出等财务风险,对此应加强以下几方面的管理:一是建立稳定的信用政策;二是确定合理的应收账款比例;三是建立销售追账责任制。相对于应收账款管理,突发事件所引发的资金回收风险常常会给会展企业带来致命的打击,对此企业可采取以下措施:第一,在国家允许的范围内提取风险准备金;第二,对突发性事件可能引起展会项目中断或收益下降的问题,选择一些保险项目向保险公司投保;第三,建立突发事件应急机制,及时控制事态的恶化。

(6)控制收益分配风险

收益分配风险主要来自收益确认与分配两个方面。一方面,应全面考虑收益确认、现金流入量与税款缴纳之间的关系,控制好收益确认时间、现金流入时间及数量,避免提前缴纳大量税款,引发现金支付困难等财务风险的发生;另一方面,应充分认识收益分配中留存收益和分配股利之间的联系与矛盾,从企业长远发展角度出发,处理好企业增资发展与股东利益分配的关系,设计合理的收益分配方案,避免收益分配风险的发生。

典型案例:

2006年,杜塞尔多夫展览(中国)有限公司举办第二届全印展,正好碰上了上海合作组织峰会。因为峰会的安保要求,对峰会附近的交通、人流都须进行严格的控制。然而主办方低估了事情的严重性,抱怨北京的合作伙伴过分紧张,由于峰会离开展不到3个礼拜,后来才知道事态真正的严重性。

其实面对任何危机,我们首先应该保持统一的原则:确保展会的正常举办,损失最小化,筹备应急费用。

在 2006 年峰会的时候,全印展主办方匆忙拿着准备好的一套很科学的预备方案赶到上海与市领导开会调整。考虑到全印展的规模和影响力,考虑到中国和上海的国际形象,为了全印展的顺利举行,在保证上海合作组织峰会圆满举行的同时,主办方通过这套预备方案最大限度地减少对全印展的影响。

成立危机管理小组:由全印展主办三方、上海市新闻出版局、公安、城管、工商、上海印协、展馆等多方组成。查找并发现组展过程中可能出现的疏忽及遗漏,并提供相应服务。

交通、医疗卫生、安全、饮食等诸多方面:与合作方确立可行性方案,并通过联席会议保持沟通;提请交通管理部门成立交通指挥中心,确保临时交通管制造成的道路受阻不会影响展商以及观众的出行;在展前布展、展览会期间对交通都进行了周到安排,在龙阳路地铁站 10 辆免费班车集中接送观众。

安保方面:主办单位通过浦东分局方面安排了每天共计 95 名警力执勤,以及每个馆每天 10 名专业保安人员,展览期间所有大件行李均通过寄存保管,禁止带入展馆,以确保展馆安全、万无一失。

客户服务:与有关各方在现场成立投诉机构,现场受理并解决临时突发性事件,解决展商的困难。

宣传方面:加大宣传,与媒体保持良好沟通,提醒观众在适当的时间以恰当的方式参观全印展。

总结过往经验,以下几点应该值得特别注意:物流和人流管理、展会现场管理、展会同期活动及接待、保安措施、知识产权保护及法律服务 、投诉及争端处理、保险及责任。

综上所述,我们应该看到"危机",其实应该拆开来理解,即有"危"也有"机",正确、有效的危机管理,可以帮助我们及时转危为机,渡过难关,我们相信:危机创造机会,危机敲响警钟,危机促进变革,加强应变的能力,危机增强竞争力。

资料来源:http://www.exhibitionsz.com/html/news/interview/expert/2009/0808/2015.html.

第6章
会展安全与危机管控的保障体系

会展安全保障是会展活动能够安全、顺利进行,会展业能够得以正常运作的保障。会展安全保障在会展活动中乃至在整个会展业发展中都有着举足轻重的地位。研究会展安全政策与法规系统、会展安全与危机预警系统、会展安全与危机控制系统、会展安全救援系统、会展安全与危机应对的技术保障体系是本章研究的主要内容。

6.1　会展安全政策与法规系统

会展安全政策与法规系统是会展安全保障系统的基础,对会展安全预警系统、会展安全控制系统、会展安全施救系统、会展保险系统的建立起着指导作用和法律规范作用,指导并规范着会展安全保障体系中的预警、控制、施救行为,为会展安全提供法律依据,保障会展活动的顺利进行和会展业安全、健康、有序发展。

6.1.1　会展安全政策法规系统的作用与特点

1) 会展安全政策法规系统的作用

(1) 提高会展安全意识,约束会展参与者行为

会展安全政策法规系统能够从政策法律的权威性和强制性的角度来规范和控制会展从业人员的行业行为,强化和提高会展参与者的安全意识和防控意识,约束会展参与者的参展行为。同时,通过会展安全政策法规体系,还能够唤起和提高广大社会公众对会展安全问题的关注,提高社会大众参展安全防控的意识和能力。

会展安全政策法规对会展参与者行为的约束作用表现在以下三个方面:

其一,规范、指导会展经营管理中涉及会展安全的各个层面工作,加强了会展经营管理中的安全管理。由于会展安全政策法规的导向性作用,部分会展企业还针对自身的情况制定了相关的安全规章制度,建立了一整套安全管理的规程,配备了专门的安全管理人员和安全设施,在一定程度上提高了企业的安全性,进而促进了整个会展企业管理水平的提高。

其二,规范了会展从业人员的会展服务行为,为会展服务的安全操作提供了依据,保证了会展服务的安全性。

其三,会展安全的相关政策法规在提高会展参与者安全意识的同时,有效地规范了会展参与者的行为。一方面,相关政策法规加强了会展企业的安全防

范意识,使少数想借会展参与者身份掩饰的不良分子无从下手,降低了以会展参与者身份作案造成会展安全问题的可能;另一方面,通过法律法规的权威性,会展参与者不仅能够自觉遵守会展活动中的各种安全规章制度,而且能约束自己的参展行为,减少会展安全隐患。

(2)创造安全的参展环境

会展安全政策法规体系的建立促进了会展活动安全管理的开展,为创建安全的参展环境提供了保障。

其一,在会展安全政策法规的规范和指导下,会展管理部门通过建立会展安全管理机构、配备安全管理干部、制定安全管理规章制度和监督检查制度等行业安全管理,从而为开创安全的会展环境提供了可能。

其二,在会展安全政策法规的规范和约束下,会展企业能自觉提高安全防范意识,关注会展安全的各种动向,并加强会展安全的防控和管理,从而能及时发现隐患,把会展安全问题杜绝在萌芽之中。在会展安全政策法规的规范下,会展安全管理工作得到各有关部门的积极配合和各地方政府的高度重视,各地区会展主管部门开始重视从业人员的安全教育和培训;完善和健全了安全管理的规定和制度;强化了会展安全检查、监督等防控措施。这些工作不仅为构建安全的参展环境创造了基础性条件,也为地方构建安全的参展环境起到了很好的导向和示范作用。

其三,在会展政策法规的约束下,会展参与者也会自觉遵守法规条例中的规定,约束自己的不良行为,共同维护和构建安全的参展环境。

(3)规范会展安全管理工作

会展安全政策法规规范会展安全管理工作主要体现在以下几个方面:

其一,规范和健全了相应的会展安全管理机构与组织,形成了从国家到地方,从行业行政管理到行业协会,从企业到部门各级相应的领导和开展会展安全管理工作的机构和组织。

其二,健全和完善了相应的会展安全管理制度和条例。在会展安全政策法规的规范下,各地方、各行业和各企业都根据自己的情况和特点,制定了相关的安全管理条例和制度,规范和提高会展安全工作的力度。

其三,建立了会展安全预警系统、控制系统与施救系统,有效地提高了会展安全的防、控、救、管工作。

(4)进一步完善会展管理法规体系

会展安全政策法规不但是现有会展管理法规的补充和拓展,而且很大程度上充实了现有会展法规的内容,促进了会展政策法规体系的进一步完善。例如,《中华人民共和国安全生产法》《中华人民共和国消防法》《大型群众性活动安全管理条例》《机关、团体、企业、事业单位消防安全管理规定》《人员密集场所消防安全管理》《旅游安全管理暂行办法》《旅游安全管理暂行办法实施细则》等一系列会展安全相关法规条例。这些法规条例不仅充实了会展管理法规体系的内容,而且客观上进一步完善了会展管理法规体系并把会展安全管理工作纳入了规范化、法制化的轨道,使会展安全管理工作有法可依,为会展安全管理工作创造了良好的法制环境。

2) 会展安全政策法规系统的特点

(1) 具有较高的权威性和强制性

这是所有法律法规的共同特点,会展安全政策法规也不例外。随着会展业的发展,会展安全问题日趋复杂,会展不安全所造成的伤害和影响也越来越大,仅凭地方政府、行业、企业和部门的力量已经很难解决会展安全问题。因此,需要借助国家机器,利用法律手段,采用立法和立规的方式,对会展业的安全管理进行约束与指导,规范会展安全管理的具体工作,对违反法规、造成会展安全问题的个人和组织予以制裁,以确实维护会展活动中各相关主体的合法权益,保障会展业各个环节的安全运行,使会展业得以安全有序地发展。

(2) 相对完善性

国务院、国家旅游局、公安部等相关部委共颁布了几十部与会展安全直接或间接相关的法律法规,发布了为数众多的会展安全管理政策、通知等,初步形成了一个相对完善的政策法规体系。

会展安全政策法规系统覆盖了会展活动包括食、住、行、游、购、娱在内的六个环节,法规内容涉及旅行社、饭店、交通等相关企业。涉及食品安全管理的有1995年10月30日通过的《中华人民共和国食品卫生法》;涉及住宿及饭店安全管理的有《旅馆业治安管理办法》(公安部,1987年11月10日)、《关于加强旅游涉外饭店安全管理,严防恶性案件出台的通知》(国家旅游局、公安部,1993年8月30日);涉及旅行及交通行业管理的有《中华人民共和国民用航空法》(1995年10月30日)、《中华人民共和国海上交通安全法》(交通部,1983年9月2日)、《水路旅客运输规则》(交通部,1995年12月12日)、《中华人民共和国铁路法》(1990年9月7日)、《道路交通事故处理办法》(1991年9月22日)等;涉及游览安全和景区(点)安全管理的有《风景名胜区管理暂行条例》(国务院,1985年6月7日)、国标GB/T 17775—1999《旅游区(点)质量等级的划分与评定》(国家技术监督局,1999年6月14日)、《旅游区(点)质量等级评定办法》(国家旅游局,1999年9月30日)、《大型群众性活动安全管理条例》(国务院,2007年10月1日)等;涉及娱乐安全管理的有《公共娱乐场所消防安全管理规定》(公安部,1995 年 1 月 26 日)、《娱乐场所管理条例》(1999 年 7 月 1 日)、国标 GB/T 6767—1997《游乐园(场)安全和服务质量》(国家技术监督局,1997 年 4 月 2 日)。现有的会展安全政策法规几乎覆盖了会展安全的各个层面和环节,形成了较为完善的政策法规体系,能够较全面地规范和指导我国的会展安全管理工作。

(3)多样性

会展安全政策法规体系的多样性体现在政策法规的类型和表现形式上。

在类型上,既有关于会展安全管理的专门法律法规,如《大型群众性活动安全管理条例》;又有政策性的规定、通知,如《关于加强宾馆、饭店等旅游设施消防安全工作的通知》;还有国家标准,如 GB/T 6767—1997《游乐园(场)安全和服务质量》。

在表现形式上,既有中央主管部门颁布的全国性政策法规,又有地方政府制定的政策规定,如《四川省加强管理服务促进会展业发展的规定》《天津市促进会展业发展办法》《遵义市会展业管理办法(试行)》《西安市会展业管理条例(草案)》。既有由国家批准主管部委颁布的政策法规,如由国务院批准,公安部发出的《旅馆业治安管理办法》;又有由相关部委联合颁布的政策法规,如由国家旅游局、公安部联合发出的《关于加强旅游涉外饭店安全管理,严防恶性案件发生的通知》等。

(4)动态性

会展安全是一个复杂的动态系统,随着会展业的发展变化,会展安全问题也会不断变化。为了适应会展安全问题的变化,会展安全政策法规体系也必须是动态的。过去的部分会展安全政策法规不能适应会展安全管理的要求,就需要修改;新的会展活动项目以及新的会展安全问题的出现又要求有新的会展安全政策法规的规范和约束。因此,会展安全政策法规体系总处于一种从无到有、从有到变的动态变化之中。

6.1.2 会展安全政策法规系统的构成

1)会展安全政策法规系统结构

由于会展安全的特殊性、复杂性,会展安全政策法规系统应该能够涵盖会展安全所涉及的诸多环节,并能够切实保护会展活动和会展业运行中各主体的正当权益和安全。从宏观角度和立体角度来看,会展安全政策法规系统的构成包括:表现形式、涉及环节和保护与约束对象三个层面。第一层面是会展安全政策法规系统的保护与约束重点对象。会展安全政策法规系统的构建重点在于保护会展参与者的人身和财产安全,保障会展活动的顺利进行。要想达到这样的目的,就必须在对会展参与者进行保护的同时,约束会展参与者相关危险的个人行为。第二层面是会展安全政策法规系统所涉及的各个环节,也属于各级政府出台相关会展安全政策的管控范围。这个管控范围涉及会展活动相关的食、住、行、游、购、娱六个方面,并尽可能对每一个方面可能出现的安全问题进行预防与控制。以可操作化的规则制度,更加有效地预防会展参与者安全事故的发生。第三层面是会展安全政策法规系统在现实生活的主要表现形式,包括政策、法规、国家标准、地方行业规章、企业与部门规章制度等。通过这些有关会展安全政策法规系统的管理对象、管理方法与管理力度,从国家宏观层面到微观层面形成一套政策法规体系层面的安全保障网络,以充分保障会展在遇到突发事件时所面临的一系列问题。

2) 会展安全政策法规体系

会展安全政策法规体系是一个复杂的由国家政府引导,相关政府职能部门与会展企业实施,会展参与者遵守的社会规范体系。在这个规范体系下,会展的安全问题才能在可操控的范围内进行充分地保障。会展安全政策法规体系,从构成类型角度看,是由政策法规和质量标准两个类型组成。前者包括了宏观性的政策法规(全国性政策法规)和微观性政策法规(地方、行业性法规条例和企业、部门规章制度)两部分内容,从而形成了全国层面的政策法规体系,地方、行业层面的政策法规体系和企业、部门层面的规章制度体系,其主要的表现形式如图6.1所示。

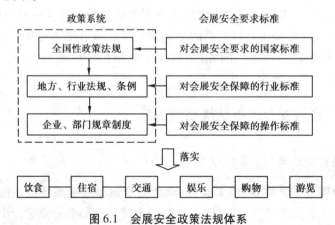

图 6.1 会展安全政策法规体系

从表现形式上看,会展安全政策法规体系有三种表现形式:一是由全国一级政府颁发的全国性政策法规与标准;二是由地方政府、行业主管部门颁发的地方性、行业性法规、条例与标准;三是由企业和部门制定、实施的规章制度。三种形式的政策法规同时作用于会展安全保护与约束的对象,同时运用于会展活动的六个要素环节的安全控制与管理,从而形成了一个完整的、有效的、可操作性强并能规范与指导会展活动安全有序地进行的会展安全政策法规系统。

3) 会展安全政策法规系统要素分析

要素是构成一个系统的基本单元。构成会展参与者安全政策法规系统的基本要素包括五大方面,即政策、法规、标准、条例、规章制度。会展安全政策主要是指由国家旅游局或其他一级政府职能部门,针对会展安全问题而颁布的相关政策与规定,目的在于充分保护会展参与者在会展活动的安全。会展安全法规由旅游局或其他一级政府以及国家行业管理部门和地方政府颁布的与会展安全相关的法律条文和规定。会展安全标准是指与会展安全管理相关的标准,这些标准最大的特点就是针对各个行业相关保护会展安全的行业操作具有实践的指导作用,它包括国家级、地方政府和行业部门两个层次三种类型的标准。会展安全条例主要指由国家会展局或其他一级政府、地方政府会展主管部门、行业主管部门颁布和实施的与会展安全管理相关的条例和办法。规章制度主要指由地方政府、行业主管部门、企业部门制定的与会展安全管理相关的规定、办法、细则和制度。会展安全政策法规系统的基本要素及其实例,如表 6.1 所示。

表 6.1　会展安全政策法规系统的基本要素与实例

要素类别	制定部门	部分实例
政策	中央政府各职能部门(含行业管理部门)、省级地方政府	《国内航空运输旅游身体损害赔偿暂行规定》(国务院令第 82 号,1989)、《关于保障民用航空安全通知(附英文)》(国务院,1982)、《国务院关于加强交通运输安全工作的决定》(国发〔1988〕48 号),等等。
法规	中央政府各职能部门(含行业管理部门)、省级地方政府	《中华人民共和国海上交通安全法》(全国人大常委会通过,1984 年 1 月 1 日实施)、《中华人民共和国铁路法》(中华人民共和国主席令第 32 号,1990)、《旅游安全管理暂行办法》(国家旅游局,1994)、《旅游业治安管理办法》(公安部,旅游局,1987)、《辽宁省水上旅游运输管理规定》(辽宁省人民政府令第 92 号,1998),等等。

续表

要素类别	制定部门	部分实例
标准	中央政府各职能部门（含行业管理部门）、省级地方政府	《中华人民共和国国家标准》（国务院，GB/T 16767—1997）、《旅游区（点）质量等级的划分与评定》（国家技术监督局，GB/T 17775—1999）、《中华人民共和国旅游涉外饭店星级标准》（国家旅游局，1988）、《游乐园（场）安全和服务质量》（国家技术监督局，GB/T 6767—1997）、《旅行社质量保证金赔偿试行标准》（国家旅游局，1966），等等。
条例	中央政府各职能部门（含行业管理部门）、省级地方政府	《铁路运输安全保护条例》（国务院令第 39 号，1989）、《风景名胜区管理暂行条例》（国务院，国发〔1985〕75 号）、《福建省旅游条例》（福建省第九届人大常委会第 12 次会议通过，2002）、《黄山风景名胜区管理条例》（安徽省人大常委会第 12 次会议通过，1980）、《铁路劳动安全监察工作条例》（铁道部，1985），等等。
规章	中央政府各职能部门（含行业管理部门）、省级地方政府、相关会展企业	《铁路旅游参与者运输规程》（铁道部，1997）、《重大旅游安全事故报告制度试行办法》（国家旅游局，1993）、《营口市水上旅游运输管理暂行办法》（营口市人民政府，1994）、《武夷山国家自然保护区管理办法》（福建省政府，1990）、《长城饭店保卫部关于突发事件保卫工作的预案》，等等。

6.1.3 会展安全法规的具体内容分析

对会展安全政策法规体系的描述，以全国性的旅游安全法规《旅游安全管理暂行办法》（国家旅游局，1990 年 2 月 20 日发布，1990 年 3 月 1 日起施行）、《旅游安全管理暂行办法实施细则》（国家旅游局，1994 年 1 月 22 日发布，1994 年 3 月 1 日起施行）、《重大旅游安全事故报告制度试行办法》（国家旅游局，1993 年 4 月 5 日发布）、《大型群众性活动安全管理条例》（国务院，2007 年 8 月 29 日发布）为法规的具体内容分析的蓝本，分析会展安全法规对我国会展安全管理的规范、约束与指导作用。

1）会展安全事故的等级

《旅游安全管理暂行办法实施细则》界定"旅游安全事故"是指凡涉及旅游者人身、财物安全的事故。旅游安全事故分为轻微、一般、重大和特大事故四个等级：轻微事故是指一次事故造成旅游者轻伤，或经济损失在 1 万元以下者；一

般事故是指一次事故造成旅游者重伤,或经济损失在 1 万至 10 万(含 1 万)元
者;重大事故是指一次事故造成旅游者死亡或旅游者重伤致残,或经济损失在
10 万至 100 万(含 10 万)元者;特大事故是指一次事故造成多名旅游者死亡,或
经济损失在 100 万元以上,或性质特别严重,产生重大影响者。

　　另外,《重大旅游安全事故报告制度试行办法》和《重大旅游安全事故处理
程序试行办法》又特别界定了"重大旅游安全事故":造成海外旅游者人身重伤、
死亡的事故;涉及旅游住宿、交通、游览、餐饮、购物场所的重大火灾及其他恶性
事故;造成其他经济损失严重的事故。

2) 会展安全管理机构的职责

　　《大型群众性活动安全管理条例》规定会展安全管理机构的职责如下:大型
群众性活动的承办者(以下简称承办者)对其承办活动的安全负责,承办者的主
要负责人为大型群众性活动的安全责任人。举办大型群众性活动,承办者应当
制订大型群众性活动安全工作方案。

　　大型群众性活动安全工作方案包括下列内容:①活动的时间、地点、内容及
组织方式;②安全工作人员的数量、任务分配和识别标志;③活动场所消防安全
措施;④活动场所可容纳的人员数量以及活动预计参加人数;⑤治安缓冲区域
的设定及其标识;⑥入场人员的票证查验和安全检查措施;⑦车辆停放、疏导措
施;⑧现场秩序维护、人员疏导措施;⑨应急救援预案。

　　承办者具体负责下列安全事项:①落实大型群众性活动安全工作方案和安
全责任制度,明确安全措施、安全工作人员岗位职责,开展大型群众性活动安全
宣传教育;②保障临时搭建的设施、建筑物的安全,消除安全隐患;③按照负责
许可的公安机关的要求,配备必要的安全检查设备,对参加大型群众性活动的
人员进行安全检查,对拒不接受安全检查的,承办者有权拒绝其进入;④按照核
准的活动场所容纳人员数量、划定的区域发放或者出售门票;⑤落实医疗救护、
灭火、应急疏散等应急救援措施并组织演练;⑥对妨碍大型群众性活动安全的
行为及时予以制止,发现违法犯罪行为及时向公安机关报告;⑦配备与大型群
众性活动安全工作需要相适应的专业保安人员以及其他安全工作人员;⑧为大
型群众性活动的安全工作提供必要的保障。

　　大型群众性活动的场所管理者具体负责下列安全事项:①保障活动场所、
设施符合国家安全标准和安全规定;②保障疏散通道、安全出口、消防车通道、
应急广播、应急照明、疏散指示标志符合法律、法规、技术标准的规定;③保障监
控设备和消防设施、器材配置齐全、完好有效;④提供必要的停车场地,并维护
安全秩序。

参加大型群众性活动的人员应当遵守下列规定:①遵守法律、法规和社会公德,不得妨碍社会治安、影响社会秩序;②遵守大型群众性活动场所治安、消防等管理制度,接受安全检查,不得携带爆炸性、易燃性、放射性、毒害性、腐蚀性等危险物质或者非法携带枪支、弹药、管制器具;③服从安全管理,不得展示侮辱性标语、条幅等物品,不得围攻工作人员,不得投掷杂物。

公安机关应当履行下列职责:①审核承办者提交的大型群众性活动申请材料,实施安全许可;②制订大型群众性活动安全监督方案和突发事件处置预案;③指导对安全工作人员的教育培训;④在大型群众性活动举办前,对活动场所组织安全检查,发现安全隐患及时责令改正;⑤在大型群众性活动举办过程中,对安全工作的落实情况实施监督检查,发现安全隐患及时责令改正;⑥依法查处大型群众性活动中的违法犯罪行为,处置危害公共安全的突发事件。

3)会展安全事故的管理

根据《大型群众性活动安全管理条例》规定,会展安全事故管理具体如下:

公安机关对大型群众性活动实行安全许可制度。《营业性演出管理条例》对演出活动的安全管理另有规定的,从其规定。举办大型群众性活动应当符合下列条件:①承办者是依照法定程序成立的法人或者其他组织;②大型群众性活动的内容不得违反宪法、法律、法规的规定,不得违反社会公德;③具有符合本条例规定的安全工作方案,安全责任明确、措施有效;④活动场所、设施符合安全要求。

大型群众性活动的预计参加人数在1 000人以上5 000人以下的,由活动所在地县级人民政府公安机关实施安全许可;预计参加人数在5 000人以上的,由活动所在地设区的市级人民政府公安机关或者直辖市人民政府公安机关实施安全许可;跨省、自治区、直辖市举办大型群众性活动的,由国务院公安部门实施安全许可。

承办者应当在活动举办日的20日前提出安全许可申请。申请时,应当提交下列材料:①承办者合法成立的证明以及安全责任人的身份证明;②大型群众性活动方案及其说明,2个或者2个以上承办者共同承办大型群众性活动的,还应当提交联合承办的协议;③大型群众性活动安全工作方案;④活动场所管理者同意提供活动场所的证明。依照法律、行政法规的规定,有关主管部门对大型群众性活动的承办者有资质、资格要求的,还应当提交有关资质、资格证明。

公安机关收到申请材料应当依法作出受理或者不予受理的决定。对受理的申请,应当自受理之日起7日内进行审查,对活动场所进行查验,对符合安全条件的,作出许可的决定;对不符合安全条件的,作出不予许可的决定,并书面说明理由。

对经安全许可的大型群众性活动,承办者不得擅自变更活动的时间、地点、内容或者扩大大型群众性活动的举办规模。承办者变更大型群众性活动时间的,应当在原定举办活动时间之前向作出许可决定的公安机关申请变更,经公安机关同意方可变更。承办者变更大型群众性活动地点、内容以及扩大大型群众性活动举办规模的,应当依照本条例的规定重新申请安全许可。承办者取消举办大型群众性活动的,应当在原定举办活动时间之前书面告知作出安全许可决定的公安机关,并交回公安机关颁发的准予举办大型群众性活动的安全许可证件。

对经安全许可的大型群众性活动,公安机关根据安全需要组织相应警力,维持活动现场周边的治安、交通秩序,预防和处置突发治安事件,查处违法犯罪活动。

在大型群众性活动现场负责执行安全管理任务的公安机关工作人员,凭值勤证件进入大型群众性活动现场,依法履行安全管理职责。公安机关和其他有关主管部门及其工作人员不得向承办者索取门票。

承办者发现进入活动场所的人员达到核准数量时,应当立即停止验票;发现持有划定区域以外的门票或者持假票的人员,应当拒绝其入场并向活动现场的公安机关工作人员报告。

在大型群众性活动举办过程中发生公共安全事故、治安案件的,安全责任人应当立即启动应急救援预案,并立即报告公安机关。

4) 会展安全的法律责任

根据《大型群众性活动安全管理条例》规定,会展安全事故法律责任具体如下:

承办者擅自变更大型群众性活动的时间、地点、内容或者擅自扩大大型群众性活动的举办规模的,由公安机关处 1 万元以上 5 万元以下罚款;有违法所得的,没收违法所得;未经公安机关安全许可的大型群众性活动由公安机关予以取缔,对承办者处 10 万元以上 30 万元以下罚款。

承办者或者大型群众性活动场所管理者违反本条例规定致使发生重大伤亡事故、治安案件或者造成其他严重后果构成犯罪的,依法追究刑事责任;尚不构成犯罪的,对安全责任人和其他直接责任人员依法给予处分、治安管理处罚,对单位处 1 万元以上 5 万元以下罚款。

在大型群众性活动举办过程中发生公共安全事故,安全责任人不立即启动应急救援预案或者不立即向公安机关报告的,由公安机关对安全责任人和其他直接责任人员处 5 000 元以上 5 万元以下罚款。

参加大型群众性活动的人员有违反本条例第九条规定行为的,由公安机关给予批评教育;有危害社会治安秩序、威胁公共安全行为的,公安机关可以将其强行带离现场,依法给予治安管理处罚;构成犯罪的,依法追究刑事责任。

有关主管部门的工作人员和直接负责的主管人员在履行大型群众性活动安全管理职责中,有滥用职权、玩忽职守、徇私舞弊行为的,依法给予处分;构成犯罪的,依法追究刑事责任。

6.2 会展安全与危机预警系统

安全预警系统是一套预测或警报相关安全风险的突发事件信息处理机制。会展安全与危机预警系统是指专门运用于会展活动举办过程中出现的突发事件的预防与处理机制。会展安全与危机预警系统担负着会展安全与危机信息的搜集、分析、对策制定和信息发布等功能,是国家发布会展安全与危机信息、进行会展安全预控的依据。它在警示会展各主体会展安全与危机意识、提高安全防范与控制能力,使会展各主体在预见问题并采取积极的防范措施等方面有着极大的作用。它代表国家向会展企业、会展等相关的会展主体发布国内或境外的会展安全与危机信息,以维护会展企业和会展的利益,保障本国会展业的顺利发展。

6.2.1 会展安全与危机预警系统的作用与功能

会展安全与危机预警系统具有维护会展各主体的权益,警示会展各主体提高安全防范意识与控制能力,促进会展业的顺利发展等基本作用和功能。

1)维护会展各主体的知情权

会展安全与危机预警系统的建立,是对会展各主体知情权的一种尊重。对于一般的会展主体而言,他们获取的会展安全与危机信息往往来自媒体的报道,会展安全与危机信息的数量和质量一般都得不到保证。如果没有一个客观公正的信息机构对相关的会展安全与危机信息进行发布和披露,就会使会展各主体作出违背其初衷和意愿的参展决策,或者因其降低防范意识而使其可能陷入到一种不安全的会展环境当中,使会展各主体的利益受到不应有的损失。

2)警示会展各主体,降低参展安全事故

会展安全与危机预警系统及时发布的有效会展安全与危机信息,对会展各主体具有安全的警示作用,能引起会展各主体关注由预警系统发布的、与会展安全与危机相关的问题,在所进行的会展活动中给予警惕并做好防控准备,从而降低会展安全事故发生率,保证会展活动的顺利进行。

3) 促进会展目的地的稳定发展

会展安全与危机预警系统的建立有利于会展目的地的稳定发展。目的地的客源容量是有一定限度的,会展安全与危机预警系统可以通过目的地的客房预订量来发布目的地的客源消息,提醒参展观众进行正确的参展决策。它既有利于参展观众对目的地建立起良好的印象,又能通过信息的发布来调节目的地的客源数量,缓解目的地的高峰客流,避免目的地因为承载过多参展观众而带来各种不安全的因素,造成人文和生态环境的破坏,实现目的地的可持续发展。我国目前所建立的假日预警系统已经基本承担起了这种客源预警作用,它在历次的预警实践中都取得了良好的效果。

6.2.2 会展安全与危机预警系统的基本职能

会展安全与危机预警系统是一个担负着会展安全与危机信息的搜集、分析、对策制定和信息发布的综合性行政联动机构,其基本职能包括:

1) 会展安全与危机信息收集

会展安全与危机信息收集主要是搜集国内或境外各地的会展安全与危机信息和会展的安全信息,包括各地的社会治安状况、政治态势、军事事件、疫情灾情、会展安全与危机状态等。信息的搜集可以是多样式、多渠道、多手段的。会展安全与危机信息收集机构可以是一些专业化的会展管理企业、会展民间团体、会展各主体、省、市旅游局建设的旅游高风险区探测点等。信息收集的反馈平台可以是互联网、手机、GPS 通信设备、摄像探头、报刊书籍等一些可以传播信息的媒介。

2) 会展安全与危机信息分析

会展安全与危机信息分析主要是对所获得的原始安全信息进行分析,并根据这些安全信息所代表事件的严重程度,对其进行安全级别的划定和警示,以供进行会展安全与危机对策制定。会展安全与危机信息分析机构主要是一些政府政策办公室、会展相关职能部门、从事专业化的安全研究、会展研究的高等院校科研机构和从事会展安全问题研究的咨询公司或智囊团。

3) 会展安全与危机对策制定

会展安全与危机对策制定是根据各种安全事件的安全级别和具体情况,制定相应的安全行动措施。会展安全与危机对策制定机构主要是一些具有专业能力的研究院、相关政府职能部门或相关会展企业。具体而言,会展对策制定机构是由国家相关行政部门,通过会展安全与危机问题立项的方式,委托相关会展研究的高校或机构,针对重点问题,提出解决问题的可操作化的文本,为政府形成可以实施的政策文本提供决策参考。也可以是相关国家部门,以现实生活中出现的会展安全突发事件,制定的预防此类事件再次发生的暂行办法。而会展企业主要是在企业运行过程中,发现相关会展安全问题而制定的预防方案等。一旦形成成熟和可操作化的对策文本后,这些机构将在管理范围内,通过信息发布机构等各种渠道,向社会宣传,形成社会规范。

4) 会展安全与危机信息发布

会展安全与危机信息发布主要功能是将经过确认和选择的会展安全与危机信息通过一定的公众媒体向国民发布,为参展各主体提供合适的会展安全与危机信息,使其作出正确的参展行为决策,如警示国民不要前往有政治骚乱、有疫情和灾情的国家或地区参展等。会展安全与危机信息发布可以从两个方向入手:一是官方安全信息发布机构(国家旅游局、各省市旅游局等);二是民间会展安全与危机信息发布机构(即包含各会展网站、会展团、NGO组织等)。这两个方面可以建立一个动态的信息共享平台。官方会展安全与危机信息可以通过相关技术手段,对一些存在参展风险的国家或地区进行风险分级信息播报,让参展各主体知道相关会展目的地存在的安全风险。民间会展安全与危机信息发布机构可以针对一些官方难以全面覆盖的区域,进行专业化的安全信息播报;或是针对一些高风险会展活动提供专业化的信息支持。

6.2.3　会展安全与危机预警系统的构成

会展安全与危机预警系统是国家发布会展安全与危机信息,进行会展安全预控的组织机构。作为一个权威的会展安全与危机信息发布警示机构,在制度体系中它应该由国家予以组织建立,代表国家行使会展安全与危机警示职能。根据会展安全与危机预警系统的基本职能,我们可以画出如图6.2所示的会展安全与危机预警系统结构图。

会展安全与危机信息的搜集、会展安全与危机信息的分析、会展安全与危机对策的制定和会展安全与危机信息的发布四个职能体系前后相承,它们共同

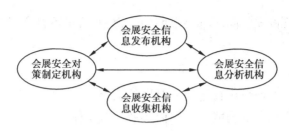

图 6.2　会展安全预警系统结构图

构成了会展安全与危机预警系统的运作流程。

　　会展安全与危机预警系统结构的复杂性和特殊性要求系统的行政组织机构应是多个政府职能部门的协调系统,应该融合旅游部门、安全部门、公安部门、卫生防疫部门、国家信息发布机构等职能体系。在本质上,它应该是多机构的协调委员会。我国目前所成立的假日旅游预警系统是由 45 个成员单位联合成立的旅游协调机构,其联动部门分布的广泛性和权威性使这一旅游预警系统在假日旅游的运作中发挥了积极而有效的作用,它甚至已经成为有关部门行政系统在公众服务中的形象工程。因此,就我们国家而言,可以在现有假日旅游预警系统的基础上,再经过相应职能的集成和调配,组织成具有上述四大基本职能的会展安全与危机预警系统。

6.2.4　会展安全与危机预警系统的类型

　　由于会展安全与危机预警的内容与信息具有不同的类型和层次。在预警系统中,一般按照会展安全与危机预警针对的区域和会展安全与危机预警的具体内容对预警的内容和信息进行归类。

1) 基于区域对象的会展安全与危机预警类型

(1) 国内会展安全与危机预警

　　国内会展安全与危机预警是针对国内不同会展目的地所发布的会展安全与危机警示,旨在提醒会展各主体对所警示目的地的会展安全与危机状况、物价水平、社会治安情况等各种会展信息进行发布,警示会展各主体提高他们的安全防控意识和能力,维护会展业的安全运营。

　　在国内会展安全与危机预警方面,每逢重大节假日都要启动会展安全与危机预警系统,各相关单位将对各类接待单位开展一次全面的安全大检查,排除各种安全隐患。检查的重点包括车辆等参展观众运载工具;容易发生火灾及群死群伤事故的大众娱乐场所、住宿单位;容易发生食物中毒事故的餐饮单位等。

对于检查中发现的安全问题都要限期整改,整改后仍不符合安全规定的,一律停止使用。

(2)境外会展安全与危机预警

境外会展安全与危机预警是针对境外国家或地区状况所进行的会展安全与危机警示。它担负的功能是给国内参展的各主体必要的境外国家的会展安全与危机信息,其信息的发布往往需要具备前瞻性和可靠性,使参展商能进行正确的境外线路策划、营销,并提醒国内会展参展观众进行正确的境外参展决策,以促进境外会展业的良性发展。相对于国内会展安全与危机预警,我国的境外会展安全与危机预警则相对薄弱与不足,这与我国日益提高的旅游大国地位极不相符。

2)基于警示内容的会展安全与危机预警类型

根据会展安全与危机预警所发布的警示内容,会展安全与危机预警可以分为治安预警、健康预警、容量预警、政治预警、军事预警等不同的类型。

(1)治安预警

治安预警是指对会展目的地治安状况所进行的安全级别划定和信息发布,以提醒参展者根据自身的安全适应性来进行合理的参展决策。治安预警的内容可以包括参展各主体人身安全预警,例如预防抢劫、攻击、暴力等方面,也包括参展者财产安全预警,例如盗窃、扒窃、诈骗等。特别是我国假期黄金周与重大节事活动期间,治安预警是最常见的预警方式。

(2)健康预警

健康预警是对会展目的地的环境卫生、食品卫生、疫情等情况所进行的安全信息发布。有传染病发生的会展目的地往往是参展各主体应回避和禁行的地区,我们国家旅游局、卫生防疫总局和公安机关等三部委曾就2002年暑期泰国的"登革热"发布过健康预警,这在我国的旅游预警中属于第一次。2003年我国"非典"期间,国家卫生部每天都通过各种媒体发布主要疫情状况,这也属于健康预警内容。另外,重点预防参展者自身携带传染性疾病给会展目的地居民,或会展目的地的急性传染病,给参展者带来的生命安全。做好艾滋病、霍乱、肺炎等传染性疾病的预防工作,保障参展者和居民的健康安全。

(3)容量预警

容量预警是指以会展目的地的实际客源容量为标准、以会展目的地的客房预订量为基础来对会展目的地在一定时期的客源空余容量所进行的预测和信息发布,旨在提醒参展观众合理选择相应时期内的会展目的地,避免参展观众过分集中、人满为患而造成的对参展观众、会展目的地生态环境和人文环境的损害与破坏。另一方面,从生态学视角而言,容量预警亦是会展目的地生态承载力预警,即一个会展目的地在不影响办展质量和不破坏生态环境的条件下,可以容纳的最大参展人数。容量预警更多考虑的是会展业的可持续发展问题,对会展目的地生态系统的安全有积极的警示作用。

(4)政治预警

政治预警指对会展目的地或会展目的地所在国家政治稳定状况所进行的安全分析和信息发布,以避免由于会展目的地政治的动乱造成对国内参展各主体的伤害。特别是参展各主体原籍国与敌对国之间不稳定的政治关系,参展各主体在参展前必须充分考虑相关不安全问题,以有效避免突发事件的发生。

(5)军事预警

军事预警指对会展目的地或会展目的地所在国家的军事态势所进行的安全分析和信息发布,以避免会展目的地的军事活动给参展各主体带来意外的伤害。即可以利用军事侦察手段,对有关高危地区的情况进行信息采集。军事预警可以为实施正确指挥,撤回本国参展者提供重要保障。通常由各级指挥员和指挥机关组织实施,主要查明有关国家、集团及战区的军事和有关的政治、经济、科技、社会、地理、气象等情况,多渠道了解侦察国安全动态,以力保本国参展者的安全。

6.3 会展安全与危机控制系统

会展安全与危机的控制是会展相关行政主管部门、会展企业、会展各主体及其他社会机构之间通过制度、政策控制和利益协调而相互影响、相互作用的管理过程。因此,会展相关行政主管部门对会展企业的安全指标控制与监管、会展企业的自我安全控制和会展相关行政主管部门、会展企业、会展各主体等的安全互控就构成了会展安全与危机控制系统的子系统。

6.3.1 会展安全与危机指标控制系统

会展安全与危机的指标控制系统是保障参展各主体人身财产安全,衡量相关会展主管部门和会展企业的安全管理力度,以及两者在安全与危机管理上所取得的具体绩效与效果的指标体系,包括宏观的会展安全与危机控制指标和微观的会展安全与危机控制指标两类。宏观的会展安全与危机管理指标主要包括：重大事故件数、会展安全事故伤亡人数、会展安全事故经济损失率、接待事故率、团队事故率等。微观的会展安全与危机管理的控制指标是对会展安全与危机管理行为进行量化的衡量指标，主要通过区域会展业或会展企业在安全与危机方面所投入的人力、物力、财力及其比例关系的绝对数量、相对比例等进行具体的衡量和确定。绝对指标包括：会展安全与危机货币投入量、会展安全与危机人员投入量、会展安全与危机劳动日投入量。相对指标有：相对生产规模的货币安全投入指标、相对生产规模的活劳动安全投入指标、相对人员（员工）的安全资源消耗指标。

1) 会展安全与危机指标的相关概念

(1) 会展安全与危机成本

会展安全与危机成本指实现会展安全与危机所消耗的人力、物力和财力的总和。包括实现某一种安全与危机功能所支付的直接和间接的费用，它是衡量会展安全与危机活动消耗的重要尺度。

(2) 会展安全与危机收益

会展安全与危机收益指会展安全与危机收入与会展安全与危机投入的比较。它反映会展安全与危机产出与会展安全与危机投入的关系，是会展安全与危机经济决策的重要指标之一。

会展企业安全资源投入量的大小、投资比例增长速度的快慢、安全资源分配和投入的方向是否合理，直接关系着区域会展安全事业或会展企业安全事业发展的规模和速度、会展安全与危机水平的提高；关系着会展安全经济作用的发挥，从而影响着区域会展业或会展企业的经济结构、技术结构和收支等能否合理、协调、稳定地发展和增长；关系着会展活动的安全状态及会展活动能否有效地运行。会展安全的实现不但能减少或避免参展各主体在会展过程中的伤亡和损失，而且能够通过维护和保护会展生产力，实现促进区域会展经济或会展企业生产增值的功能。会展安全收益具有潜伏性、间接性、延时性和迟效性等特点。

2) 会展安全与危机管理的控制指标

对会展安全与危机管理行为进行量化的指标主要可以通过区域会展业或会展企业在安全方面所投入的人力、物力、财力及其比例关系来进行判断。会展安全与危机的管理力度和主要管理方向可以用投入资源的种类、投入资源的绝对数量、相对比值等进行具体的衡量和确定。

（1）会展安全与危机投资数量的绝对指标

①会展安全与危机货币投入量。用货币表示某区域会展业或会展企业年会展安全与危机投资总额。这个指标主要衡量区域或会展企业在某年用于会展安全与危机管理所投入的成本的总额，它反映区域会展业或会展企业对会展安全与危机的重视程度和投入力度。

②会展安全与危机人员投入量。指区域会展业或会展企业安全专职人员的配备总量，这是对会展安全与危机活劳动消耗进行衡量的指标。区域会展业或会展企业安全专职人员的配备量反映了区域会展业或会展企业在安全人力上的投入规模，它既可以反映会展管理的具体力度，也可间接反映区域会展业或会展企业在会展安全人才方面的储备水平。

③会展安全与危机劳动日投入量。指会展安全与危机活动的劳动工作日投入总量。会展安全与危机劳动日投入量可以进一步分为会展安全与危机技术性工作量、会展安全与危机行政性工作量、会展安全与危机宣传教育类工作量等，或分为专职人员会展安全与危机劳动工作日总量和非专职人员会展安全与危机活动工作日总量。会展安全与危机劳动日投入量可以较为具体地衡量会展管理部门或会展企业在会展安全与危机工作上面所花费的工作时间，它可以转化成会展安全与危机货币投入量或会展安全与危机人员投入量。

（2）会展安全与危机投资数量的相对指标

会展安全与危机管理的相对指标是相对于某种背景来考察会展安全与危机管理绝对指标的特征量。会展安全与危机管理的相对考察往往用会展安全与危机管理的绝对衡量指标相对于人员、产量、产值或利税等的比值来予以反映。

①相对活动规模的货币安全投入指标。会展活动规模是指一个地区会展业或会展企业的总体产值，用会展活动规模作为背景来考察相关的会展安全与危机绝对指标可以科学而量化地确定会展安全与危机人力、物力、财力投入的数量和比例，为会展安全与危机管理决策和投入决策提供具体的判断指标。相对于会展活动规模的货币安全投入指标包括以下五类：

A.更改费安措费投资指数：指会展安全与危机措施经费占会展企业（或区域会展业，以下同）更新改造费的比例，它反映的是会展安全与危机措施费用所占的比重，是衡量会展安全与危机投资强度的重要指标。用公式表示为：

$$更改费安措费投资指数 = （安措费/更改费）\times 100\%$$

安全措施经费，简称安措费，是指在会展企业的经营和操作过程中，为防止会展安全事故发生，消除隐患，以确保参展各主体的安全、健康、财产不受损失，发展会展企业的经营生产而采取的各种预防措施所需要的经费。它包括安全技术投资、卫生技术投资、专门性和辅助性的安全设施投资、安全宣传教育投资等费用种类。

我国明文规定在企业的更新改造费中提取 10%~20% 作为安全技术措施经费。这种用行政法令规定提取安全投资的做法,使安全的资金投入得以保证,对保障会展安全有积极的作用。但从提高效益的角度出发,不同的会展企业,甚至不同的时期和项目,其安全措施费用的比例应该是有所不同的,因此这个比例应该经过科学的分析和论证才能得以确定。

B.生产费用安全投资占用指数:指会展安全与危机投资总量占会展企业生产费用的比例,其计算公式为:

生产费用安全投资占用指数=(会展安全与危机投资总量/生产费用总量)×100%

生产费用安全投资占用指数既可以衡量会展企业生产成本中安全成本的占用比重,也可间接反映会展企业对会展安全与危机的投入力度。通过比较同类企业或会展企业往年的生产费用安全投资占用指数及在该生产费用安全投资占用指数下企业安全管理的效果,会展企业可以大致确定安全投入的比重、力度,从而进行科学的安全决策。

C.收入安措投资指数:指安措费占会展企业收入总额的比重,用公式表示为:

收入安措投资指数=(安措投资/会展企业收入总额)×100%

收入安措投资指数主要考察和反映会展企业对安全的承受和负担能力。如果收入安措指数偏高,表明会展企业虽然重视安全的管理和投入,但是其安全管理和投入的效果不佳,占用了太多的企业资源。一般情况下,会展企业安措指数越低,它的安全管理就越好,同时它表明会展企业对安全投入和消耗有较强的负担能力和承受能力。

D.安措投资增长率:指后一时期安措投资的增量与前一时期安措投资量的比值,能反映安措投资的增减变化状况,公式表示如下:

$$安措投资增长率=\frac{后一时期安措费投资量-前一时期安措费投资量}{前一时期安措费投资量}×100\%$$

安措投资增长率的变化主要反映会展企业对会展安全与危机控制与管理强度的变化趋势,它能帮助进行纵向的比较分析和决策。

E.安全投资增长率:指后一时期安全投资的增量与前一时期安全投资量变的比值,它能反映会展安全与危机投资的增减变化状况,是会展企业负担安全能力的动态变化指标,用公式表示如下:

$$安全投资增长率=\frac{后一时期安全费投资量-前一时期安全费投资量}{前一时期安全费投资量}×100\%$$

②相对生产规模的活劳动安全投入指标,主要采用安技人员配备比率来衡量。安技人员配备比率指会展企业安全专职人员占会展企业员工总数的比重,它是衡量会展企业安全活劳动消耗的主要指标之一,用公式表示为:

安技人员配备率＝（会展企业安技人员数/会展企业员工数）×100%

　　会展企业的安技人员配备率通常与会展企业的面积呈正相关关系,而与会展企业的产值没有明显的连带关系。会展企业的面积越大,其所需要的安全专职人员数量就越多。安全专职人员的配备比率,一方面能考察会展企业安全人力活劳动的消耗水平;另一方面安全专职人员的配备水平反映了社会经济与文化发展的水平,配备率越高,说明社会越重视和有能力改善人民的安全保障条件。

　　③相对人员(员工)的安全资源消耗指标。将员工作为主要的考察背景,可以具体衡量出平均每个员工所拥有的安全资源,也能较为具体地判断会展企业对员工安全管理和安全保障的重视程度和负担能力。相对人员(员工)的安全资源消耗指标有:

　　A.人均安措费。指每一个员工在单位时间内(通常是一年)的安全措施投资量,它反映了不同会展企业的人均安措负担或消耗量,计算公式为:

人均安措费＝单位时间安措投资量/员工人数(元/人年)

　　B.人均劳防用品费。指每一个员工在单位时间内(通常是一年)的人均劳保用品费,它主要反映不同会展企业的员工平均劳保用品费负担或消耗量,计算公式为:

人均劳防用品费＝单位时间劳防品投资量/员工人数(元/人年)

　　C.人均职业病诊治费。指每一个员工在单位时间内(通常是一年)的人均职业病诊治费,反映不同企业的人年平均职业病诊治的负担或消耗量。职业病诊治费是一种被动消耗,而非正常的主动投资,因此是一种不期望的投入。计算公式为:

人均职业病诊治费＝单位时间职业病诊治费用/员工人数(元/人年)

　　D.安全专职人员人均安全投资。指安全专职人员在单位时间内(通常是一年)的人均安全经济总规模,反映一个专职安全人员一年所能主持的安全经济总量,也是衡量安全专职人员工作饱满程度及工作效率的指标之一。用公式表示为:

安全专业人员人均安全投资＝单位时间的总安全投资量/专职安技人员数(元/人年)

　　3)会展安全与危机管理绩效的控制指标

　　会展安全与危机管理绩效控制指标的主要功能是衡量会展安全与危机管理的效果,为后续的会展安全改进、决策提供经验基础。其控制指标主要包括:

　　(1)重大事故件数

　　重大事故件数指在单位时间内(通常是一年)会展企业发生重大责任事故

的累积件数。它主要衡量对会展企业产生重大影响的事故的总量。

（2）险性事故件数

险性事故件数指在单位时间内（通常是一年）会展企业发生一般责任事故的累积件数。它主要用来衡量对会展企业具有较大影响的事故的总量。

（3）会展伤亡人数

会展伤亡人数指在单位时间内（通常是一年）在某会展企业范围内参展者发生伤亡的人数。

（4）员工伤亡人数

员工伤亡人数指在单位时间内（通常是一年）会展企业员工发生伤亡的人数。

（5）安全经济损失率

安全经济损失率指每万元总收入中因安全问题而带来的损失。

（6）设备完好率

设备完好率指会展设备设施正常运行的时间占总运行时间的比率，它主要用于衡量大型会展设备设施的安全状态。

（7）接待事故率

接待事故率指会展企业接待参展者过程中发生安全问题的事故比率。

（8）团队事故率

团队事故率指会展企业接待参展观众团体过程中发生安全问题的事故比率。

6.3.2　会展安全自控系统

会展安全自控系统是会展企业以安全运营为目标所设置的自我安全防控管理系统，是会展企业为了自身的经营和运作安全，自觉设置的安全管理和安全监控体系，一般由会展安全制度自控系统、会展安全技术自控系统和会展安全文化自控系统等三个子系统构成。

1）会展安全制度自控系统

会展安全制度是会展企业进行安全管理和安全监控的主要控制手段，它是会展企业所制定的具有强制性和规范性的安全行为规则。完善会展安全制度自控系统，可以从以下几个方面入手，如图6.3所示。

（1）建立完善的安全与危机管理机构

会展企业应该建立完善的从上至下的安全管理机构。企业设立安全委员会,由企业的总经理担任安全委员会主任,主管安全经营的副总经理任副主任,由企业其他领导和部门科室领导担任委员。通过建立完善的会展安全与危机组织领导、管理机构、规章制度、操作规程、标准等,明确人员配置要求,认真组织落实会展相关安全措施。并定期由安全委员会主持召开会议,对企业安全工作定期进行全面的分析、总结、评价,并根据存在的问题,制定下一步安全工作的具体措施。若遇重大突发

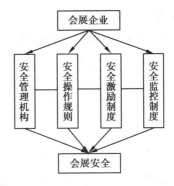

图 6.3　会展安全制度自控系统构建图

事件时,可以召开紧急会议,成立公关小组,做好事件内外相关工作。安全委员会每年要求对本企业的安全工作进行全面分析,制定安全经营的奋斗目标、工作方针、重点措施、奖惩管理办法等。各部门要建立安全领导小组,由部门经理担任组长,部门其他领导和安全员担任组员,负责本部门的安全管理工作。企业应把安全管理目标以目标管理的方式落实到每个部门、每个岗位,职责一定要明确清晰。

（2）制定严格的安全操作规则

制定严格的安全操作规则是会展企业保护会展参与者安全,实现企业安全的基础。会展企业的安全操作规则是会展企业针对自身运营和操作程序的安全设计,它将安全保障措施融入到企业经营和操作的程序当中,以减少会展安全隐患,实现会展企业的安全运行。严格执行国家、省市以及行业相关安全法规条例,是会展企业制定自身安全操作规则的制度基础和前提。会展企业的经营运作需要一个系统化的安全程序、规章制度与安全管理条例来控制与制约,以保证会展活动的安全进行和会展的安全。

（3）建立高效的安全激励制度

建立高效的安全激励制度是会展企业实现安全运营的催化剂。会展企业的安全激励是企业以安全运营为目标、以物质或精神上的奖励为手段,针对员工工作行为进行合理的制度安排,促使员工保持积极的安全操作行为,有效落实相关安全条例。会展企业可以根据自身实际情况,对自身的各种安全工作岗位,特别是相对高危岗位,进行科学分析,明确每个员工应该遵守的操作流程与作业任务。对于那些在工作中积极表现,按时并超额完成任务,或长时间内未出现任何安全问题的员工,进行激励。激励不是随心所欲的,根据美国行为科

学家弗雷德里克·赫茨伯格（Fredrick Herzberg）提出的双因素理论（Two Factors Theory），又称激励保健理论（Motivator-Hygiene Theory）认为，引起人们工作动机的因素主要有两个：一是保健因素，二是激励因素。只有激励因素才能够给人们带来满意感，而保健因素只能消除人们的不满，但不会带来满意感。因此，企业要更多考虑两个因素的相互作用，以最大程度满足员工的激励需求，达到激励的效果。

（4）实施有效的安全监控制度

实施有效地安全监控是会展企业进行安全自控的保障。会展安全监控制度是会展企业对会展的安全工作行为进行监控管理的制度安排。它需要会展企业的员工安全操作和安全激励，需要会展企业能对员工的安全工作行为进行有效的监控和评估，并为会展安全操作规则的升级发展提供新的实践基础，在这个基础上监控会展员工的会展行为是否安全。会展安全监控重点要落在安全监督检查，包括以下几个方面的工作：一是全面监督检查会展企业安全状态（场馆安全、防火、防盗、防爆、医疗安全、特殊会展项目管理、财务管理、安全用电、餐饮食品安全等）；二是监督检查会展企业管理者对员工进行安全教育情况，每年至少举行一次有关会展安全操作的演练，以及突发事件应急演练；三是监督会展企业的整体环境、企业文化、会展场馆布局和清洁卫生工作等；四是检查参展者是否携带违禁品进入会展场馆，或是有一些危及自身或他人的危害行为。

2）会展安全技术自控系统

会展安全与危机技术自控主要是通过会展企业所采用技术的完善性来实现会展设备设施的安全运行，并达到会展企业安全运营的目的，从而保证会展企业安全地开展活动。会展安全技术自控系统是一套多方位的系统技术，不仅需要制度上的安排，而且需要技术上的支持。如图6.4所示，可以从多个方面构建会展安全技术自控系统：

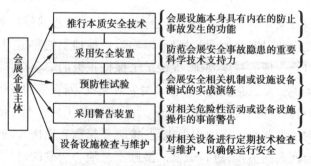

图6.4　会展安全技术自控系统构建图

（1）推行本质安全技术

本质安全技术是指会展设施设备本身具有内在的防止事故发生的功能。它具体包括两个方面的技术：一是失误安全功能，指设施设备的操作者即使操作失误也不会发生事故和伤害，它要求会展设施设备具有自动防止人的不安全行为的功能，如电梯超载的警报器等；二是故障安全功能，指设备设施发生故障或损坏时还能暂时维持正常工作或自动转变为安全状态，如支持饭店的电力运营系统。

（2）采用安全装置

会展安全装置的采用是防范安全隐患的重要手段，也要符合会展安全装置的基本要求。比如消防报警装置、变电系统的保险装置、楼道的自动监控装置等，他们对于维护参展者与员工的生命、财产安全，实现会展活动开展安全监控有着至关重要的作用。

（3）预防性试验

预防性试验包括对会展活动的安全预防性实验和会展设施设备的安全预防性试验两个层面的技术管理内容。会展活动的预防性试验是指会展企业对经营过程中的各种活动进行事前的检测，判别其安全级别，并作出适当的评价和安全防范措施。会展设施设备的安全预防性试验是指对会展活动中或会展经营运作中所使用的各种设备设施的强度、刚度、安全可靠性进行试验检测，通过设施设备的安全性保证会展活动和会展经营的安全性。

（4）采用警告装置

会展安全警告装置是对相关危险性活动或设备设施操作的事前警告功能的装备设置。会展安全警告装置包括场馆危险地段警告、设备设施的使用警告警示、危险活动项目的文字警示说明书等。会展安全警告装置的设立必须充分考虑会展活动和会展设备设施操作的安全性，并兼顾运作主体的安全适应性，通过两者的匹配分析来决定警告装置的设立类型。

（5）设备设施检查与维护

对会展设备设施进行定期的技术性检查与维护是保证设备设施能够安全运行、良性运转的基本要求。会展设备设施的技术检查和维护包括设备设施运行前、运行中、运行后的例行检查。检查应该有较为完善的安全检查表，登录检查过程中所获得的各种技术数据，为设备设施保养提高完备的存档资料。会展企业应该聘请专业技术人员，对相关设施设备进行检查与维护，确保设施设备的正常运行。

3)会展安全文化自控系统

会展安全文化的基本要素包括安全价值取向、职业道德、职业纪律、管理哲学、指导方针、工作战略等,这些基本要素构成了会展安全文化理论的思想体系。

会展企业实行安全文化自控包括以下几个方面的工作:

(1)应用群体动力学的原理,进行企业的安全文化建设

群体动力学(Group Dynamics)亦称"团体动力学",是试图通过对群体现象的动态分析发现其一般规律的理论。它以群体的性质、群体发展的规律、群体和个人的关系、群体和群体的关系等作为研究对象。群体动力学就是在群体中,只要有别人在场,一个人的思想行为就同他单独一个人时有所不同,会受到其他人的影响,研究群体这种影响作用的理论,即群体动力学。在会展安全管理中应用群体动力学,是希望通过群体这个环境因素来促进会展安全文化的建设,并通过群体协调。它包括三个方面:一是提高会展企业群体的文化内聚力。一个企业文化内聚力越大,其各方面工作就越容易开展,团结协调,可以促进相关政策的有效落实。二是建立良好的群体文化规范,标准化员工相关安全操作规程。会展企业群体文化规范是群体所确定的行为准则,每个群体成员都必须遵守。会展企业通过树立安全性服务的群体观念,对相关操作进行标准化地规定,有利于员工树立正确的安全观念。三是建立群体内部良好的人际关系,优化会展企业的整体竞争力。团结就是力量,无论什么工作,一个良好的人际关系可以使得企业资源优化,更容易开展工作,提升企业整体安全实力。

(2)强化会展道德建设,规范参展各主体行为

职业道德是指职业从业人员对其特定工作行为规范的总和。职业道德建设是以为人民服务为核心,以集体主义为原则,以爱祖国、爱人民、爱劳动、爱科学社会主义为基本要求,它强调把社会文化与安全文化统一协调起来。

由于工作部门和工作性质不同,道德规范要求略有差异,但总体是一致的。会展职业道德规范的基本要求包括:热爱自己的工作和集体;树立主人翁的工作态度和热情待客的服务态度;遵守职业纪律;努力学习科学文化;遵章守纪;团结协作等。道德规范是安全文化的重要内容。具有良好道德规范的会展企业和员工才能自觉地把会展安全行为贯穿于各自的工作和生产活动中,才能建立起一种职业安全行为习惯和发自内心的自我行为控制与规范。

(3)建立会展安全文化网络

会展安全文化的建立需要各级政府部门和会展企业共同构建,从安全文化系统构建为视角,大力构建会展安全文化网络。会展安全文化建设与会展企业的文化背景、生产生活条件、从业人员的安全意识、文化素质有关。因此,会展企业在加强会展安全文化网络建设过程中,应该注意构建企业特色的安全文化氛围,先从提高员工安全文化意识和素质做起,增强企业凝聚力。建立会展企业安全文化网络的基本工作包括:树立企业安全文化目标;塑造企业安全精神;树立企业安全形象;建立企业安全风尚和道德规范;提高员工文化素质、增强自我保护意识;安全心理和安全行为教育;建立企业安全保障网络,等等。在这个基础上,通过企业倡导,规范会展安全行为,建立会展安全文化网络。

6.3.3　会展安全互控系统

会展安全互控系统是由与会展安全相关的各主体间通过相互制约、相互协调、相互联系,达到对会展安全进行控制与管理的开放性系统。会展参与者安全互控系统的互控主体包括:一是会展管理机构。主要指国家旅游局和地方的各级相关管理机构。会展相关管理机构对会展安全的控制主要通过发布和实施各种与会展安全相关的政策、法规、条例规范和控制参展各主体的安全行为,防控会展安全事故。二是地方安全机构,例如公安、消防等各类负责治安安全和防火安全的组织的总称。主要通过颁布和实施与安全行业相关的各种政策、法规、条例来实现会展安全的控制,并通过对会展企业和个人实行法规、条例的监督和检查来保障会展安全。三是会展企业。会展企业主要通过规范安全操作程序,保证设施设备的安全,合理安排参展者的参展线路、制定各种经营运作的安全制度,实施各种相关的会展安全法规条例来实现会展企业的安全控制。四是参展观众。参展观众在会展安全互控体系中的安全控制作用主要是加强自身安全知识的培养,提高自身的安全意识和安全防控技能,并通过会展安全信息的反馈来促成其他会展安全互控主体实现对会展安全的控制。五是其他组织,例如民间会展团体、社区、保险机构等。其他组织在会展安全中发挥着意想不到的作用,可以辅助国家会展相关管理部门或会展企业,保障参展观众安全。特别是在应对一些大型突发事件,其他组织可能会起着比官方更有效的救援效果。会展安全互控系统构建如图6.5所示。

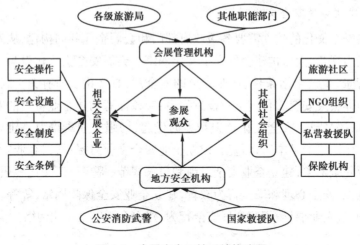

图 6.5 会展安全互控系统构建图

6.4 会展安全救援系统

6.4.1 会展安全救援系统的构成

会展安全救援系统指为实施会展救援而建立的,涉及与会展安全各相关层面的组织机构和包括会展救援的分工、协作的工作体系。根据会展安全救援的内容以及会展安全救援系统所涉的有关机构,我们可以把会展安全救援系统看成是包括救援核心机构、救援机构、外围机构在内,由会展接待单位、会展救援中心、保险、医疗、公安、武警、消防、通信、交通等多部门、多人员参与的社会联动系统。其中,最核心、最重要的就是起到指挥中心作用的核心救援机构。会展安全救援系统构成如图 6.6 所示。

居于核心位置的是会展安全救援指挥中心,是整个救援系统的控制枢纽,统管协调会展救援工作,扮演着会展救援总指挥的重要角色。图中左边是直接外围救援机构,也就是说当会展相关安全突发事件发生的时候,由这些机构负责展开求救或救援。他们起着两个重要功能:一是会展安全相关问题发生后,负责传递会展安全信息的信息源;二是救援能力,对最早发生安全事故的地点实施营救,也就是救援的先锋队。在专业化的救援队伍到达之前,根据实际情况实施简单的救援行动和现场维护。这些直接外围机构包括:旅游景点(区)、

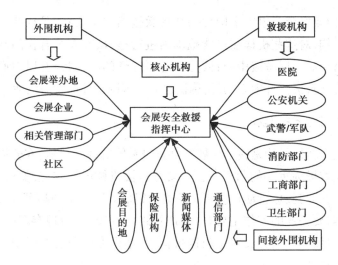

图 6.6　会展安全救援系统结构图

会展企业、会展相关管理部门、社区等。右边是一系列救援机构,实际上是救援实施机构,大多数是国家公共部门,保护公民人身和财产安全的公共机构。这些救援机构在救援指挥中心的协调和命令下,实施全方位的合作,随时把救援情况反馈给指挥中心,并对成功获救者进行救后照顾与安排,体现了国家行政的重要职责。图中下方是间接的外围机构。他们与参展各主体安全有着某种联系,并对会展安全问题的解决与会展救援工作的开展有某种帮助。综上所述,会展救援指挥中心围绕着会展安全救援这一任务,调动各方资源,把救援机构、直接和间接的外围机构组合在一起,并联结各部门、各机构参与,全面展开救援行动,形成一个完整的会展安全救援体系。

6.4.2　会展安全救援系统的要素分析

1) 会展救援指挥中心

从图 6.6 可以看出,会展安全救援指挥中心的核心地位体现在其对整个会展安全救援工作的开展、统筹、协调的职责上。目前建立会展安全救援系统的当务之急是建立会展救援指挥中心,因为会展安全救援系统的救援机构、外围机构目前都是现成的。国内现在尚没有像 SOS 那样的全国性和世界范围内的紧急救援机构,而在当下大张旗鼓地建立那样的机构也不现实。考虑到会展紧急救援的人道主义性质和紧急性,会展安全救援指挥中心应该由政府来组织。我国可以考虑以下一些做法:一是由政府牵头组织全国性的会展安全紧急救援

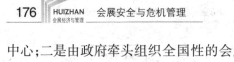
中心;二是由政府牵头组织全国性的会展救援指挥中心;三是扶持国内现有的会展救援机构,对这些机构在可能范围内进行整合,在充分合作的基础上利用其现有网络形成会展救援中心;四是引进国际性的救援机构,以他们为核心形成我国的会展救援指挥中心;五是尽快建立全国网络性的特服电话。

2)会展安全救援机构

会展安全救援机构是整个会展安全救援系统的执行机构,在会展安全救援系统中扮演着极为重要的角色。会展安全救援机构由医院、公安机关、消防部门、武警部门等与救援行动直接相关的机构组成。这些机构都是现实存在着的机构,目前需要完成的工作主要是:确认资格与挂牌;拓展现有职能,增加会展安全救援项目;在这些会展安全救援机构中,增设专门负责会展安全救援工作的部门和人员。

3)会展安全救援的直接外围机构

会展安全救援的直接外围是会展安全问题发生的场所和实施会展安全救援工作的第一现场。简单地说,就是与会展安全问题的发生有直接关系、与会展安全救援工作有间接关系的所有机构统称为会展安全救援的直接外围机构。这些机构主要包括可能发生会展安全问题的旅游景区(点)、会展企业、会展相关管理部门和社区。当前,会展安全救援的直接外围机构必须做好如下工作:切实履行安全管理工作,设立专门的会展安全管理机构,任命专门负责会展安全管理的工作人员,对全体员工进行会展安全培训,提高从业人员的安全意识。

4)会展安全救援的间接外围机构

会展安全救援的间接外围机构是相对于会展救援的核心机构、救援机构以及直接外围机构而言的,它本身不是会展安全问题发生的现场,也不参与整个会展安全救援工作。但这些间接机构却有可能影响到会展救援工作的开展并可能在适当的时候不经意地或出人意料地起到极大的帮助作用。会展安全救援的间接外围机构主要包括会展目的地、保险机构、新闻媒体和通信部门。

综上所述,会展安全救援系统的要素及其主要作用如表6.2所示:

表 6.2　**会展参与者安全救援的要素及其主要作用**

主体机构	救援部门	主要作用
核心机构	救援指挥中心	a.从一线会展机构获取关于会展安全问题的信息,初步了解事故大致情况; b.根据获得的信息,初步拟定实施救援的机构和救援的规模与等级; c.迅速把初步的意见转达拟实施救援的相关机构和人员,指挥这些机构或人员展开救援行动; d.派员监督和协调整个救援过程,等等。
救援机构	医院	a.组织伤亡救援队,现场待用提供医疗救援; b.对相关伤员临时救护提供专业化的建议; c.提供相关救援人员或条件,尽可能地保障伤员的生命安全; d.提供其他医疗性或非医疗性的服务,等等。
救援机构	公安	a.保护现场秩序,为专业化的救援组织提供保护; b.在必要的时候,辅助相关救援行动; c.对一些故意违法犯罪,造成会展安全事故的人,进行打击与严惩; d.提供其他保护会展的服务,等等。
救援机构	武警	a.对一些重大或高难度的救援工作,提供更加强有力的救援; b.对一些用武力威胁会展安全的犯罪活动,提供国家保护; c.打击各种会展景区恐怖活动; d.在有必要的时候,辅助其他救援部门展开救援活动,等等。
救援机构	消防	a.对会展安全事故中的火灾进行专业化的营救; b.对一些日常安全问题,但是又是在公安或武警范围外的突发事件展开营救; c.配合指挥中心命令,展开其他救援行动,等等。
救援机构	工商	a.对相关职责范围内的事故原因进行调查; b.加强对事故景区或企业的管理与监督; c.严厉查处相关存在安全隐患的会展企业; d.总结事故经验,做好相关辖区的会展安全检查工作,等等。
救援机构	卫生	a.做好相关餐饮部门的卫生检查; b.切实做好会展目的地,特别是人流量大的会展目的地的卫生防疫防病工作; c.处理因医疗或卫生而发生会展安全问题的事故或纠纷,等等。

续表

主体机构	救援部门	主要作用
直接外围机构	会展举办地	a.负责维持所在区域的安全管理工作,尽量减少会展安全问题发生的可能性; b.在发生会展安全问题后,及时准确地向上一级会展救援指挥中心汇报;
	会展企业	c.在会展安全救援机构人员尚未到达救援现场时,维持会展安全事故现场,在条件允许的情况下,可以进行初步营救; d.在会展安全救援机构人员到达救援现场时,积极配合,给予必要的帮助; e.在会展安全救援过程中,随时保持与会展救援指挥中心的联系,报告救援工作进展; f.会展安全救援工作结束后,做出善后处理,分析发生事故原因,调查分析撰写相关报告,避免下次类似事件或其他安全事件的再次发生,等等。
	会展管理部门	a.安全事故发生后,要如实、及时汇报,在上级指挥下,成立救援指挥中心,调配各方资源,展开营救; b.必须承担相应责任,做好救援工作的先锋队; c.设立专门的会展安全检查小组,尽可能地排除安全隐患; d.做好事故后期工作,调查事故责任方,做好相关赔偿工作,等等。
	社区	a.进行会展目的地社区管理,提供相应的救援信息或情报; b.辅助专业化的救援队,听救援指挥中心的安排,等等。
间接外围机构	会展目的地	会展目的地指发生会展安全问题的旅游景区(点)或会展企业所处的社区,与会展安全问题的发生和会展救援工作直接相关。
	保险机构	a.理清责任人,负责事故保险赔偿工作,切实保障参保受险参展各主体的赔偿权力; b.制定针对性的合理险种,事故发生后,尽可能提供更合理赔偿; c.提供专业化的保险咨询,为参展各主体宣传相关保险常识,等等。
间接外围机构	新闻媒体	a.第一时间客观事实地报道事故情况,对相关安全问题进行追踪和曝光; b.形成社会监督力,监督相关会展救援部门的救援工作; c.为一些正面积极的救援事迹进行报道,并对一些安全事故的防范进行大力宣传,等等。
	通信部门	a.做好救援系统的信息传递工作,保障信息传递的及时和有效; b.对一些涉及国家安全的会展安全事故进行信息保密工作,以防社会骚乱; c.完成指挥中心下达的其他工作任务,等等。

6.4.3 会展安全救援补偿机制

会展安全救援补偿机制是会展安全事故发生后,相关利益方为了尽可能地减少安全事故带来的损失或不良社会影响,对事故受害方进行的合理补偿,以减小其承担的经济压力和精神压力,甚至社会舆论压力。构建会展安全救援补偿机制,关键在于制定一个合理的事故责任方的赔偿办法,以尽可能公平地处理相关事故,惩罚相关事故责任人。会展安全救援补偿机制的基本模型可以由图6.7所示,该模型有一个基本假设,即安全事故的主要责任者不是参展观众,而是事故发生的会展目的地,以及相关责任企业,或者是自然灾害等人类无法控制的突发事件。该模式主要涉及方有政府、保险公司、安全事故发生地(含相关会展企业或景区)、参展观众等几个方面。

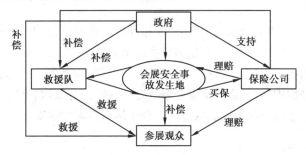

图 6.7 会展安全救援补偿模型图

1) 会展安全事故发生地

会展安全事故发生地的补偿力量,主要来源于以下几个方面:一是安全事故发生地相关责任企业或景区的抗事故风险基金;二是安全事故发生地有关政府的救济或财政补贴,以及事故后的会展企业重新运行资金;三是如果安全事故发生地参加保险,可以向保险公司理赔,由保险公司承担主要事故风险。

2) 政府

政府主要承担公共服务的职责,其相关职能部门主要履行以下几个方面的补偿措施:一是对会展安全事故发生地的直接救助与灾后重建,力求恢复会展发生地的正常发展;二是用相关优惠政策支持保险公司开设会展安全事故保险,把事故风险经济责任社会化,减小事故后会展发生地或企业的压力;三是对开展救援活动所调动的人力、物力、财力进行合理补贴,使救援队工作的开展积极有效;四是对受害参展各主体进行一定的救助帮扶,减少参展各主体承担的相关风险。

3)救援队

救援队在会展安全突发事故中,对参展各主体的生命安全发挥着至关重要的作用。救援队在实施救援过程中,救援力量以损耗人力、物力、财力、甚至生命等为代价,因此对该方也要有必要且适当的补偿机制。对救援队的补偿力量主要来自三个方面:一是政府财政补贴,对于一些政府编制的救援队,可以进行适当的津贴,以促进救援工作更好地开展;二是事故发生地或企业的补贴,这是事故发生方应该承担的相关责任;三是保险公司的理赔,对于救援队在救援过程中出现的意外情况,在参加相关险种情况下,保险公司可以理赔,这也是会展救援队获得补偿的一个来源。

4)参展观众

一般情况下,参展观众是受害者,并被动接受权益受损的相关补贴,因此在此模型中只属于补偿接受方,其补偿力量主要来自四个方面:一是政府救济资金;二是救援队的救援;三是安全事故发生地提供的补偿;四是保险公司的理赔,除在本身的保险中获取理赔外,也可从安全事故责任保险部分获取补偿。这些补偿主要是对受损参展观众提供及时的恢复生产和生活所必需的物质或资金支持。

5)保险公司

保险公司通过合理的费用收取,在会展安全事故发生后,进行赔偿。保险公司主要通过提供灾后理赔的方式补偿其他主体,其补偿金的来源主要来自安全事故关联主体购买保险的资金。保险公司收取的财产保险金,应通过一定的方式对其实施帮助救援而减少损失的救援力量进行能力恢复的补偿。

6.5 会展安全与危机应对的科技保障体系

6.5.1 科学技术在会展安全与危机应对中的作用与意义

1)科学技术在会展安全与危机应对中的作用

在现代科学技术条件下,生产力发展的显著特点是科技型人员日益成为主体劳动者;由信息技术电子计算机控制的智能型机器体系日益成为最重要的劳动工具;运用现代科学技术进行管理,把生产力各要素合理地组成一个整体,使

之形成最佳状态的现实生产力。因此,科学技术在会展安全与危机应对中的作用表现在以下三个方面:

（1）科技型人才成为会展业的骨干之一

在社会生产过程中,不论是劳动工具、劳动对象或劳动者本人都是与一定科学技术水平相联系的。会展安全设施设备反映着会展组织方和承办方的实力,依赖着科学技术水平,而会展安全设施设备的使用都离不开科技型人才。

（2）科学技术提高了应对安全事故的效率

随着高新技术与设备在会展安全与危机应对中的使用,会展安全与危机的应对效率提高了。比如新型监控摄像头的使用,能够第一时间发现犯罪分子的行为,正确辨别犯罪分子,并能自动发出警报。会展场馆所使用的电子票务系统,减少了参展观众的排队买票和检票时间,因此排除了因排队问题引发的安全隐患。

（3）科学技术节约了人力资源成本

20世纪初,劳动生产率的增长只有15%～20%是依靠科学技术的进步,生产增长主要是依靠增加劳动者的人数和延长劳动时间,以及增添原有技术水平的生产设备来实现的,简单地说是"加人加班加设备"。然而近几十年来,情况发生了急剧的变化。到了20世纪70年代,劳动生产率的增长是依靠科学技术的进步。会展安全与危机的应对通过新型安全设施设备的使用,在不影响会展安全与应对效果的情况下,减少了会展场馆的安保人员数量,节约了人力资源成本。

2）科学技术在会展安全与危机应对中的意义

科学技术是生产力发展的重要动力,是人类社会进步的重要标志。科学技术日益渗透于经济发展和社会生活的各个领域,成为推动现代生产力发展的最活跃的因素,并且归根到底是现代社会进步的决定性力量。认识科学技术的重要作用,在会展安全与危机应对中应用高新科学技术,使会展业的发展更加顺利和迅速,这对于我国经济事业的发展也是十分重要的。

6.5.2　科技应用的国际经验与启示:以上海世博会为例

北京奥运结束后,上海世博会、广州亚运会、成都亚洲杯、绍兴国际合唱比赛等大型活动接踵而至,为相关科技应用在会展安全与危机提供了经验与启示。2010年上海市举行了世界博览会,超过7 000万人次前往参观,近300个国家和国际组织参加,时间跨度184天,建设投资超过北京奥运会,其规模为世

界博览会史上第一。安全是上海世博会成功的第一要素,高科技设备在世博会起到了重要作用,主要使用了以下高科技设备:

1) 探测仪

便携式爆炸物探测仪。被称为"人造狗鼻子"的炸药探测仪能检测出 10 万亿个空气分子中存在的 1 个炸药分子,可像警犬一样"嗅"出隐藏的爆炸物或残留在被检测对象表面的炸药痕迹。

液态违禁品检查仪。安检人员将透明或半透明材料包装的液体放置到液态违禁品检查仪上,只需按下分析键,2 s 内便可报出被检查物质的名称,安检人员无需任何专业培训就能快速准确地操作该仪器。

生命探测仪。借助水路入境是偷渡客和恐怖分子的主要形式,这也是国际水路边检上的一个难题。世博期间,上海各边检站添置了生命探测仪。生命探测仪主要是为了探测藏在集装箱里或货轮空隙结构里的偷渡客和恐怖分子。

2) 无线视频监控

为做好世博期间上海海港口岸、地铁交通和园区场馆的安保工作,世博期间在外高桥、吴淞、洋山及金山等口岸进行无线视频监控,确保无利用船舶外侧偷渡事件发生。另外,还建设了上海地铁公安主控及分控中心监控工程,以确保世博相关线路及车站安全。为配合上海世博局对世博场馆安全防范系统进行实时监测,建设了上海市技防监督管理平台,确保及时发现、排除世博场馆的安防系统故障。

3) 立体防入侵传感网系统

"上海浦东机场防入侵系统"共部署十万多个节点,电子围栏长达 35 km,是目前国际上规模最大的机场防入侵传感网,为世博会把好了第一道入口。同时,上海世博局还跟科研院所联合成立了世博传感网应用联合实验室,开展了"带状传感器网络关键技术攻关及世博防入侵应用示范"项目等相关研究,建成了三层立体防入侵传感网系统。该系统现已纳入世博园区安防方案,区域定位精度可达 0.3 m,能有效地监控低空飞越、攀爬、挖掘等入侵行为。此外,世博会还使用了多套宽带无线通信设备系统。

4) 水下安保系统

上海东濒东海,南临杭州湾,黄浦江穿城而过,市内水系密布,世博会水下安保相当重要。由声学研究所和交通部上海船舶运输科学研究所合作承担的世博水下安保系统,突破了宽带信号处理、自适应环境匹配、目标自动跟踪识别等关键技术障碍,应用在水上警务站及相关码头。

5)人脸识别门禁系统

世博园安保部及派出所人脸识别门禁系统,将严格控制进出安保部、指挥中心及派出所等重要场所的人员身份。该系统可确保园区内重要场所的"人证合一",防范世博园区内可能存在的安保漏洞,提升安保工作效率。

6)高科技机器人

排爆机器人。带自动抓手的排爆机器人,配备了锥形前置履带,看上去就像一辆迷你坦克车。它们的主要任务是遥控抓取、处置疑似爆炸物品。这种机器人身手敏捷,甚至可以迅速攀爬楼梯,能够代替排爆人员接近爆炸物进行检查、处置。排爆机器人不仅可以排除炸弹,利用它的侦查传感器还可以监视犯罪分子的活动。

车底检查机器人如同一个平板玩具车,可以钻到各种车辆的底部。灵活的移动方式,可使操作者轻松地控制机器人漫游于停车场以及临时停车位。车底检查机器人适用于举行大型活动场所的停车场,是进行高效率安检必不可少的警用特种装备。它的出现改变了以往人工使用反射镜检查车底的状况,不仅提高了效率,还降低了传统人工方式产生死角的可能性。

安全巡逻机器人由一款家居监控机器人改造而成,它带有两个小轮子,靠电力推动,可在世博场馆中漫游巡逻。它不但能像世博志愿者那样为参观者取物、倒水,而且能像工作人员那样开关门窗、遥控电器,还能监测火灾、烟雾、人群异常情况等。同时,它还带有微型电脑、摄影机和无线发射器,可以把观察到的画面不断传输到安保控制中心,以便安保人员及时作出反应。

7)食物电子身份证

在世博园区内的任何食品和食品原料都可追溯源头,实现世博食品安全信息的全程溯源。世博园区内用于盛装食品原料、半成品的塑料箱,都会加贴一种专门的电子卷标。食监人员只要通过读卡器扫描,就能迅速查明食品的生产时间、保质期和运送流向等各种信息。园区内的餐饮企业将安装一种远程视频监控系统,通过无线3G网络和自带电源,可以"隐藏"在诸如餐饮企业厨房间的某个控制的关键点位置,达到监控食品制作的过程,保障食品安全的目的。此外,世博会园区内还设立了三个"世博食品安全检测实验室",实验室配备达到国际先进水平的食品安全快速检测系统,可以现场进行58项食品安全检测。

会展活动是群体活动,充分保障参展各主体的安全,就必须打造严密的安全保卫网络,不让任何可能危害公共安全的人或物进入会展场馆。充分利用高科技安保设施设备,是未来会展安保工作的趋势,也是提升会展活动竞争力的途径。

6.5.3　我国会展安全与危机应对中科技应用的现状与发展趋势

1)我国会展安全与危机应对中科技应用的现状

(1)会展场馆安全

科技设备在会展场馆安全与危机中的应用表现在两个方面:一是广播和声光警报装置。首先,应该将广播和声光警报按不同区域划分,这样就可以根据每个区域的具体特点录制广播内容。然后,是考虑广播扬声器的具体位置,应在每个安全出口上方设置一个扬声器和一个声光警报装置,这样在发现安全问题时可以有效地引导疏散人员注意安全出口方位。当然,广播和声光警报应与自动报警系统联动,以达到划分区域引导人员疏散的作用。二是安全疏散设施与场馆自控设备的结合。场馆自控的视频监控系统与安全疏散设施结合起来,会使安全疏散引导更加智能化、主动化。控制室的人员可以通过视频监控系统观察到每个区域人员的数量和状态,每个安全出口疏散人数多少,以便及时作出调整和应对突如其来的变化,还可以通过广播引导拥堵的人员向其他出口转移疏散。

(2)会展活动网络安全

由于大型活动的网络信息系统体系和对社会产生的影响不同,大型活动网络安全威胁也具备一定的特殊性和侧重点。根据网络安全威胁的发起源不同,大型活动分为来自外部的网络安全威胁和来自内部的网络安全威胁。其中,外部网络安全威胁主要指针对网络和信息系统的运行的破坏、对信息系统或网络资产的非法侵入、来自外部的数据和内容信息威胁;内部网络安全威胁主要包括内部网络资产的安全隐患、内部网络之间的感染与破坏、内部数据安全威胁。

整个信息系统网络安全监控体系的核心引擎是综合网络安全监测模型,网络安全监测模型的输入部分对被监测对象进行数据接入和预处理:按照网络拓扑、线路结构等特点将信息系统作为独立的处理对象提取出来,接下来对信息系统按照子系统模块、应用类型、安全等级划分为层次化的监测对象,然后加载与之相对应的监测模块,进行网络安全威胁过滤。

信息系统网络安全监控体系的价值通过业务模块来体现。以监测引擎输出的网络安全事件信息为基础,围绕监控工作需求构建出核心业务架构。业务架构分为分析层和应用层,由定制化的业务模块组成。分析业务层采集监测引擎提供的网络安全事件信息,对原始数据经过挖掘和评估后,按照预定义的应急处理预案与安防策略机制形成预警信息和判研决策信息。应用层面向用户提供最终的信息展现和输出,依据用户角色和产出物类型不同,应用业务层可定制不同的模块,例如面向监控系统的管理人员可以提供大型活动信息系统的综合安全形势实时显示,使其第一时间全面掌握动态变化情况;面向各信息子系统的运维人员提供其所负责信息子系统的宏观安全监测报告及威胁防控建议;面向会展活动网上用户提供区域网络安全形势,提供个人安全防护建议等。

2) 我国会展安全与危机应对中科技应用的发展趋势

根据会展安全与危机活动防范的实际,科技应用的发展趋势有以下三个方面:

(1) 应急报警系统

当遇到会展安全与危机事故时,如何尽快让上级得知这一信息至关重要。在安保人员的哨位上安装应急报警系统,是解决这一问题的有效手段。当安保人员被袭击后,能方便及时地通过应急报警系统向上级报告,为营救赢得宝贵时间。应急报警系统的安装,应以隐蔽为前提,以便于操作为基点,以质量为核心,既要灵敏快捷,又不能误触误报。

(2) 声像监控系统

会展安全与危机事故发生时,各级指挥员很难准确掌握现场的具体情况,给防范行动带来一定困难。在会展场馆和指挥机构安装声像监控设备,就能将现场情况及时传送到指挥机构,各级指挥员就能清晰地观察到会展安全事故发生的情况,准确掌握犯罪分子的数量、相貌特征、袭击方法、携带犯罪设备的种类等,从而进一步弄清犯罪分子的真实企图,有针对性地做好行动准备,保证参展者的人身、财产安全。

(3) 高科技防护装备

大型活动安全与危机事故应着力在改进防护手段上下工夫。大型活动常常是成群结队的参展观众涌入场馆,会展场馆应该装备检测器材,如手持式炸药探测器、侦毒器等防爆安检器材,用于对各类爆炸和常用毒剂的检测、识别。同时,在场馆装备一些防爆器材也是必要的,如爆炸物销毁器、防爆桶、排爆服、防爆毯等,用于转移、隔离、销毁爆炸物,保证会展场馆的绝对安全。

第7章

会展安全与危机的风险转移及保险

7.1　会展安全与危机的风险转移

7.1.1　会展安全与危机的风险类型

会展业是一个高利润、高产业关联度的朝阳产业,同时也是一个高风险的产业。其乘数效应、拉动作用具有双向性,较高的关联度意味着积极、消极作用都很大。成功的会展能加快城市的发展,失败的会展则会损害主办城市的形象,阻碍其经济发展,甚至造成灾难性的后果。每个会展都是一个复杂的系统工程,面临着巨大的风险,任何小的灾害或事故都可能导致整个会展的失败。根据国内外会展业发展的实际情况,可以依据不同的出发点,产生会展安全与危机的风险因素具有不同的类别:

1)基于会展活动过程的风险类型①

(1)会展设施建设风险

近年来,我国主办、承办的国内外会展项目越来越多,但很多主办城市此前并不具备相应的基础设施,需要进行大规模的工程建设,甚至需要全面升级其市政基础设施。现代会展必须以大型展馆、体育中心等为基础,大型展馆往往集会议中心、写字楼、商务酒店、购物中心、仓储中心、动力中心等为一体,如奥运村、世博园等。会展还离不开完善的交通设施,大型会展需要包括航空、公路、铁路、水路、地铁等在内的立体化交通网络,以实现主办城市或区域在空间上的互通,如拟建的沪杭高铁、北京和上海地铁新支线等。会展还离不开高效率、高质量服务业的支撑,会展需要会议、展览、赛事、旅游、文化、娱乐、购物等活动的有机结合,因此,成功主办一次会展,主办城市至少需要实施三个方面的工程:兴建或修缮大型场馆;改造道路、通信及其他市政设施;提升宾馆、酒店、旅游景区等的服务能力。这些工程往往规模宏大、建设周期长、资金投入大、涉及范围广,面临着很大的风险。具体项目建设则往往设计新颖,工期有限,施工紧张,对质量和安全的要求较高,这些因素都会增加施工难度,增大建设风险。灾害或事故容易给会展工程造成巨额财产损失,导致人员伤亡、工程延期、费用增加,甚至衍生出系列的责任风险,影响会展的如期举行。

---

① 吴祥佑.会展风险的保险转移[J].上海保险,2007(6):52-54.

（2）会展设施运营与维护风险

我国展馆总面积虽仅次于美国,但缺乏现代化的多功能大型场馆。现有场馆以中小型居多,相对陈旧且多处于超负荷运转状态。展馆小导致展览空间有限,参展观众与展品争空间的矛盾突出;场馆陈旧,承载有限,设施升级难,维护成本高,安全隐患大,场馆内的配套设施不齐全。

我国近年来兴建的场馆,一般是所在城市的地标性建筑,外形无不高大雄伟,但在预算有限的情况下,高大雄伟的外形必然挤占内部设施的经费。一些场馆往往具有雄伟、气派的外形,却缺乏必要的内部安全设施。展馆还多位于繁华地带,出险后施救难度很大。展馆位于繁华地带,经济效益好但安全隐患大,如用地受限、楼层过高、进出通道狭小、楼层承重过大等,一旦遭遇自然灾害或意外事故,财产损失或人员伤亡的后果容易被放大。

展馆设备昂贵,财产风险大。新建的展馆一般拥有众多的高、精、尖设备,价值不菲又过度集中,损失风险很大。财产损失还会引致会展中断的风险,主办方不仅不能获得预期收入,还须赔偿违约损失。我国会展举办者的风险管理意识不强;政府官员对不可抗力等风险造成的损失往往无需承担责任,导致其缺乏在风险管理上投入更多资金的动力;参展观众及参展商的安全意识也不强,个人的疏忽或过失往往是灾害的主要原因。

（3）会展举办前的风险

一是主办方信用风险。困扰我国会展业的一大顽疾是"骗展问题",参展商及参展观众面临着来自主办方的违约风险。我国对会展市场的准入标准、办展资质等都没有明确的规定。少数办展者利用管理漏洞进行骗展,既侵害了参展商的利益,又损害了办展城市的形象。许多展会缺乏实质性内容,主办者只重视包装招展材料和收取参展费,不重视前期准备,不积极地进行组织、宣传和公关,不注重对专业参展观众和重要参展商的吸引,往往敷衍性地办展甚至只收费不办展、办假展。部分展会的招展宣传与展会内容严重不符,主办商随意拔高展会级别,虚列参展商及专业参展观众,组织与管理混乱,缺乏后续服务,参展商的利益得不到保证。

二是参展商及参展观众的信用风险。我国的多数会展缺乏对参展商参展资格的要求,对参展商的业务范围、行业声誉等关心较少。国际上的专业会展一般均要求参展商的产品及其营销手段具备现代风格,在行业内有一定的知名度和美誉度。我国会展界对此却要求较少,导致少数展品与展会主题严重不符,甚至出现过假冒伪劣展品的情况。参展商不规范的展销行为扰乱了会展的秩序,损害了会展的美誉度。参展商、参展观众的信用风险还导致会展期间达成的协议、合同难以得到执行等问题,也损害了会展的声誉。

三是会展物流风险。展品一般是制造业的最新产品,技术含量高且多来自外地或外国,路途遥远,面临着很大的物流风险。某些展品如字画、邮品、珠宝、文物等多为珍品,甚至是孤品,价值不菲且易受损。价值高、易变现的展品还面临着被偷盗、抢劫的风险。

四是展品的安装、组装、拆除风险。很多展品需要经过特定的组装、安装才能展出,展览完毕要拆除、搬运,面临着很大的安装风险。来自国外的展品,国内往往缺乏相应的安装、拆除人才;部分展品因涉及技术秘密,主办方不便参与安装,无法了解其风险水平。展品的安装风险也只有到试用或展示期间才会逐步暴露出来,潜在的责任风险很大。很多展品是首次对外展示,性能不稳定,参展观众不熟悉,试用时容易出现事故。

(4)会展举办期间的风险

一是展品的财产损失风险。展品多为最新科技产品或珍贵艺术品,遭受自然灾害容易损毁,展览中容易被参展观众损坏,被偷盗、抢劫的风险也很大。高科技产品、高精尖设备等还面临着技术秘密泄露的风险。

二是会展取消风险。因天气、流行性疾病等自然灾害或意外事故,当局可能取消会展活动,致使主办者的投入无法收回。此外,我国会展的收入来源在空间上过度集中于展馆现场,而不是分散在宾馆、旅游区等地点,部分会展活动的取消会造成很大的损失。

三是会展的责任风险。我国主办的很多会展专业参展观众少,看热闹的人多。非专业参展观众自我保护意识弱、风险识别能力差、新鲜感强、好奇心重,使主办者面临着很大的公众责任风险。非专业参展观众还容易将危险物品带入会展现场;不良习惯(如乱扔垃圾)也较容易对他人的人身安全构成威胁;在试用展品时既容易损坏展品,自己也容易受伤。此外,狭小的会展场地与拥挤的人群也形成了一对矛盾,容易出现参展观众摔倒,引发恐慌、踩踏等事故。

(5)会展的后期风险

会展后期的风险主要是旅游风险。一是旅游意外风险。会展具有较强的旅游属性,为丰富会展的内容,主办方往往将会展活动与旅游观光、文艺表演、休闲娱乐等结合起来,以加深参展商和参展观众对主办城市的美好印象,增加会展的综合效益。我国的会展旅游景点多以险峻闻名,对参展商和参展观众的吸引力很大,但往往也使他们面临着很大的旅游意外风险。二是承担会展接待任务的宾馆、酒店、旅店及娱乐场所等面临着很大的责任风险。我国的一些会展城市,高档宾馆、涉外酒店较少,现有宾馆、酒店、招待所等的星级不高,接待能力有限。会展期间往往客房爆满,客商拥挤,食宿难以安排。部分主办城市的社会治安欠佳,旅客的人身及财产安全难以得到保障。此外,参展商和专业参展观众一般来自外地、外国,对会展主办地的饮食、气候一时可能难以适应,容易发生食品安全事件。

2)基于导致风险损失原因的风险类型

按导致风险损失的原因可分为外部风险和内部风险①:

(1)外部风险

外部风险主要包括政治风险、法律风险、经济风险、环境风险、突发事件等,外部风险通常难以预测和控制。

①政治风险。

政治风险体现在政治不稳定及外交政策的不稳定两个方面。对于国际性的会议和展览而言,如果举办地发生政治风险,项目难以顺利举行;如果发生在与会者或参展者当地,则会影响他们的参与,从而难以达到预期的效果。

②法律风险。

法律风险主要由法律和政策的调整引起。当法律环境发生变化时,主办企业则必须根据法律环境的变化对企业的经营行为作出合法的修订,以保证企业不会因为触犯法律而付出沉重的代价。

③经济风险。

这类风险主要是由于价格管制、贸易限制、汇率调整、通货膨胀等宏观经济因素的变化而给企业所带来的风险。

④环境风险。

由于自然界不规则的变化而导致项目遭受损失的风险,如泥石流、流行疾病、火山、地震、洪水、飓风等,项目则会被迫延期甚至取消,如我国 2003 年的 SARS 导致一些国际会议被迫取消或更改到国外举行。会展项目大量的准备工作前功尽弃,前期投入无法收回。

⑤突发事件。

突发事件主要指项目举办地在举办期间发生重大新闻事件,使媒体的兴趣发生转移,从而影响效果。

⑥竞争对手的威胁。

作为旅游产品的一种,会展项目具有高度易损性、产品的差异化程度和顾客转换成本低的特点,使得举办会展的企业比其他行业面临潜在竞争者的威胁更大。

---

① 蔡洁.论会展企业的风险管理[J].西南农业大学学报(社会科学版),2007(1):176-179.

（2）内部风险

企业内部风险主要包括财务风险、运营管理上的风险、人力资源风险。

①财务风险。

财务风险包括三种：一是企业自身资金周转出现问题；二是预算超支，这对于企业来讲，就有可能毫无利润可言；三是主要赞助商临时退出所造成的经济压力。

②运营管理风险。

运营管理风险有以下几种可能：

第一，产品本身难以吸引有实力的参展商或行业知名人士的参加，或是广告宣传方面，比如信函、宣传手册、海报、记者招待会宣传力度不够而导致市场声势较小。

第二，主要发言人或重点参展商缺席。对于会议而言，在国内外有重大影响的专家学者对其他人决定是否与会有重要影响；对于展览而言，业内知名企业的参加非常重要。主要发言人或重点参展商的缺席将会使项目的效果大打折扣，并会使其他参会者或参展商对项目产品产生不信任感。

第三，场地管理上的风险。场地设施一般要求有先进的设备如屏幕投影仪、电脑、同声翻译、网络接口等，以及安全方便的进出通道、灯光、防火设备，即使这些设施或设备属于场地经理负责，但一旦任何一种设施出现故障或现场人群失控造成混乱都会影响整个项目的效果。

第四，健康和安全风险。给客户提供的食品或饮料出现质量问题等。

③人力资源风险。

人力资源风险主要来自于核心员工的流失。项目在不同的阶段对员工数量的要求会有所不同，核心员工主要包括项目经理及销售人员。项目经理的主要职责就是对项目实行全面领导和统一指挥，通过严密组织、详细计划、有效沟通、灵活协调，按计划对项目资金、进度、质量等方面进行及时、准确地控制，实现项目的最终目标。项目经理的流失会导致整个项目停滞。营销人员负责项目的策划和招商，负责组织参会参展，直接与各类客户联系，他们的流失会导致参会参展客户的流失。

3）基于会展活动事故原因的风险类型

通过会展活动事故案例，分析事故原因，可以从活动特性、人群类别、环境因素、场地类型、组织管理五个方面划分会展活动存在的风险①。

_____

① 佟瑞鹏.大型社会活动事故风险管理程序与方法[J].自然灾害学报,2007(4):157-163.

（1）活动特性风险

会展活动自身特性包括活动的类型、规模、时间、地点、周期、性质等。会展活动类型不同，所面临的风险具有较大差别。例如，竞技性活动往往具有较强的对抗性，现场气氛、群体的责任感等可能引起参展观众的不安全行为，导致参展观众情绪和行为失控，发生骚乱事件。而音乐会等高雅的社会活动的煽动性低，对参展观众的情绪波动影响较小，相对于竞技性的活动，人群骚乱事件发生的概率低。活动规模涉及资金投入、参与人员、媒体覆盖面等。活动的规模对包括安全工作在内的各项工作有着重要的影响，规模越大，不确定的安全影响因素越多，承受的风险越高。活动的时间、地点影响参与人员数量，场地的地理位置也是大型社会活动的安全影响因素。活动举办周期越长，对场地的性能、主办方的组织能力和安全管控能力以及各职能部门的协调配合能力的要求越高，暴露出的安全影响因素越多。活动性质决定活动的社会影响、受大众的关注程度、参加活动人群的影响力等，直接影响参展观众参与的积极性和现场的情绪，并且活动的性质不同，主办方和各职能部门的重视程度也不同。

（2）人群类别风险

会展活动事故风险控制工作的重要目标是保障人的安全。活动的参与人员、活动的组织人员、负责场地和秩序维护的安保人员和指挥整个活动的决策人员的安全意识、心理素质、情绪以及决策判断能力等都是保障大型社会活动安全运行的重要因素。会展活动参与人员构成复杂，对风险的认知、防护知识及能力有很大不同，此外，活动参与者存在职业、社会层面、兴趣、爱好、性格和气质、健康和疲劳状况、心理素质等差异，群体习惯和文化理念不同，在会展活动期间可能遇到的安全问题不尽一致。高风险人群的比重以及人群主体的复杂性也使得个体与群体之间存在诸多潜在矛盾，导致了会展活动事故隐患的来源多样性，同时个体对风险的反应特征也呈现多样性，这些因素致使可能的事故隐患增多。人员过多往往是引发事故的诱导因素。人员密度增加可使原本能正常运行的设备、场地不能正常工作，甚至对原有的场地、秩序、设备造成破坏。同时，也使得任何微小的不安全因素，甚至是原本不存在事故隐患的方面危险性增大，进而引发事故。

一些活动的人群具有很强的运动性，对系统安全性产生动态的影响，人流突然转向、由低速流向高速流变化造成集群中出现异向流、异质流，导致拥挤踩踏事故。尽管大型社会活动事故的成因是多方面的，但大都与人的因素有关。人的行为因素在活动进行过程中最为关键，而且改善的余地很大，对活动的组织人员、管控人员、活动参与人员等方面的人为因素致灾规律进行分析，目的是更好地了解人怎样才能最安全、最有效地与技术相结合，预警、预测、控制和引导人的行为,并融入培训、管理政策或操作程序中,有效减少人为失误或差错。

(3)环境因素风险

会展活动的举办势必受到自然环境的影响,活动场地不是孤立的,和周边环境相互作用,另外,大型社会活动的举办要考虑社会环境对它的影响。自然灾害是原发事故灾害,其危害除了自身造成的灾害外,最主要的是引发的次生灾害,例如,恶劣天气引发的人群挤踏灾害等。自然灾害虽然发生概率很小,但一旦发生,影响后果严重,并且影响范围比较广泛。周边环境指活动场所周边的交通环境(如周边的交通流量、交通枢纽设置等)、周边人员密集场所、周边存在的工业危险源等。随着大型社会活动形式日趋多样化,包括指示牌、灯光照明、精确的疏散道路显示器和实时的道路状况告示系统等在内的周边环境因素与其他风险因素相互作用,同样会导致会展活动事故的发生。国家政策法规、市场竞争环境、经济发展水平、社会状况等因素与会展活动事故的发生率都具有一定的相关性。例如,活动场地所在地区举办外交、军事、宗教等重大活动,会对活动的安全性造成影响。

(4)场地类型风险

会展活动举办场地及搭建物和有关设备是活动进行的载体,它们与参与人员一起构成会展活动安全运营的主体。活动场地的安全水平直接影响到会展活动的安全、顺利举行。场地包括固有的和临建的设备设施与建筑物,场地规划布局的安全水平和应急资源配备的有效性是会展活动事故预防与控制的基本要求,对减缓事故的影响程度发挥极大的作用。据统计分析,半数以上的会展活动的场地设计和搭建物质量存在安全问题,其中消防门、消防栓等消防设施被遮挡的,占20%;活动现场安全通道宽度不符合要求,安全出口标识不清的,占40%;活动前未进行电检,灯具、电气线路安装不合规范的,占25%;其他问题,如现场特种装备未进行安全评估、场地舞台高度超过规定的,占15%。

(5)组织管理风险

管理和控制的失调是导致会展活动事故发生的主要原因之一。大部分事故影响因素完全依靠技术控制既不经济也不现实,只有从组织管理角度对人群、场地和环境中重要的事故影响因素进行控制,提高对会展活动的人群、设备设施运行、活动组织、相关方、突发事件和事故隐患等方面的管理水平,会对事故进行有效的预防和控制。活动场地的组织管理包括场地管理、人群管理、监控管理和应急管理等。

7.1.2　会展安全与危机的风险识别与评估

会展项目组团规模大、消费档次高、客人停留时间长、涉及服务行业多,其巨大的市场潜能和高额回报,使得越来越多的国家政府部门和会展企业加入国际会展的竞争行列。根据经济学的风险与效益成正比的普遍原理,利润回报率越高,风险越大。在会展项目产生高额利润的同时,潜在的风险也与之俱来。一些会展企业遭受风险导致经营失败的案例不断发生,会展企业在做强做大的同时,学会识别风险和控制防范风险,对会展企业的生存发展至关重要。

1) 会展安全与危机的风险识别

风险管理是指项目管理机构对可能遇到的风险进行规划、识别、估计、评价、应对、监控的过程,是以科学的管理方法实现最大安全保障的实践活动的总称。对于风险管理主要阶段的划分,不同组织或个人划分方法不一样,SEI(美国系统工程研究所)把风险管理的过程主要划分为风险识别、风险分析、风险计划、风险跟踪、风险控制和风险管理沟通。毕星等人将其划分为风险识别、风险分析与评估、风险处理、风险监控四个阶段。

风险识别是风险管理的第一步,就是要识别各种明显的和潜在的风险事件。识别风险可以邀请与风险管理有关的人员参加专题研讨会,交叉辩论,也可采取头脑风暴法,发放调查问卷,以及从内部审计、外部审计中获取资料和信息。会展项目作为旅游产品的一种类型,它和其他旅游产品一样,导致风险的因素极其广泛。从宏观上看,目的地社会、经济、自然、法律等因素都可能导致会展项目的流产或失败;从微观上看,企业内部环境的变化及外部竞争的加剧也增加了会展项目的风险性。风险识别中,可以按照风险分类的标准进行识别,识别风险事件类型、风险事件原因、风险影响和风险影响的原因等。

2) 会展安全与危机的风险评估

会展企业对确定的风险进行评估、评级和排序,可以避免"确认的风险负担过重的症状,把有限的资源集中到最需要的地方"。会展项目风险的影响程度直接表现为风险所带来的损失,在影响程度较小的情况下,会展项目通常只是不能达到预期的效果;影响程度较大则会迫使项目延期、更换地点甚至取消,这不仅是经济上的损失,还会使企业形象及产品品牌受损。

如遇到自然灾害事件,如地震或海啸,这种风险一旦发生,会展项目只能延期、更换举办地点或取消;若遇到突发政治事件、骚扰、恐怖袭击等,这类风险发生概率低,影响程度不大,当事态平息后,影响会很快消除;如遇到竞争对手的入侵,这类风险在市场竞争日益加剧的今天时常发生,会展产品又极易模仿的情况下,同类产品出现的可能性极大,所以风险发生概率大,而且影响大;若遇到经营风险,包括运营管理风险与财务风险,这类风险控制主要包括加强内部控制,保持日常监控,定期对财务进行审核,完善报告制度,对项目进展状况进行定期检查等。

会展项目风险评估的主要内容包括:重点场地或建筑物、周围环境、设备设施、会展信息等,这些是会展风险活动管理和控制的对象。风险评估的重点围绕以下几个方面:

(1)会展建筑物

保证建筑物安全稳固,不出现坍塌现象;建筑物外墙玻璃不脱落,地面有足够的承载能力;建筑物内能满足人流数量的要求,有足够的紧急通道等。

(2)周围环境

对卫生健康、交通、社会治安等方面的安全管理和监控。

(3)设备设施

设备设施要安全可靠,例如供水、供电、空调、电梯、临时搭建舞台等安全、正常运行。

(4)会展信息

会展信息指对自然灾害和人流量的预测信息、知识产权的保护以及计算机网络信息安全等。2006 年 2 月 4 日,菲律宾首都马尼拉体育馆外发生严重踩踏事件,起因是现场一名男子在人群中高喊"炸弹",导致排队等候的人群惊慌失措,四散奔逃,最终酿成踩踏惨剧。有不少安全事故的起因发生在活动参与者身上,或情绪失控、或行为过激、或麻痹大意。

7.1.3　会展安全与危机的风险转移

每个会展都是一个复杂的系统工程,面临着巨大的风险,任何小的灾害或事故都可能导致整个会展的失败。此外,绝大部分会展风险属于纯粹风险,无法通过资本市场进行转移,商业保险是其最佳的控制风险手段。因此,正确识别、评估、度量会展的潜在风险并通过保险进行转移,是成功主办的关键。以"北京奥运"和"上海世博"为标志,我国会展业正处于快速发展的时期,也是风险最大的时期,亟需保险为其保驾护航。认真研究会展风险及其保险转移,使其在我国经济发展中发挥更大、更稳定的作用,具有重要的理论和现实意义。

1)会展安全与危机的风险转移策略

一般在活动项目风险管理中有四种风险处理的对策:风险回避、风险减轻、风险转移、风险自留。每一种都有侧重点及各自的优劣势,因而在实际操作中具体采用哪一种方法,取决于会展活动风险具体形势。

（1）回避风险

回避风险能消除风险因素，放弃项目是最彻底的回避风险的办法。但是彻底地放弃也会带来一些负面效应，如错失了发展机会，制约了会展项目有关方面的创造力等。而且，对正在进行的会展项目实行改变或放弃的处理，一般来说付出的代价是极为高昂的，所以，采取回避策略，最好在会展项目活动尚未实施时。措施有：对会展场馆进行监控，以防意外发生；及时处理垃圾与进行场馆消毒，保证现场卫生健康安全；预测自然灾害和人为破坏，做好应对方案；监视和控制人流，及时引导和疏散；监督临时展台搭建，防止坍塌事故。

（2）风险减轻

风险减轻目的是降低风险发生的可能性或减少后果的不利影响，一方面要求对会展从业人员进行风险和风险管理教育，另一方面要求通过制订各种管理计划、方针和监督检查制度等制度化的方式从事会展项目活动，降低风险发生，以减少不必要的损失。具体措施有：安排安全保卫工作，预防各种可能的安全问题；对相关人员进行安全教育和培训；加强治安，监控偷盗和抢劫事件；检查并保证消防系统的正常运作，监控现场，防止火灾；进行安全检查；保养和维护会展设备；防止信息管理风险；进行证件检查；加强对嘉宾的安全保护。

（3）风险转移

转移风险又叫合伙风险，其目的是通过借用合同或协议，在风险事故一旦发生时将损失的一部分转移到项目以外的第三方身上。值得注意的是，转移风险是不能降低风险发生的概率和减少风险导致的总的损失的，采用这种策略所付出的代价大小取决于风险大小。当项目的资源有限，不能实行减轻和预防策略，或风险发生概率不高，但潜在的损失或损害很大时可采用此策略。转移风险主要有出售、发包、开脱责任合同、保险与担保等措施。

（4）风险自留

风险自留是由会展企业或工程项目自身承担风险，承担方式是以自身的风险自留基金来保障，所以，可以把风险自留视为一种风险的财务对策。项目风险是否自留的判断准则如下：自留费用低于保险人的附加保费；项目的期望损失低于保险公司的估计；项目有许多风险单位；项目的最大潜在损失与最大预期损失较小；短期内项目有承受项目预期最大损失的能力；费用和损失支付分布于很长的时间里，因而导致很大的机会成本。由于项目资源的有限性，风险应对策略主要是针对风险分析中的关键风险。对风险进行积极、主动地管理是处理风险事件的有效办法，而不是直接对付风险事件。

2）会展安全与危机风险的保险转移①

会展活动项目越来越多的开展,各种风险因素也影响着会展活动的正常运行。保险是最大限度地规避、化解会展风险,减少会展风险给会展业带来损失的重要手段和有力工具。越来越多的会展从业人员也意识到保险的作用,通过保险实现会展风险的转移,是实现会展安全稳定的一个有利途径。

（1）设施建设风险的保险转移

一是建工险。大型会展设施投资往往达数十亿元,加上相关的市政公共设施建设,如旧城改造、交通、服务等设施的升级,总投资甚至达数百亿元。投保建工一切险能够转移建筑风险,保障会展工程的顺利进行。二是安工险。随着会展规模的不断扩大,会展设备的安装越来越复杂,安装风险也越来越大。投保将会展设备安装与拆卸结合在一起的安工险,可以同时转移设备安装与拆卸的风险,保证会展的成功举办。

（2）设施与展品风险的保险转移

对展品、展馆及其设施面临的财产风险,主办者和参展商应通过购买会展设施财产保险、财产综合险、机器及相关设备损坏保险、公共场所责任保险、展品保险、营业中断险等险种进行转移。有些展品是珍品或孤品,有些展品的价值时效性较强,应投保定值保险转移其风险。

（3）物流风险的保险转移

会展主办城市多为国际性或区域性的物流中心,会展期间将吸引众多国家和地区的参展商及专业参展观众,形成巨大的国际、国内物流。会展各方应通过购买运输工具保险、运输货物保险、仓储保险、展品安全保险、展品责任保险等险种转移相关的物流风险。

（4）旅游风险的保险转移

现代会展通常会吸引各参展国与地区数万计、甚至数百万计的政府官员和会展参与者,形成巨大的人流。会展各方应积极投保旅行社责任险、旅游意外险、展会责任险、公众责任险、天气保险等险种以转移旅游风险。

（5）信用风险的保险转移

主办者为向参展商及专业参展观众传递会展品质与等级的信息,可以投保保证保险,由保险公司对其信用提供担保。这样不仅能提高主办者的信用级别,也能吸引更多的参展商和参展观众。为提高参展商和参展观众的专业性,

---

① 吴祥佑.会展风险的保险转移［J］.上海保险,2007(6):52-54.

会展主办者也可投保针对参展商及参展观众的信用保险,由保险公司对参展商及专业参展观众的资信进行担保,防止不规范的参展行为,保证会展期间缔结的合同能顺利履行。

(6)公众责任风险的保险转移

主办方因其失误或疏忽致使参展商、参展观众财产损失或人身伤亡,将依法承担高额的经济赔偿责任;旅行社、宾馆、酒店等也面临着很高的责任风险,应投保展览会责任保险、旅行社责任保险、旅店责任保险等予以转移。随着人们环保意识的提高,主办者面临的环境责任风险越来越大,应注意附加环境责任险。会展策展人的职业风险也很大,应通过购买职业责任保险进行转移。

7.2 会展安全保险

7.2.1 会展保险的作用与意义

1)会展保险的作用

会展保险的作用主要表现在以下方面:

(1)支持会展行业发展,分散会展组织者及参展商风险,督促其加强风险管理意识

对于会展行业而言,一是会展保险有利于分散会展组织者及参展商的风险,支持会展行业发展。由于会展行业和会展活动面临风险的独特性,客观上决定了会展组织者及参展商不仅需要承担自身财产的经济损失风险,而且需要承担对参观公众的赔偿责任风险;所面对的损失风险不仅范围广,而且损失程度大。通过会展保险,会展组织者及参展商可以转移自身风险,减轻经济损失。同时有了会展保险的支持,使得会展活动的组织者、参展商及参展观众有了更多心理保障,有利于支持和促进会展行业的稳定和快速发展。二是保险公司的监督管理作用有利于督促会展组织者及参展商提高风险管理意识,降低会展风险发生可能性。保险公司经营会展风险,是以会展方的安全管理等条件为前提的,并且会通过平时的防灾防损检查和其他相关条款来督促会展方,提高风险管理意识,从而在客观上减少并防范许多损失事故的发生,降低会展风险发生可能性,间接起到为会展行业保驾护航的作用。

(2)扩大商业保险公司业务范围,为保险业注入新的活力

对于商业保险公司而言,会展保险具有广阔的市场前景。目前,会展经济发

展迅速,就我国来讲,会展行业以年均近20%的速度递增,每年包括工业类、纺织服装类、医药保健类、日用消费品类等类型的会展活动层出不穷,并且我国也顺利承办了2010年上海世界博览会,更加带动了会展行业的发展。会展行业的发展将进一步扩大保险公司的业务范围,进一步带动会展保险业务收入和经济效益的增加。商业保险公司应抓住这一巨大的商机,建立自己稳定的业务来源,为保险业注入新的活力。这对保险公司和保险业的发展具有重要的意义。

（3）保障公众参观者权益,减轻政府负担,稳定社会秩序

对于参观公众和社会而言,会展保险的被保险人是会展组织者及参展商,其目的是分散会展行业和会展活动面临的损失风险,因此会展保险首先是为会展行业服务的。但是会展保险产品中的公众责任保险,由于具有明显的外部性特征,其社会目的是维护受害人的权益,给予数量巨大的参观公众在受害时以经济补偿,避免由于会展组织者及参展商赔付能力有限,而无法解决和应对公众的责任赔偿的问题,也避免当群死群伤事件发生后,由政府为损失后果埋单,加重政府财政负担的问题。会展公众责任保险,客观上保障了作为第三方的参观公众的权益,有利于减少社会纠纷,减轻政府负担,稳定社会秩序。这也是保险在保障和谐社会建设的重要体现。

2）会展保险的意义

面对复杂的国际风云变化和国内事件,除了学习借鉴西方国家的一些做法以外,更多地运用保险技术为大型活动和赛事提供更完善的安全保障,因而我国以立法形式实施大型会展、赛事的意外伤害保险,既加强了人身意外伤害的保险保障,也进一步向世人展现中国对和谐、安全的保证和对人的生命健康权的切实保护。显然它具有相当的战略意义:

①我国目前无论商业还是社会保险基础薄弱,伤亡事件发生甚至依靠慈善捐款补助。大型会展、赛事的人身伤亡在我国采取法定保险,既提高包括运动员在内的参会者的保险保障程度,又提升了中国赛事、会展的国际美誉度和竞争力,有利于会展、赛事的可持续发展。

②我国人口众多,大型会展、赛事聚集在相对狭小的空间,加上原本具有的庞大的城市人口基数,呈现"高密度之中的高密度",潜在风险较大,实施此类强制保险,不仅应对了自然风险,而且由于它可能承担的部分人身伤害责任风险,在一定程度上分担了承办组织者和责任保险人的责任风险。

③我国市场经济尚不发达,民众对于保险产品在相当层面上不熟悉、不了解,而通过像大型会展、赛事之类的重要保险的国家制度安排,可促使民众保险意识增强,更多地利用商业保险获得多层保障。对于商业保险,也有利于其快

速发展。

④促进我国大型会展、赛事的法律法规健全完善。目前我国大型会展、赛事超常规发展,而相关法律法规尚未健全,通过立法实施大型会展、赛事的人身意外伤害的保险,能进一步推动我国大型会展、赛事的相关法律法规建设,加快与大型国际活动的接轨,促使会展、赛事业的稳健发展。

7.2.2　会展保险的种类

1)会展保险的概念与发展

会展保险是保险业众多业务领域的一个子项,是商业保险公司针对会展行业和会展活动提供的诸多相关保险产品和服务的统一称谓。

会展保险的产生和发展,来源于会展活动和会展行业的产生和发展。会展业原本是工业生产的附属,产生于150年前的英、德、法等欧洲国家,随着全球化浪潮的推进,会展开始独立的形成产业并不断发展壮大。在会展活动进行过程中,由于面临着诸多财产损失、赔偿责任等风险,会展组织者及参展商开始寻求通过保险的方式进行解决,由此会展保险在会展业的发展过程中随之产生。会展保险的目的在于转移会展组织者或参展商在会展活动过程中面临的展品财产损失、费用损失、经济赔偿责任等风险。

经过多年的发展,会展保险在欧美等会展行业发展成熟的国家和地区逐步发展,其已经不单纯指商业保险公司针对会展活动和会展行业所提供的保险产品,也包含了商业保险公司针对会展活动和会展行业所提供的一系列风险管理及理赔等服务安排。随着会展业的不断发展,新风险、新问题也将不断产生,将会相应出现更多与会展风险有关的保险产品和服务,会展保险的内涵也将得到进一步丰富。

2)会展保险的种类

保险不仅涉及展品和运输,还涉及展台人员、参展观众等。会展涉及的险种比一般人想象的多,包括展览会取消险、展览会推迟险、政治险、雇工责任险、运输险、战争险、火险、盗窃险、破损险、人身伤害险、公众责任险、人身事故险、个人财产丢失险、医疗保险等,名目繁多,比较冷僻的险种有展览会附属研讨会主要发言人未出场险。但是,参展商没有必要投保所有险种,根据规定和需要选择险种投保。基本险包括展品、运输、人身、第三者有关险种。展会组织者、运输公司、施工管理部门等规定了一些强制性的保险要求,这些规定应予以执行。此外,参展商可以根据自己的实际需要办理其他险种。对于参展商,主要投保险以及办理投保需要注意事项如下:展品和道具险,保期要包括运输和展览会过程。投保险种有展品的盗窃险、道具的火险等。

(1)运输险

运输险为安排展品在运输和展览过程中的保险。在展品发运并取得提单后,按清册价办理保险手续。一般办理一切险,并取得保险单,保险期从货物在国内仓库发运至运回国内仓库止。分保业务可交由承保行办理。其他险种根据强制性的保险要求以及实际需要视具体情况决定,比如战争险。在运输途中货物发生破损丢失,应设法向事故责任方取得理赔单证。若无法取得理赔单证,则要求责任方写证明书。受损方填写受损报告书,连同索赔清单交承保公司办理索赔手续,索赔期一般为一年。

(2)第三者责任险

为防止施工期间施工人员的事故、防止参观期间参观者的意外伤害,比如展架倒塌压伤参观者,应在展览施工和展出期间投保第三者责任险。

保险应当是展览业人士所掌握的业务,大部分展览保险是参展商概括成运输、施工等规定条款听取保险公司建议后安排的。参展商一般可以使用有长期关系的保险公司。如果展览会所在地有规定必须使用指定保险公司,在了解清楚后按规定办。展览会组织者通常会推荐可靠的保险公司。有些专业的展览保险公司可以提供一揽子展览保险。

(3)会展人员险

会展人员险包括医保险、人身事故险、个人财产丢失险等。比如,飞机目前还未能达到百分之百的安全,因此,有些参展商为其展台人员办理乘坐飞机的人身险。这是在飞机票价内的保险之外加办的保险,万一出现事故,事故受损方将获航空公司和保险公司两笔赔偿。

如果参展商办有长年保险,可以不再专门为展览办理保险。只需要将展览保险纳入长年保险范围之内即可,保险公司可能不会增加保险金。如果是集体展出组织者投保,如果有长业务关系,保险公司也可以提供优惠标准。

集体展出组织者一般不会承担保险费用,但是往往会统一办理保险。集体办理保险可以省去参展者精力,费用均摊标准也会低一些。

阅读材料:

展览产品也需要保险

吸引眼球已经是商业经营或者是文化推销的一个基本要素,而要招揽顾客吸引眼球,就得举办展览、演示、推广活动,相伴而来的风险也随之增加。

案例一:古镜粉身碎骨怎么办

2007年初,中央电视台《艺术品投资》栏目和丹阳市联合举办的"2007民间寻宝记———走进丹阳"两天来好戏连台,但在压轴大戏———评选"十大宝物"刚刚登场之际,却出现了意外。

江苏省收藏家协会玉器委员会副秘书长、常州资深藏宝人许耀新等被请到台上,经过许耀新的慎重目测和手感,他选中一面战国青铜镜,并以极其专业的知识讲解这面古铜镜的价值。

主持人当即请礼仪小姐上台,礼仪小姐以优雅的姿势手持这面古镜向在场观众展示,正当礼仪小姐调整展示角度移手之际,令现场惊愕万分的事情突然发生了,古镜从盒内摔落到地面上!

在人们还没有醒悟过来之际,央视工作人员、礼仪小姐和专家都赶紧在地面上捡拾碎片,但古镜已经粉身碎骨。

看到宝物瞬间消失,许耀新痛心地说:"这简直是犯罪!"由于事出突然,主持人立即取消了接下来的展示。栏目负责人当场承诺将邀请国内最著名的青铜器修复专家将这一古镜尽全力修复完整。

这面据称曾被陈逸飞等出价100万美元的战国青铜镜能否重圆,自然是个疑问,破镜即使能够重圆,身价也不免贬值。而那个礼仪小姐早已吓得完全乱了方寸,懊恼万分。

案例二:一屁股坐坏名车

在2006赛季的F1大奖赛上,雷诺车队依靠车手阿隆索和性能优异的雷诺R26赛车,从法拉利车队的车王舒马赫的告别赛上夺取了车手和车队年度总冠军,这辆被封为"双冠王"的雷诺R26赛车风光无限。同款车型即于2006年11月底的北京国展中心的车展上展出,一时成为焦点。

25日晚7时40分许,在当天的车展即将结束前20 min,一名小伙子忽然兴奋地窜上展台,欲与赛车合影。在赛车另一侧的模特伸手还来不及阻止,小伙子就一屁股坐在了赛车车身上,不料"喀嚓"一声,赛车进气口上方的车体应声而裂,小伙子和工作人员顿时都傻了眼。

之后,小伙子胆战心惊地被警方带至派出所做了笔录,随后垂头丧气回了家。有媒体称被坐坏的雷诺车价值3 000万美元,也有称是上千万人民币。小伙子算算自己打工一百年也未必赚得到这辆赛车的钱,将来的日子怎么过?

正当小伙子还在忧愁万分时,雷诺公司发言人宣布,该车的所有赔付将由保险公司包揽。自然这个肇事的小伙子如释重负。而如此重要的展示如果不投保险,那对欧美大公司而言,倒是不可思议的事情。

保险故事

展览会亟需为展品上险。

保险是转移风险的重要方式,而展览展示品在展示期间出现意外是难以避免的,一旦出现意外可能是损失惨重。所以展会的保险,在展会如火如荼推出之际,在以发展会展业为新经济增长点的地方和部门,是应该认真思考和规划的。

古铜镜粉身碎骨,不仅使收藏人损失惨重,使各参与方感到狼狈,更是组织方缺乏风险防范意识的表现。而法国雷诺公司对坐坏的雷诺车最后的处理,以保险的方式来转移风险,这体现了现代企业管理基本模式和风险管理的基本精神。

展示、展览层出不穷,会展业方兴未艾。可是风险管理的手段——会展保险,你准备好了没有?

资料来源:展览产品也需要保险[N].新闻晚报,2007-02-05.

(4)偶发事件险

偶发事件险又称取消延迟保险。该险种承保由于保险合同条款列明的意外事件的发生,导致预定的演出或活动不能如期举办。延迟举办或彻底取消时,举办方在筹备过程中已发生的费用,由承保人根据合同条款的约定进行赔偿。意外事件主要包括:①被保障人在保险期限内因死亡、意外事故、疾病而完全无法参加预定的演出或活动;②预定的旅行安排由于环境原因无可挽回地改变,完全超出被保障人员的控制,导致被保障人员无法到达预定的演出地点;③举办演出或活动的场地在保险期限内受到损坏或毁坏,不可能或不适合演出或活动使用。责任免除事项主要包括:活动主办方或参与方的欺诈行为、故意违约行为、战争、暴乱、海关扣押等。可以投保的费用包括:演出场地租金、场地制作费用、宣传推广费用、设计印刷费用、批文费用、售票代理费用等,由投保人列明具体项目及投保金额,承保人将按照实际发生的情况在保险额内赔付。

此险种是2001年中国人民保险公司为承保"三高"演唱会而特别设计的,并向中国保监会备案,目前国内只有中保开办了这项业务。2003年4月,某公司承保滚石乐队北京演唱会,由于SARS,该演唱会被迫取消。该公司以及参与共保的平安保险公司,为此支付了约260万元人民币赔款。SARS期间,全国有很多展会延期或取消了,很多主办者大量的展前投入付之东流。如果主办者在展前购买了该种保险,损失就会大大降低。

(5)公众责任险

公众责任险又称普通责任险,它主要承保被保险人在公共场所进行生产、经营或其他活动时,因发生意外事故而造成的他人人身伤亡和财产损失,依法应由被保险人承担的经济赔偿责任。公众责任险适用于工厂、办公楼、旅馆、住宅、商店、医院、学校、影剧院、展览馆等各种公众活动的场所。

自 2006 年 9 月份大型活动公众责任保险设立以来,"2006 国际金融银行展""中国安防行业展览""国际医药展""国际汽车展"等活动的主办单位主动购买了公众责任保险。"国际汽车展"主办方以 8 000 元的保险费用,购买了保值为 2 000 万元的大型活动公众责任保险。据车展主办单位负责人讲,通过购买公众责任保险,一方面可以为自己提供一份保障,另一方面也树立了企业以人为本,对群众负责的形象,取得了无形的收益。

7.2.3　目前我国会展保险体系存在的问题

1) 法制不健全,保障不完善

民法和各种民事法规的完善是会展责任保险等险种存在和发展的基础。我国法律对风险事故的责任主体往往界定不清,公众维权渠道不畅,致使会展各方购买责任险等险种的意识不强。

我国缺少会展风险保障体系。我国的会展保险亟需就展览业的宏观管理制度与组织架构方面进行完善,改善我国对展览业的管理政出多门、缺乏统一的领导现状,在全国范围内建立起统一与权威的国家展览业管理机构,并形成影响力较大的展览行业协会。

2) 展会风险多,保险险种少

随着社会经济、文化的快速发展,如今的大中型展览会一般都是参展人数众多,展会上因频频出现偷窃现象,导致财产损失,已成为展会组织者及参展商头痛不已的事情。由于主办者、承办者、参展商还没有找到有效的防范手段来应对,导致不少参展商在展会期间常常不愿再继续展示产品,最后不得不提前撤展的尴尬局面。因而最容易发生参展单位的财产安全、参观者的人身和财产安全等问题,从而影响到主办者或承办者的经营。展会上参观者的人身、财产安全缺少保障,也直接影响到展会的经营风险。

我国会展保险险种较少。目前,能为会展业提供一流全面服务的保险公司及中介机构很少,开办的险种也仅有财产保险、展览会责任保险等,难得有针对会展业量身定做的个性化的险种。我国会展业总体归纳起来有如下的保险需求:庞大的会展场馆及配套设施建设中的保障需求、会展场馆及配套设施运营中的保障需求、参展物流的保险需求、巨大人流的保险需求、经贸与投资洽谈活动中的保险需求、环境安全带来的保险需求等。与这些旺盛的需求相比,目前能够提供的会展保险实在是杯水车薪。例如,会展场馆的保险、会展工作人员保险、会展交通保险、会展延期保险等,关于会展活动所涉及的一切物品和行为都可以用于会展保险的开发。

阅读材料:

从故宫展品失窃谈会展保险

2011 年 5 月 8 日,北京故宫博物院与香港两依博物馆共同举办《交融——两依藏珍选粹展》的 9 件展品失窃,震惊全国。好在香港两依博物馆在展前对失窃藏品投了保。本文就从北京故宫展品失窃谈一下会展保险的重要性,以引起各界的关注。

会展并非仅有失窃风险,还有很多潜在风险。主要包括:(1)会展设施建设中的风险。在其建设中,由于灾害事故的客观存在,必将带来各种物质破损、工程延期、费用损失、公众责任、施工人员意外伤害等风险。(2)会展设施运营与维护中的风险。主要是财产损失、人员意外伤害、公众责任、雇主责任、营业中断利润损失、人为破坏等风险。(3)会展期间的风险。物资运输与仓储中的风险、展品安全、展品责任风险、食品饮料安全、交易信用等风险。(4)环境安全风险。包括展览环境欠佳造成的人员伤害、经济损失风险,社会环境安全风险,如治安、环境污染等所致的损失风险等。

会展既然有潜在风险,必然需要以经营风险、补偿损失为己任的保险业为其保驾护航,为其提供全方位的保险服务。

会展中的会场、展览馆及配套设施运营,对财产综合保险、设备损坏保险、公众及雇主责任保险、营业中断利润损失保险、人员意外险等产生较大需求。会展中的物资大流动,对运输工具保险、运输货物保险、仓储物资保险、展品安全保险、产品责任保险等有特别的保障需求。会展中规模空前的人流,给人员意外险、医疗保险、旅游保险、责任保险等带来巨大市场。会展中的经济贸易与投资洽谈,对出口信用保险、履约保险、投资保险等带来商机。环境安全,对公众责任保险、食品卫生安全保险、环境责任保险等产生较大需求。

保险公司唯有科学谋划、优质服务,才能在会展经济中抓住保险商机。

思想认识要强力。在科学预测和决策的基础上,制订和完善本公司的会展市场拓展计划,进行统一部署,落实相应的人力、财力和物力,主动靠上去,加强与会展方的沟通,努力达成一致。同时,要制订相应的具体执行计划,如宣传计划、险种开发计划、产品组合与销售计划等,以便集中力量全方位拓展会展保险市场。

保障险种要加力。设立有关会展保险调研机构,组织会展险种调研、试点和推广,以便更好地满足会展方的保障需求。还要全面展开会展市场调研和预测,既要满足市场需求,又要有一定业务规模的会展保险新险种,切实为其提供全方位的保险服务。既要有财产综合保险、设备损坏保险、运输工具保险、运输货物保险、仓储物资保险、建筑工程保险、安装工程保险、公众及雇主责任保险、产品责任保险、人员意外险、医疗保险、旅游保险等标准化险种,也要有许多特殊保险,如展品安全保险、食品卫生安全保险、环境责任保险、展览中断(取消)保险、履约保险、投资保险等。

展业人员要合力。保险展业人员要提前集中学习有关国内外日常礼仪、常用口语(包括方言)、保险专业知识、服务规范等,以提高会展展业效率,树立良好的公司形象。会展展业人员可按业务大类设立,如财产损失保险团队、工程保险团队、责任与信用保险团队、意外与健康保险团队等。各团队之间应齐心协力、紧密配合,以一流的专业化优质服务赢得顾客和市场。

风险管控要给力。随着国内会展与国际水平逐渐接轨,其风险意识也会逐步提高。而对于保险业来说,要想更多地开拓会展保险市场,除了根据会展特点设计有针对性的保险产品以外,还应注意发挥自身的风险管理技术优势,把保险标的视为自己的财物,帮助其建立科学、完善的风险管理机制,变事后的经济补偿为事前的风险防范。

诚信服务要全力。服务是保险业务之根本,顾客买保险就是买诚信、买服务。因此,保险公司在积极拓展会展业务时,要以大局为重,坚持诚信经营、热情服务、公平竞争,不以业务小而不为,不因业务大而互挖墙脚、贬低同行,损害保险行业形象。会展保险不仅要做好保前和保中服务,而更重要的是做好保后服务。特别是一旦发生会展保险责任范围内的事故,一定要做到快速理赔,及时兑现。

资料来源:彭远汉.从故宫展品失窃谈会展保险[N].中国保险报,2011-06-10.

3)作用不明显,保险意识弱

据调查,会展中心的有关人员认为,展会保险应该由展会主办方或者参展商购买,展览中心只是租借场地,没必要投保。有的展馆还认为,依靠自身加强管理就能防范风险,保险是一种经济负担。

尽管展会暗存风险,但不少主办者、承办者或参展商至今却尚未认识到保险对展览会的风险保障作用,多数人仍以侥幸心理对待可能发生的风险。一旦安全问题发生后,三者之间又常常会互相推诿责任,致使受害者的损失无法得到及时弥补。保险保障作用尚未得到充分发挥已是不争的事实。但有些参展商的保险意识还是比较强的,一般会主动找保险公司投保财产险和运输险等,但基本上都属于个体行为,作为展会的主办方或者承办方来说,仍然缺乏常规的风险意识,很少愿意把展会当作一个整体来投保。相比之下,国际上一些成熟的展览会市场,如法兰克福、多特蒙德等城市,展会主办者的风险管理意识明显较强,懂得怎样通过保险转移财物损失、责任赔付及经营损失等各类风险。

4) 营销力度不够,保险推广难

我国保险市场发育不成熟,保险业的主要利润来源仍集中在少数传统险种上。全行业开拓新险种的积极性不高,缺乏将潜在的会展保险需求转化为现实需要的动力。

目前财产保险公司有展览会保险的并不多,平安财险的展览会责任险虽然出现较早,但主要是责任险保障,在展览会期间,因被保险人管理不当或操作失误,导致参展观众人身伤害和财产损失的,由保险公司予以理赔,但这样的保障范围并不够。2005年底,大地财险推出展览会综合保险和展览会参展商综合保险,保障范围扩大不少,涵盖展览会过程中许多风险,包括财产损失、运输损失、公众责任、雇主责任等,就连高价值的金银珠宝和艺术品也囊括在承保范围之列。保障虽然齐全,但展会保险推出以后,市场反应冷淡,并没有随着展会市场一起火起来。

5) 数据采集难,理赔程序复杂

会展事故损失数据采集、整理不够。数据收集与整理是保险精算的基础,会展险种众多,不同险种的损失分布各不相同,数据收集不足,实际费率就会高于理论费率,必然抑制会展保险的需求。

会展保险的当事人众多,投保理赔手续复杂。会展风险包括人身风险、财产风险、信用风险、责任风险等,对应的主客体各不相同,潜在的受害人难以事先明确,费率厘定、投保、理赔都很复杂。

7.2.4 我国会展保险发展对策

在我国会展业急速发展和会展市场风险加剧的社会大背景下,会展保险的出现得到了政府、会展行业、会展组织者、会展参与者等利益相关者的高度重视。这块新领域作为一个香饽饽必然会引起中外保险公司和中介公司的激烈竞争。如何在风起云涌的市场竞争中抢占先机,拓展会展保险市场成为一个重要的议题,我们整个会展保险行业都必须积极筹划、创新业务、提升服务品质。

1) 会展保险精细化、人性化

由于会展业存在系统化和整体化的特点,决定了会展保险需要与其他险种相结合走出一条具有会展特色的发展道路,形成新型的会展保险体系。首先,会展保险应该尽量地精细化,通过会展活动的阶段划分和工作领域划分,设立各种较为细化的会展保险,以提高对会展活动的保险力度和减少不必要的保险纠纷,比如按工作领域划分可以设立如下保险:展品保险、观展客意外伤害保险、策展人责任保险、会展设备安装与拆卸工程保险、会展融资信用保险等。其次,会展保险应该更加关注人性化方面的内容,依据不同的会展活动设置开发不同的险种,以适应会展活动的变化性和多样性的需求。同时,以"以人为本"的宗旨和思想去开发险种将更加贴合会展活动管理者的需要,增强会展保险的市场接受度,改变相关险种认定存在问题的现状。目前我国的会展保险发展才刚刚起步,很多机制不够健全,体系不够明了,对各种保险的法律认定、理赔责任认定过程和方式很难操作。

展览会保险涉及面广,经营和推广可以分两步实施,即分为强制保险部分和自愿投保部分分别进行。其中,展会公众责任险应由政府部门与行业协会一起强制推行,确保展览会举办过程中,参展商和参观者的财产和人身安全。人身意外险可以由主办者或参观者自愿投保险种,可以团体形式投保或包含在展会门票中。

2) 会展业与相关行业的保险

由于会展活动涉及经济活动中的诸多其他行业,因此各个行业之间可能会存在保险盲点。然而,会展保险就是将所有与会展活动密切相关的保险险种都加入到会展保险的开发中去,为会展经济的良好发展提供保障的同时也为保险业的完善和拓展提供了广阔的市场和发展空间。因此,可以借鉴德国、英国等会展强国的做法,将展览保险范围扩大到以下几个阶段:全部展品、展台及展出设备从运出参展商的仓库开始,到进馆、展出、撤展直至运回参展商的仓库为止,同时还有人员受伤及物品受损等保险。具体说来可以有:财产综合保险、设备损坏保险、公众及雇主责任保险、运输工具保险、展品安全保险、产品责任险、旅游保险、履约保险,等等。

3) 迅速成立会展保险的监管体系

目前,我国的保险业主要是由中华人民共和国保险监督管理委员会监管。2003年,银监会的成立标志着我国"一行三会"(中国人民银行、证监会、保监会、银监会)分业监管的金融格局的正式确立,对于增强银行、证券、保险三大市场的竞争能力、更大范围地防范金融风险起到非常重要的作用,确立了央行宏观监管和保监会微观监管的新型保险业监管体系,在很大程度上监督管理了我国的保险业朝着专业化、科学化的道路发展。在"一行三会"的良好格局下,会展保险作为一种新型保险体系更应得到高质量的监管,会展业的领袖企业应该携起手来形成一整套设施完备、服务体系科学、专业水平较高的会展产业体系,以及具有领导性、唯一性、权威性的全国行业协会。我们可以借鉴德国的 AU-MA,它是一个有代表性、高度自律性的全国行业协会,德国政府通过它设立政策保障基金,运用国家出口信用保证保险等举措有力地促进本国展览业的风险管理工作。

(1)保险监管机构应大力支持

目前,我国保险密度和保险深度明显低于世界平均水平,所以保险市场的发展潜力还很大。会展保险的发展对保险密度和保险深度的增加,促进国内外的经济交流与发展能起到较大作用。因此,保险监管机构一定会在会展保险各险种条款的拟定、费率的厘定以及险种的推广等方面给予积极的指导和大力的支持。

(2)财产保险公司要唱主角

新修订的《保险法》规定,"经营财产保险业务的保险公司经保险监管管理机构核定,可以经营短期健康保险业务和意外伤害保险业务",这样,会展保险的所有险种均可由财产保险公司经营。因此,若以财产保险公司经营为主开展经营活动,就可以对会展承办者及相关方进行全方位的投保,以降低展业成本,并提高展业的成功率。当然,人寿保险公司也可以单独经营参展观众意外伤害保险等险种。

(3)保险经纪公司可积极参与

会展保险由于其险种的多样性和客户的复杂性,其保险需求将非常个性化,这种情况最适合保险经纪公司操作。保险经纪公司可针对具体的参展商,为他们设计最恰当的保险组合方案,并可担任他们的风险管理顾问。因此,保险经纪公司一定能在会展保险的推广过程中大显身手。

4)我国会展保险业市场拓展[①]

在我国会展业急速发展和会展市场风险加剧的社会大背景下,会展保险的出现得到了政府、会展行业、会展组织者、会展参与者等利益相关者的高度重视。如何在风起云涌的市场竞争中抢占先机,拓展会展保险市场成为一个重要的议题,整个会展保险行业都必须积极筹划、创新业务、提升服务品质。

---

① 唐金成. 论会展保险市场的拓展策略[J].中国保险管理干部学院学报,2004(5):25-27.

（1）针对目标市场，制订市场拓展计划

会展业发展态势迅猛，保险需求不断出新。保险公司首先需要对会展保险进行市场细分并集中精力于目标市场，分析市场中暗藏的机遇与挑战，深入实践，调查研究，明确市场拓展的方向。保险公司在科学预测和决策的基础上，制订计划，进行统一部署，落实相应的人力、财力和物力。同时，还必须制订相应的具体执行计划，比如财物计划、宣传计划、产品组合和销售计划等，以便集中全力拓展市场。

（2）创新业务，开发新险种

为会展业服务的保险险种可以涉及会展活动的方方面面，包括会展展品、会展场馆、会展主办方和参展观众、会展融资，交通等。因此，为了更多地开发和占领市场，保险公司必须走在需求发展的前端，开发出更多适合我国会展业发展现状的新险种。同时，会展业内的相关行业组织，可设置研究机构，针对目前会展业发展中存在的风险，深入开展市场调研和预测，推出具有广大客户群、保障会展业保险需求的新险种。会展保险可开发险种有：

①展品保险。

展品不同于普遍财产，有的展品是珍品或孤品，价值连城；有的展品的价值有时效性，会展期间的价值与会展结束后的价值不同。因此，若能开发出符合展品特点的展品保险，广大参展商肯定会欢迎。展品保险属于特种财产保险，其保险金额宜采用定值保险的方式来确定，而其保险期限通常就是展览期限。另外，在保险合同条款的设计中，应适当减少符合性条款，同时增加协商性条款的比例，以适应不同展品的个性化保险需求。

②参展观众意外伤害保险。

现代会展的一个显著特点是参展观众的参与性。参展观众在参观展览时，不光用眼睛看，用耳朵听，而且往往还要亲自动手操作展品，以全方位地感受参展的效果。然而，这样做的负面效应就是可能在操作过程中遭到意外伤害。因此，可设计出一种参展观众意外伤害保险，这是一种特种意外伤害保险，主要承保参展观众在操作展品时，因意外事故而遭到的人身伤害。由于其保险期限一般较短，所以保险费也较低，这样，可由广大参展观众在购买参观票时自愿选购。

③策展人责任保险。

会展运作的先进模式——策展人制度已在我国开始试行（如2002上海双年展）。相信不久，策展将成为我国又一新的职业。然而，正像律师、设计师等职业一样，策展人的活动过程中也包含着风险，他们工作中的失误，会给参展商及其他相关方带来经济损失。因此，策展人责任保险将成为职业责任保险中的又一新成员。

④会展设备安装与拆卸工程保险。

随着会展规模的不断扩大,会展设备的安装越来越复杂,其安装过程的风险也越来越大。但会展设备的安装与一般大型设备的安装有较大的区别,它的工期较短,而且不久就要拆卸,其拆卸过程同样也包含风险。因此,借鉴普通安装工程保险的形式,设计出一个会展设备安装与拆卸工程保险,在一份保险合同中,同时承保会展设备的安装与拆卸,从而使会展组织方的安装会展设备过程和拆卸会展设备过程同时得到保障。

⑤会展融资信用保险。

办会展与其他经济活动一样,需要先投入一定的资金,而会展的规模越大,投入的资金将越多,因此,会展融资的信用风险也是客观存在的,特别是今后会展的数量越多,办展单位越复杂,则会展融资的信用风险将进一步呈现。所以,开办会展融资信用保险,能为会展业的蓬勃发展助一臂之力。

(3)强化培训,造就高素质团队

一是要建立和完善与高校的合作机制,以学校培养为主体,并与企业合作,采用多样灵活的教育方式,培养适应新时期会展保险经营管理需要的专业人才,夯实会展保险的人才基础。二是要加强对会展保险从业人员的培训,一方面要针对会展行业的从业人员,定期组织讲座,提高他们的保险专业知识水平和业务效率,另一方面要针对保险行业的从业人员,将他们按业务类别分为各个小团队,比如展品保险团队、策展人保险团队、会展融资信用保险团队等,完善各个团队间的人员交流、培训制度,提高整个会展保险从业人员的综合素质。

(4)内强素质,外树形象,提升服务品质

保险企业一方面要塑造良好的形象,通过公司形象的暗示,为会展保险业市场开拓创造社会条件,另一方面要提供优质高效的服务,激发会展利益相关者对保险的热情,使会展保险朝着健康的发展轨道前进。我国会展保险业必须以客户为中心,做好保前服务、承保服务,保后服务,以良好的形象赢得顾客和市场。在服务客户的同时着力提升会展保险的品质,切实从方方面面满足顾客个性化的需求。

(5)借助媒体平台,打造品牌声誉

保险宣传是展业的前提和基础,也是向社会及公众传递保险行业和公司信息,引起公众关注的重要经营活动。除了各地保险监管局、保险行业协会等组织集中宣传外,保险企业在推出一项新保险项目时,应该迅速行动起来,联系报纸、杂志、网络等影响力大、宣传面广的新闻媒体,召开新品发布会,为自己的产品推销做好宣传造势的工作。

　　在如今的微博时代,企业更是应该多关注微博的力量,尽可能地采取积极营销的手段,通过微博平台将会展保险的资讯宣传出去,使之被更多的潜在客户相中,并且扩大该产品的社会知名度及影响力。

　　阅读材料:

大型会展人身意外伤害保险实施模式

　　世博会模式　依照分散风险原理,现代大型国际活动举办者无一不把购买商业保险、科学地利用其经济保障功能作为最大限度地降低和化解风险的重要手段之一。世博会与奥运会是全球范围内的两大盛会。具有150多年历史的世博会,有关保险的规范主要见于国际展览局颁布的《一般规章范本》和《特殊规章指南》,如在《一般规章范本》第27条"保险"的第一款中提及人身保险,具有两项内容:A.法律要求的强制保险;B.本规章要求的强制保险。在A项下包含了3点:(1)对工人的赔偿;(2)机动车保险;(3)备选项。对于第一点"对工人的赔偿",具体的表述是:"根据(主办国法律或规章)及第34条第7款的规定,每个国家馆总代表必须确保其工作人员及其展览者的工作人员(可根据主办国目前有效法律的要求制定细则)在园区内工作中不发生意外。"根据这一表述,第一点应属于人身保险中的意外伤害保险保障范围,一般要求为强制保险,以主办国法律或规章为基础。而从对于上述第二点的具体条文表述看,"机动车保险"在性质上属于机动车辆责任保险。第三点"备选项"在《一般规章范本》中是空白。通常是根据主办国法律法规要求增加需要的强制性人身保险,即人寿保险或健康保险。从历届世博会的保险险种设计来看,各国都做了适当填充。相隔较近的2005年日本爱知世博会填充了就业保险(日本《就业保险法》,强制);2000年德国汉诺威世博会填充了员工健康保险(德国《社会保障法》,强制)。

　　奥运会模式　始于一个多世纪前的奥运会曾与世博会相互合作,对彼此的发展产生过影响,并开创了一套至今仍被运用的举办模式。现代奥运保险据有关资料记载,1992年第25届巴塞罗那奥运会总保费开支为1 800万美元,至2004年第28届雅典奥运会增加到主办者大约支付了3 000万美元保费,总保额高达10亿美元。奥运会的人身意外伤害保险主要指与奥运组委会有劳务合同关系的人员,如奥运会的运动员、教练员、媒体人员、中介人员、观众等因一些意外而存在的死亡、残疾、护理、遣返等风险而安排的保险保障。其中与组委会有劳动合同关系的人员包括长期或临时受雇于组委会的工作人员和长期或临时为奥运会服务的志愿者。2004年雅典奥运会1 550万欧元的保险费预算主要用于15 000名运动员、20 000名官员、150万名观众等人员的人身意外伤害保险。同时,各国还进一步加强了对本国参加奥运会的运动员、教练员和官员的保险费用,2004年韩国就为本国376名运动员和韩国奥委会委员等共386人支付保险费共计1 959万韩元。在世界网球赛上,国际管理集团也通过经纪人为绝大部分运动员安排伤残、收入损失、临场缺席、奖励赔偿等一系列的保险。

值得注意的是:发达国家和不少发展中国家的国民均具有良好的保险基础,而在这种基础之上,仍然非常注重会展、赛事的人身意外伤害保险。如德国的强制性国民保险,它包含隶属于普通医疗保险制度的运动保险,运动员不但在赛事或平时训练受伤时可以获取保险金,退役后由于"国家保险"的存在,他们也可以保证衣食无忧。英国的足球协会可以为它的全体运动员购买职业团体基本保险,然后再由各俱乐部在此基础上附加投保因运动员意外而引起的收入损失,而运动员个人,也可以购买意外伤害和疾病保险等。

资料来源:翁小丹,江悠悠,李茂琴.大型会展、赛事人身意外伤害保险实施方式探究[J].国际商务研究,2008(4):69-73.

附 录

附录1 大型群众性活动安全管理条例

第一章 总 则

第一条 为了加强对大型群众性活动的安全管理,保护公民生命和财产安全,维护社会治安秩序和公共安全,制定本条例。

第二条 本条例所称大型群众性活动,是指法人或者其他组织面向社会公众举办的每场次预计参加人数达到1 000人以上的下列活动:

(一)体育比赛活动;

(二)演唱会、音乐会等文艺演出活动;

(三)展览、展销等活动;

(四)游园、灯会、庙会、花会、焰火晚会等活动;

(五)人才招聘会、现场开奖的彩票销售等活动。

影剧院、音乐厅、公园、娱乐场所等在其日常业务范围内举办的活动,不适用本条例的规定。

第三条 大型群众性活动的安全管理应当遵循安全第一、预防为主的方针,坚持承办者负责、政府监管的原则。

第四条 县级以上人民政府公安机关负责大型群众性活动的安全管理工作。

县级以上人民政府其他有关主管部门按照各自的职责,负责大型群众性活动的有关安全工作。

第二章 安全责任

第五条 大型群众性活动的承办者(以下简称承办者)对其承办活动的安全负责,承办者的主要负责人为大型群众性活动的安全责任人。

第六条 举办大型群众性活动,承办者应当制订大型群众性活动安全工作方案。

大型群众性活动安全工作方案包括下列内容:

(一)活动的时间、地点、内容及组织方式;

(二)安全工作人员的数量、任务分配和识别标志;

(三)活动场所消防安全措施;

(四)活动场所可容纳的人员数量以及活动预计参加人数;

(五)治安缓冲区域的设定及标识;

(六)入场人员的票证查验和安全检查措施;

(七)车辆停放、疏导措施;

(八)现场秩序维护、人员疏导措施;

(九)应急救援预案。

第七条 承办者具体负责下列安全事项:

(一)落实大型群众性活动安全工作方案和安全责任制度,明确安全措施、安全工作人员岗位职责,开展大型群众性活动安全宣传教育;

(二)保障临时搭建的设施、建筑物的安全,消除安全隐患;

(三)按照负责许可的公安机关的要求,配备必要的安全检查设备,对参加大型群众性活动的人员进行安全检查,对拒不接受安全检查的,承办者有权拒绝其进入;

(四)按照核准的活动场所容纳人员数量、划定的区域发放或者出售门票;

(五)落实医疗救护、灭火、应急疏散等应急救援措施并组织演练;

(六)对妨碍大型群众性活动安全的行为及时予以制止,发现违法犯罪行为及时向公安机关报告;

(七)配备与大型群众性活动安全工作需要相适应的专业保安人员以及其他安全工作人员;

(八)为大型群众性活动的安全工作提供必要的保障。

第八条 大型群众性活动的场所管理者具体负责下列安全事项:

(一)保障活动场所、设施符合国家安全标准和安全规定;

(二)保障疏散通道、安全出口、消防车通道、应急广播、应急照明、疏散指示标志符合法律、法规、技术标准的规定;

(三)保障监控设备和消防设施、器材配置齐全、完好有效;

(四)提供必要的停车场地,并维护安全秩序。

第九条 参加大型群众性活动的人员应当遵守下列规定:

(一)遵守法律、法规和社会公德,不得妨碍社会治安、影响社会秩序;

(二)遵守大型群众性活动场所治安、消防等管理制度,接受安全检查,不得携带爆炸性、易燃性、放射性、毒害性、腐蚀性等危险物质或者非法携带枪支、弹药、管制器具;

(三)服从安全管理,不得展示侮辱性标语、条幅等物品,不得围攻裁判员、运动员或者其他工作人员,不得投掷杂物。

第十条 公安机关应当履行下列职责:

(一)审核承办者提交的大型群众性活动申请材料,实施安全许可;

(二)制订大型群众性活动安全监督方案和突发事件处置预案;

(三)指导对安全工作人员的教育培训;

（四）在大型群众性活动举办前,对活动场所组织安全检查,发现安全隐患及时责令改正;

（五）在大型群众性活动举办过程中,对安全工作的落实情况实施监督检查,发现安全隐患及时责令改正;

（六）依法查处大型群众性活动中的违法犯罪行为,处置危害公共安全的突发事件。

第三章　安全管理

第十一条　公安机关对大型群众性活动实行安全许可制度。《营业性演出管理条例》对演出活动的安全管理另有规定的,从其规定。

举办大型群众性活动应当符合下列条件:

（一）承办者是依照法定程序成立的法人或者其他组织;

（二）大型群众性活动的内容不得违反宪法、法律、法规的规定,不得违反社会公德;

（三）具有符合本条例规定的安全工作方案,安全责任明确、措施有效;

（四）活动场所、设施符合安全要求。

第十二条　大型群众性活动的预计参加人数在1 000人以上5 000人以下的,由活动所在地县级人民政府公安机关实施安全许可;预计参加人数在5 000人以上的,由活动所在地区的市级人民政府公安机关或者直辖市人民政府公安机关实施安全许可;跨省、自治区、直辖市举办大型群众性活动的,由国务院公安部门实施安全许可。

第十三条　承办者应当在活动举办日的20日前提出安全许可申请,申请时,应当提交下列材料:

（一）承办者合法成立的证明以及安全责任人的身份证明;

（二）大型群众性活动方案及其说明,2个或者2个以上承办者共同承办大型群众性活动的,还应当提交联合承办的协议;

（三）大型群众性活动安全工作方案;

（四）活动场所管理者同意提供活动场所的证明。

依照法律、行政法规的规定,有关主管部门对大型群众性活动的承办者有资质、资格要求的,还应当提交有关资质、资格证明。

第十四条　公安机关收到申请材料应当依法作出受理或者不予受理的决定。对受理的申请,应当自受理之日起7日内进行审查,对活动场所进行查验,对符合安全条件的,作出许可的决定;对不符合安全条件的,作出不予许可的决定,并书面说明理由。

第十五条　对经安全许可的大型群众性活动,承办者不得擅自变更活动的时间、地点、内容或者扩大大型群众性活动的举办规模。

承办者变更大型群众性活动时间的,应当在原定举办活动时间之前向作出许可决定的公安机关申请变更,经公安机关同意方可变更。

承办者变更大型群众性活动地点、内容以及扩大大型群众性活动举办规模的,应当依照本条例的规定重新申请安全许可。

承办者取消举办大型群众性活动的,应当在原定举办活动时间之前书面告知作出安全许可决定的公安机关,并交回公安机关颁发的准予举办大型群众性活动的安全许可证件。

第十六条　对经安全许可的大型群众性活动,公安机关根据安全需要组织相应警力,维持活动现场周边的治安、交通秩序,预防和处置突发治安事件,查处违法犯罪活动。

第十七条　在大型群众性活动现场负责执行安全管理任务的公安机关工作人员,凭值勤证件进入大型群众性活动现场,依法履行安全管理职责。

公安机关和其他有关主管部门及其工作人员不得向承办者索取门票。

第十八条　承办者发现进入活动场所的人员达到核准数量时,应当立即停止验票;发现持有划定区域以外的门票或者持假票的人员,应当拒绝其入场并向活动现场的公安机关工作人员报告。

第十九条　在大型群众性活动举办过程中发生公共安全事故、治安案件时,安全责任人应当立即启动应急救援预案,并立即报告公安机关。

第四章　法律责任

第二十条　承办者擅自变更大型群众性活动的时间、地点、内容或者擅自扩大大型群众性活动的举办规模的,由公安机关处 1 万元以上 5 万元以下罚款;有违法所得的,没收违法所得。

未经公安机关安全许可的大型群众性活动由公安机关予以取缔,对承办者处 10 万元以上 30 万元以下罚款。

第二十一条　承办者或者大型群众性活动场所管理者违反本条例规定致使发生重大伤亡事故、治安案件或者造成其他严重后果构成犯罪的,依法追究刑事责任;尚不构成犯罪的,对安全责任人和其他直接责任人员依法给予处分、治安管理处罚,对单位处 1 万元以上 5 万元以下罚款。

第二十二条　在大型群众性活动举办过程中发生公共安全事故,安全责任人不立即启动应急救援预案或者不立即向公安机关报告的,由公安机关对安全责任人和其他直接责任人员处 5 000 元以上 5 万元以下罚款。

第二十三条　参加大型群众性活动的人员有违反本条例第九条规定行为的,由公安机关给予批评教育;有危害社会治安秩序、威胁公共安全行为的,公安机关可以将其强行带离现场,依法给予治安管理处罚;构成犯罪的,依法追究刑事责任。

第二十四条 有关主管部门的工作人员和直接负责的主管人员在履行大型群众性活动安全管理职责中,有滥用职权、玩忽职守、徇私舞弊行为的,依法给予处分;构成犯罪的,依法追究刑事责任。

第五章 附 则

第二十五条 县级以上各级人民政府、国务院部门直接举办的大型群众性活动的安全保卫工作,由举办活动的人民政府、国务院部门负责,不实行安全许可制度,但应当按照本条例的有关规定,责成或者会同有关公安机关制订更加严格的安全保卫工作方案,并组织实施。

第二十六条 本条例自 2007 年 10 月 1 日起施行。

附录2 展会知识产权保护办法

第一章 总 则

第一条 为加强展会期间知识产权保护,维护会展业秩序,推动会展业的健康发展,根据《中华人民共和国对外贸易法》《中华人民共和国专利法》《中华人民共和国商标法》和《中华人民共和国著作权法》及相关行政法规等制定本办法。

第二条 本办法适用于在中华人民共和国境内举办的各类经济技术贸易展览会、展销会、博览会、交易会、展示会等活动中有关专利、商标、版权的保护。

第三条 展会管理部门应加强对展会期间知识产权保护的协调、监督、检查,维护展会的正常交易秩序。

第四条 展会主办方应当依法维护知识产权权利人的合法权益。展会主办方在招商招展时,应加强对参展方有关知识产权的保护和对参展项目(包括展品、展板及相关宣传资料等)的知识产权状况的审查。在展会期间,展会主办方应当积极配合知识产权行政管理部门的知识产权保护工作。

展会主办方可通过与参展方签订参展期间知识产权保护条款或合同的形式,加强展会知识产权保护工作。

第五条 参展方应当合法参展,不得侵犯他人知识产权,并应对知识产权行政管理部门或司法部门的调查予以配合。

第二章 投诉处理

第六条 展会时间在三天以上(含三天),展会管理部门认为有必要的,展会主办方应在展会期间设立知识产权投诉机构。设立投诉机构的,展会举办地知识产权行政管理部门应当派员进驻,并依法对侵权案件进行处理。

未设立投诉机构的,展会举办地知识产权行政管理部门应当加强对展会知识产权保护的指导、监督和有关案件的处理,展会主办方应当将展会举办地的相关知识产权行政管理部门的联系人、联系方式等在展会场馆的显著位置予以公示。

第七条 展会知识产权投诉机构应由展会主办方、展会管理部门、专利、商标、版权等知识产权行政管理部门的人员组成,其职责包括:

(一)接受知识产权权利人的投诉,暂停涉嫌侵犯知识产权的展品在展会期间展出;

(二)将有关投诉材料移交相关知识产权行政管理部门;

（三）协调和督促投诉的处理；

（四）对展会知识产权保护信息进行统计和分析；

（五）其他相关事项。

第八条　知识产权权利人可以向展会知识产权投诉机构投诉，也可直接向知识产权行政管理部门投诉。权利人向投诉机构投诉的，应当提交以下材料：

（一）合法有效的知识产权权属证明：涉及专利的，应当提交专利证书、专利公告文本、专利权人的身份证明、专利法律状态证明；涉及商标的，应当提交商标注册证明文件，并由投诉人签章确认，商标权利人身份证明；涉及著作权的，应当提交著作权权利证明、著作权人身份证明；

（二）涉嫌侵权当事人的基本信息；

（三）涉嫌侵权的理由和证据；

（四）委托代理人投诉的，应提交授权委托书。

第九条　不符合本办法第八条规定的，展会知识产权投诉机构应当及时通知投诉人或者请求人补充有关材料。未予补充的，不予接受。

第十条　投诉人提交虚假投诉材料或其他因投诉不实给被投诉人带来损失的，应当承担相应法律责任。

第十一条　展会知识产权投诉机构在收到符合本办法第八条规定的投诉材料后，应于 24 小时内将其移交有关知识产权行政管理部门。

第十二条　地方知识产权行政管理部门受理投诉或者处理请求的，应当通知展会主办方，并及时通知被投诉人或者被请求人。

第十三条　在处理侵犯知识产权的投诉或者请求程序中，地方知识产权行政管理部门可以根据展会的展期指定被投诉人或者被请求人的答辩期限。

第十四条　被投诉人或者被请求人提交答辩书后，除非有必要作进一步调查，地方知识产权行政管理部门应当及时作出决定并送交双方当事人。

被投诉人或者被请求人逾期未提交答辩书的，不影响地方知识产权行政管理部门作出决定。

第十五条　展会结束后，相关知识产权行政管理部门应当及时将有关处理结果通告展会主办方。展会主办方应当做好展会知识产权保护的统计分析工作，并将有关情况及时报展会管理部门。

第三章　展会期间专利保护

第十六条　展会投诉机构需要地方知识产权局协助的，地方知识产权局应当积极配合，参与展会知识产权保护工作。地方知识产权局在展会期间的工作可以包括：

（一）接受展会投诉机构移交的关于涉嫌侵犯专利权的投诉，依照专利法律法规的有关规定进行处理；

（二）受理展出项目涉嫌侵犯专利权的专利侵权纠纷处理请求，依照专利法第五十七条的规定进行处理；

（三）受理展出项目涉嫌假冒他人专利和冒充专利的举报，或者依职权查处展出项目中假冒他人专利和冒充专利的行为，依据专利法第五十八条和第五十九条的规定进行处罚。

第十七条　有下列情形之一的，地方知识产权局对侵犯专利权的投诉或者处理请求不予受理：

（一）投诉人或者请求人已经向人民法院提起专利侵权诉讼的；

（二）专利权正处于无效宣告请求程序之中的；

（三）专利权存在权属纠纷，正处于人民法院的审理程序或者管理专利工作的部门的调解程序之中的；

（四）专利权已经终止，专利权人正在办理权利恢复的。

第十八条　地方知识产权局在通知被投诉人或者被请求人时，可以即行调查取证，查阅、复制与案件有关的文件，询问当事人，采用拍照、摄像等方式进行现场勘验，也可以抽样取证。

地方知识产权局收集证据应当制作笔录，由承办人员、被调查取证的当事人签名盖章。被调查取证的当事人拒绝签名盖章的，应当在笔录上注明原因；有其他人在现场的，也可同时由其他人签名。

第四章　展会期间商标保护

第十九条　展会投诉机构需要地方工商行政管理部门协助的，地方工商行政管理部门应当积极配合，参与展会知识产权保护工作。地方工商行政管理部门在展会期间的工作可以包括：

（一）接受展会投诉机构移交的关于涉嫌侵犯商标权的投诉，依照商标法律法规的有关规定进行处理；

（二）受理符合商标法第五十二条规定的侵犯商标专用权的投诉；

（三）依职权查处商标违法案件。

第二十条　有下列情形之一的，地方工商行政管理部门对侵犯商标专用权的投诉或者处理请求不予受理：

（一）投诉人或者请求人已经向人民法院提起商标侵权诉讼的；

（二）商标权已经无效或者被撤销的。

第二十一条　地方工商行政管理部门决定受理后，可以根据商标法律法规等相关规定进行调查和处理。

第五章 展会期间著作权保护

第二十二条 展会投诉机构需要地方著作权行政管理部门协助的,地方著作权行政管理部门应当积极配合,参与展会知识产权保护工作。地方著作权行政管理部门在展会期间的工作可以包括:

(一)接受展会投诉机构移交的关于涉嫌侵犯著作权的投诉,依照著作权法律法规的有关规定进行处理;

(二)受理符合著作权法第四十七条规定的侵犯著作权的投诉,根据著作权法的有关规定进行处罚。

第二十三条 地方著作权行政管理部门在受理投诉或请求后,可以采取以下手段收集证据:

(一)查阅、复制与涉嫌侵权行为有关的文件档案、账簿和其他书面材料;

(二)对涉嫌侵权复制品进行抽样取证;

(三)对涉嫌侵权复制品进行登记保存。

第六章 法律责任

第二十四条 对涉嫌侵犯知识产权的投诉,地方知识产权行政管理部门认定侵权成立的,应会同会展管理部门依法对参展方进行处理。

第二十五条 对涉嫌侵犯发明或者实用新型专利权的处理请求,地方知识产权局认定侵权成立的,应当依据专利法第十一条第一款关于禁止许诺销售行为的规定以及专利法第五十七条关于责令侵权人立即停止侵权行为的规定作出处理决定,责令被请求人从展会上撤出侵权展品,销毁介绍侵权展品的宣传材料,更换介绍侵权项目的展板。

对涉嫌侵犯外观设计专利权的处理请求,被请求人在展会上销售其展品,地方知识产权局认定侵权成立的,应当依据专利法第十一条第二款关于禁止销售行为的规定以及第五十七条关于责令侵权人立即停止侵权行为的规定作出处理决定,责令被请求人从展会上撤出侵权展品。

第二十六条 在展会期间假冒他人专利或以非专利产品冒充专利产品,以非专利方法冒充专利方法的,地方知识产权局应当依据专利法第五十八条和第五十九条规定进行处罚。

第二十七条 对有关商标案件的处理请求,地方工商行政管理部门认定侵权成立的,应当根据《商标法》《商标法实施条例》等相关规定进行处罚。

第二十八条 对侵犯著作权及相关权利的处理请求,地方著作权行政管理部门认定侵权成立的,应当根据著作权法第四十七条的规定进行处罚,没收、销毁侵权展品及介绍侵权展品的宣传材料,更换介绍展出项目的展板。

第二十九条 经调查,被投诉或者被请求的展出项目已经由人民法院或者知识产权行政管理部门作出判定侵权成立的判决或者决定并发生法律效力的，地方知识产权行政管理部门可以直接作出第二十六条、第二十七条、第二十八条和第二十九条所述的处理决定。

第三十条　请求人除请求制止被请求人的侵权展出行为之外，还请求制止同一被请求人的其他侵犯知识产权行为的，地方知识产权行政管理部门对发生在其管辖地域之内的涉嫌侵权行为，可以依照相关知识产权法律法规以及规章的规定进行处理。

第三十一条　参展方侵权成立的，展会管理部门可依法对有关参展方予以公告；参展方连续两次以上侵权行为成立的，展会主办方应禁止有关参展方参加下一届展会。

第三十二条　主办方对展会知识产权保护不力的，展会管理部门应对主办方给予警告，并视情节依法对其再次举办相关展会的申请不予批准。

第七章　附　则

第三十三条　展会结束时案件尚未处理完毕的，案件的有关事实和证据可经展会主办方确认，由展会举办地知识产权行政管理部门在 15 个工作日内移交有管辖权的知识产权行政管理部门依法处理。

第三十四条　本办法中的知识产权行政管理部门是指专利、商标和版权行政管理部门；本办法中的展会管理部门是指展会的审批或者登记部门。

第三十五条　本办法自 2006 年 3 月 1 日起实施。

附录3　中国进出口商品交易会安全保卫规定

为了维护中国进出口商品交易会(以下简称广交会)的良好秩序,防止各类事故的发生,确保大会安全,依据社会治安有关管理规定,制定本规定:

一、各商会、交易团应成立保卫组,由团长、会长担任组长(为本单位广交会期间安全保卫第一责任人)。同时,要配备一定数量的专职保卫干部,协助做好大会和展馆的安全保卫工作。

二、实行安全保卫责任制,按照"谁主管、谁负责"的原则,制定安全保卫方案措施,加强宣传教育和管理,提高与会人员安全防范意识,确保大会安全。

三、全体与会人员须高度重视安全工作,自觉遵守大会各项规定,共同维护大会秩序。不参与法轮功邪教组织等非法活动,提高警惕,预防各类事故的发生。

四、从筹展之日起,所有进馆人员须将证件挂在胸前,服从和配合保卫人员检查。不准将证件转借他人和带无证人员进馆,违者按有关规定给予处罚。

五、妥善保管好展样品和个人随身物品。每天闭馆前,要将贵重展样品存放展柜和保险柜内或采取其他有效保护措施,并由专人负责看守和管理,参展商应按时进馆,并请不要提前退馆,以确保展样品安全。

六、陈列的刀具、枪支等展样品,要有专人看护,妥善保管,上、下班要清点数目,防止被盗。

七、剧毒品、易燃易爆和放射性等展样品,只能使用仿制代用品,严禁携带实物进入展馆。

八、展馆展位装修、搭建,参照《中国出口商品交易会展馆防火规定》(以下简称展馆防火规定)执行。展样品的陈列须按规定摆放,任何单位和个人不得将展样品摆出展位外的任何地方。要服从大会检查组、保卫人员的检查纠正。

九、认真做好安全防火工作。各单位要切实贯彻执行《展馆防火规定》,加强对所属人员的安全防火教育,做到防火工作人人皆知,自觉遵守,确保安全。

十、展馆内(包括展场、展位、办公室、仓库、通道、楼(电)梯前室和天桥等场所)严禁吸烟,违者按章处罚。吸烟者可到大会设置的吸烟区。

十一、筹展期间,运送展样品的汽车进入大院后,按指定地点临时停放,卸货后即驶出大院。搬运展样品出大院时,须凭交易团出具的放行条,经门卫人员查验后放行。

十二、进入大院的汽车须服从交通管理人员的指挥,按规定路线行驶,按指定位置停放。

十三、大会期间,凡拾获的各种物品应及时送交大会保卫办展馆保卫科(×号馆×楼××××房)登记处理,不准自行保管和擅自处理。

以上规定,请大家严格遵守,共同维护大会秩序,保证大会安全。

附录4　中国进出口商品交易会展馆防火规定

为做好中国进出口商品交易会(以下简称广交会)展馆的安全防火工作,依据《中华人民共和国消防法》(以下简称消防法)和有关规定,结合广交会展馆需要,制定本规定:

一、实行消防安全责任制

(一)各商会、交易团的会长、团长以及各展位的负责人为相应的各展区、团、展位的第一防火责任人。

(二)各单位要认真贯彻落实《消防法》和外贸中心消防工作有关管理规定,按照"谁主管、谁负责"的原则,制定消防工作防范措施,并严格落实防火责任制,加强检查管理,发现问题及时解决,把火灾事故隐患消灭在萌芽状态。

(三)各第一防火责任人对所在展区、团、展位安全防火工作负全责。

二、全馆禁止吸烟

广交会展馆内(包括办公室、大厅、会议室、展位、仓库、走廊通道、天桥、楼(电)梯前室、卫生间、咖啡室等地)禁止吸烟。违者将视情节参照《消防法》有关规定给予批评教育、吊扣或没收证件、通报批评、清出馆外等处罚。对外商违章吸烟者,进行批评教育,屡劝不改者,按照外国公民有关管理规定进行处理。

三、消防通道始终保持畅通无阻

(一)馆内主通道宽度不得小于3 m,关键通道宽度不得小于5 m。

(二)严禁在展位以外的任何地方(包括楼梯、电梯前室、通道等)摆放展样品,违反者除没收外,给予通报批评;不得将展样品悬挂在消防、配电、空调设施或天花上,违者造成设施损坏和不良后果的,除照价赔偿外还要追究相关责任。

(三)筹、拆展期间各种装修材料、展样品不得堆放在展厅门口或展馆通道上,以免堵塞消防通道。

(四)安全管理人员将对违规摆放的物品进行清理,清理中造成的任何损失和产生的费用由物主承担。

四、各类装修、搭建须经消防技术审核

凡进馆进行各类装修(含中心展台、灯箱、广告牌(箱)、霓虹灯等)的建设单位,不论装修面积大小,须依据《中国出口商品交易会布展施工管理规定》,将施工图纸(包括平、立、剖面图和效果图、电路图)及装修材料文字说明报送广交会审图组,经初审后送公安消防机构审批,在领取了消防批文,办理了施工证和进馆证后,方可施工布展。对未经批准擅自装搭的展位,按有关规定给予处罚。

五、各类装修用材、用料使用管理规定

（一）展馆内不得使用未经阻燃处理的草、竹、藤、纸、树皮、泡沫、芦苇、可燃塑料板、可燃地毯、布料和木板等物品作大面积的装修和装饰用料。

（二）所有装修和装饰材料均应采用不燃或难燃材料。内地参展人员需在当地预先制作展台、展架半成品的，所使用的不燃材料应有当地公安消防部门检验的合格证，并将合格证的复印件在进场施工前送广交会审图组核实、备案。

（三）如当地没有公安消防部门认可的难燃材料，而参展商又需在当地将装修物制作成半成品后再到广交会进行组装的，经大会保卫办消防安全监督人员同意，可按照每平方米涂 0.5 kg 油性防火漆（黄色）进行处理，但须在进馆筹展安装前，到消防咨询点办理有关消防手续，并经大会保卫人员检查后方可进馆安装。

六、保证消防设施完好和正常运转

（一）各参展代表应自觉爱护展馆内的各种消防器材和设施，保证消防设施完好和正常运转。

（二）消防栓和灭火器材前 1.5 m 范围内不得摆放任何物品，严禁阻挡、圈占、损坏和挪用消防器材。

（三）馆内装修构架（含展品、灯箱等）须与天花保持 0.8 m 以上的净空，无天花的展馆应离设备层 0.5 m，所有展位及装修不得以任何形式封顶，确保消防报警系统和自动喷淋灭火系统的功能正常发挥。

七、电气设备的安装应符合防火安全要求

（一）电气产品的安装、使用和线路、管道的设计敷设，须符合国家有关消防安全技术规定，同时，电气安装须按照《广州地区电气设备装置规程》的要求进行施工。

（二）各建筑施工单位进场布展前应将用电负荷报技术保障部审核，施工完毕，经该部配电维修科派员检查后方可通电。

（三）各展位安装的电器产品，其电线应使用有公安消防部门检验合格（应有检验证书或标识）的难燃导线并套金属管或难燃套管敷设，按用电要求做好接地体的跨接；地毯下的电线不得有接口；敷设在过道地面的电线，必须加以保护；不得使用双绞线（花线）、铝芯线等。如各地区没有公安消防部门检验合格的难燃电线，一律使用广州市公安消防局检验认可的难燃电线，以保证馆内用电安全。

（四）广告牌、灯箱、灯柱内须留有对流的散热孔，日光灯镇流器应采用消防科研单位检验合格的产品或合格的电子产品。

（五）各展位的筒灯、射灯、石英灯等灯具的安装须与展品、装饰物等保持

30 cm 以上的距离,并应加装接线盒,电线不准外露。

(六)展馆各展位不准使用电水壶、电炉、电熨斗等大功率电器设备,如确实需要使用,须申请批准后方可使用。碘钨灯一律要有防护罩保护;二楼以上严禁安装霓虹灯。

(七)为保证展场的安全,礼品、装饰品、玩具三个展区除重点布展区域及预置的灯具外,原则上不得增设任何照明设备。

(八)重点展区和自行搭装的展位、中心展台等,须有专职电工留馆值班。

八、严禁携带易燃易爆等化学危险品进入展场

(一)不准将烟花、爆竹、汽油、煤油、酒精、天那水、氢气以及保卫部门认为可能威胁展馆安全的物品带入馆内,以上展样品只能使用代用品。广交会闭幕后,所有化工展样品由参展单位自行清理带出馆外。

(二)施工、机械操作表演确实需要用汽油、天那水、酒精等易燃液体或明火作业(电焊、气焊),使用前 24 小时须报广交会审图组审批,批准后,派专人负责管理,确保安全。

九、包装材料应及时清出馆外

筹展期间使用的展样品包装箱、纸屑等杂物务必在大会开幕前及时清理出馆外,严禁将其存放在展位内、柜顶或展位板壁背后,如有违反,按有关规定严肃处理。

十、认真做好闭馆前的清场工作

(一)广交会每天闭馆前,各参展代表应积极配合保卫人员做好清场工作。

(二)清场的主要内容有:1.展位内的可燃杂物、火种和其他灾害隐患;2.切断本展位的电源;3.保管好贵重物品和关好门窗。

本规定自公布之日起实施。如有违反并造成事故或严重后果的,视情节依照《消防法》给予处罚并依法追究有关人员的法律责任。

此规定已报广州市公安消防局备案。

附录5 中国进出口商品交易会展馆用电安全管理规定

为做好广交会展馆的用电安全管理工作,确保整个展馆供电安全可靠,根据国务院颁布的《大型群众性活动安全管理条例》(自 2007 年 10 月 1 日起施行)和消防安全法规,参照国家有关电气设计和施工规范、规程和标准要求,结合展馆的实际,特制订本规定。

第一条 安全责任和现场值班

贯彻"谁主管,谁负责"的原则。特装展位所属的交易团、参展商、承建施工单位要对其展位的用电安全负责,有义务认真遵守广交会用电安全管理规定。特装展位应在开幕期间留有值班电工,并将值班电工人员名单、联系电话、值班地点报审图组或客户服务中心现场办公室备案。对因违章用电而发生事故的展位,将视情节轻重追究当事人及相关单位负责人责任,甚至追究法律责任。

第二条 对施工和布展使用电气材料和设施设备的安全规定

(一)选用的电气材料和设施设备须符合国家强制性产品认证(3C)标准和消防安全要求。

(二)展位配电开关箱内必须按规范设置安全可靠的空气断路器和 30 MA(动作时间小于 0.1 s)漏电保护器。

(三)电线须选用公安消防部门检验合格的 ZR-BVV(阻难燃双塑铜芯电线)和护套电线。禁止使用绞型线(花线)和铝芯线。

(四)穿过人行地面、地毯和暗敷设在装修物内的电线须穿管(金属管,难燃塑料管)保护。

(五)金属保护管和金属构件须做可靠电气跨接,并做安全接地。

(六)各电气回路必须有专用保护地线(使用不小于 2.5 mm² 截面铜线),并与凡可能接触漏电的金属物件相连。

(七)筒灯、石英灯要有隔热防护;广告牌、灯箱、灯柱内须留有对流的散热孔。灯具镇流器和触发器须选用消防部门检验合格产品。

(八)使用大功率发热灯具应加装防护罩(如 100 W 以上碘钨灯),并应安装在不燃结构上。禁止使用 500 W 以上的大功率灯具。

(九)各布展施工单位进场布展前须将用电负荷报送广交会审图组审核,报图申报功率与实际用电功率应尽量一致,因预装电箱与现场实际用电功率不匹配需展馆方更换电箱的,由施工单位交纳更换电箱手续费。展馆特装用电,将根据申报功率,预装相同用电规格的电源箱,并由施工单位交纳电箱押金,根据所申报的特装配电图上用电功率交纳用电金额费用。严禁把展馆方配送的电源箱直接当作展位用电总控制电箱使用,不得随意接入展厅的电箱和插座上。不允许利用天花悬挂灯具和电线。不办理用电申请、私自接装用电、乱接乱拉的,将给予停止该展位用电,并按私接电器用电量 2 倍收费处罚。

(十)照明用电、机械动力用电、变频设备、可控硅控制设备、舞台灯的调光设备、扩音设备用电、对用电有特殊要求的设备、参展方认为须特别保障的重要或贵重设备均应设计独立回路供电。重要设备用电,应自行设计一主一备双回路供电。

(十一)若出现展馆固定配电设施开关保护跳闸导致展位停电,应立刻通知广交会电工到场处理,严禁擅自重新合闸送电。

(十二)参展的计算机、精密仪器等设备应加装不间断电源加以保护,因供电中断造成计算机、精密仪器等设备数据丢失和损坏的,由参展企业自行负责。

(十三)参(布)展企业自带的压缩机,在用电申报时必须说明,并应遵守有关安全标准和规定,按指定位置放置。

(十四)各参展企业和施工单位要注意爱护展馆的电气设施设备,不准乱拉乱接。参展企业擅自拆改标准展位配置灯具或线路,私自移动灯具或展位配电箱的,广交会电工将强制恢复原状,并给予因恢复原状而产生的费用 2 倍的处罚;造成灯具、线路或配电箱损坏、遗失的,在《广交会通讯》上通报批评,并责令照价赔偿。

(十五)展位内的用电器具及线路、开关等配电设施,要自觉接受广交会电工检查。发现隐患,要配合整改,不得拒绝检查或借故拒不整改。对不符合安全要求、构成用电安全隐患的,一律不予该展位供电,将责令其整改或拆除,拒不整改的予以通报批评。

(十六)为保证展场的安全,鞋、编织及藤铁工艺品、礼品及赠品、节日用品、家居装饰品、玩具展区除特装区及预置的灯具外,不得增设任何照明设备。

第三条 特装布展展位的电气安全管理规定

(一)特装布展如涉及电气安装,施工单位须具有电气安装资质,电工须持有国家技监部门颁发的有效操作证,并凭上述有效证件到施工证办理点进行签证登记,电工和焊工须持有效操作证上岗,否则不允许进馆施工。

(二)电气设施安装必须符合国家电力行业的规范规程,严格按照国家《低压配电设计规范(GB 50054—95)》《施工现场临时用电安全技术规范(JGJ 46—2005 J 405)》《建筑电气工程施工质量验收规范(GB 50303—2002)》《通用用电设备配电设计规范(GB 50055—94)》等规范,以及展馆方有关消防安全规定和本规定的具体要求实施,承建商必须向广交会递交展位用电安全责任承诺书后才能施工。

（三）严格按照广交会审核批准的方案图纸进行电气施工，用电负荷控制在批准的总负荷量内。布展单位对所有已通过审批确定的申报内容，一律不得自行更改；对擅自更改的，广交会将不予供电，并给予警告直至处罚。如现场确实需要增加用电设备而超出批准负荷量的，应及时申报办理有关手续，并按规定交纳相关费用。对不如实申报用电量，少报多用者，广交会电工有权责令其补交费用，拒不补交的按本章第二条第十四款处理。影响用电安全情节严重的，予以警告、通报批评。

（四）特装展位布展不允许遮挡或覆盖展馆的照明电箱、动力电箱、电话配线箱。如确需遮挡或覆盖，报广交会审图组批准，但遮挡须留出宽 600 mm 的进入通道；覆盖地井配电箱须留大于配电箱的活动盖板，并留有足够的箱前操作间距。操作间距以能打开电箱操作为衡量依据，但不得小于 600 mm，以便安全检查和故障处理。

（五）三相负荷超过 20 A 电流的非机械动力用电，应设分开关分级保护。单相负荷超过 16 A 电流的，应采用三相电源设计，并三相平均分配展位负荷。

（六）展位总开关保护整定值应低于或等于接入展馆固定电源箱开关保护整定值的80%。

（七）特装展位送电前须作安全检查，施工单位电工应先自检；隐蔽电气部分封闭前，应主动联络广交会电工协助安全检查；对不符合安全要求的展位，广交会电工不予送电。

（八）特装展位的施工和维护工作由特装布展施工单位负责，相关的交易团和商会负责监管。

（九）广交会下发的整改通知单，自签收整改通知 2 小时后仍不整改者，给予停电处罚；自签收整改通知 8 小时后仍不整改者，给予查封展位处罚，并将该单位登记备案，取消下届布展资格。

第四条　标准展位的电气安全管理规定

（一）严禁私自或聘请非广交会电工乱拉乱接或增加照明灯具，申请的电源插座不得插接展位照明灯具。须严格在所允许的最大容量 500 W 内使用，不得插接超出允许容量的电器设备，严禁自带插座板串接使用，违者将视为对安全供电构成隐患而作停电处理，并追究参展单位的责任。

（二）标准展位的插座统一装在展位前左右两边。

（三）广交会配置安装于展位上的所有用电设施设备，参展商不得随意拆除或移位，更不能带出展馆。

（四）展商布展完毕和每天闭馆时都应检查安装在展位内的射灯有否脱落，

如发现射灯脱落应立即通知广交会电工,避免灯具损坏展品。

（五）广交会在标摊展位内安装有标配电箱的,不得对该配电箱安装位置进行移动,参展商在布置时应注意避开。

第五条　展出电器样品的安全管理规定

（一）禁止使用电热设备（如电水壶、电炉、电熨斗）。如确需展示用电,须向客户服务中心提出申请并获得批准。

（二）参展的展品或设备设施（仅限于特装展位,不含标准展位）需24小时供电的,须由参展企业提出书面申请,由所在交易团签章后,到客服中心现场服务点申报办理。参展用电设备申请24小时供电的,必须配置独立用电回路,按规范配置安全可靠的保护开关,并确保设备无故障隐患,因用电设备故障或自带开关失灵导致配电开关保护动作而断电的,由此造成的经济损失由参展企业负责。

第六条　布置展品的电气安全管理规定

（一）各展位的筒灯、射灯、石英灯等灯具的安装须与展品、装饰物等保持30 cm以上的距离,并应加装接线盒,电线不准外露。

（二）配电箱、插座要安装在明显、方便操作与检查的位置。

（三）为保证标摊用电安全,由于标摊用电布线已经完毕,为保证标摊用电安全,所以标摊电箱不能也无法进行移位,展商在悬挂图片、摆设自带展具配置时请注意避开。

（四）标摊展位所租用电箱的下装安装工作由该展位电工负责,广交会电工仅负责上装的引线工作。

附录6　厦门国际会展中心展馆安全管理规定

1.为了维护展览会的良好秩序,防止各类事故的发生,确保会展安全顺利进行,依据社会治安管理有关要求,制定本规定。

2.会展主办(承办)单位应遵守国务院第(505号令)《大型群众性活动安全管理条例》精神依法办展;须办理公安机关"许可举办活动决定书"和消防部门"同意举办会展消防审核意见书"方可进馆布展。

3.实行安全保卫责任制:按照"谁主办,谁负责"的原则,主办(承办)单位对会展的安全负责,并制定安全保卫方案、展会突发事件应急预案,加强安全宣传教育和管理,落实以防火、防爆、防盗、防破坏、防事故等为主要内容的安保措施,并层层签订安全责任书。

4.加强证件的使用管理:会展应统一制作有效证件;参(布)展人员须佩带证件进场,并服从安保人员的检查,证件不得转借,遗失立即向主办单位报告;所有参展人员按照会展规定的开/闭馆时间,准时进/出展馆,闭馆后,一律不准进入展厅;需要加班时,要事先经过组展单位的同意,并主动向展厅服务台办理相关的加班申请手续。

5.所有展台、展品、广告牌布置不得跨区,不得占用安全疏散通道;不得在人行通道、出入口、消防设施、强弱电地插等处摆、挂、贴及钉各类展览样品、宣传品或其他标志;请勿占用人行通道放置展品,大声叫卖。

6.对所有标准摊位的照明及电源安装提供服务;需24小时供电和延时断电的用户必须事先申请;参展单位应如实向工程部提供用电负荷,严禁私接线路和超负荷用电,自带电工必须持有上岗证,服从工程部对用电安全的管理;标准展位内500 W电源只限一般照明及低功率电器使用;未经展场电工确认,禁止私自接装大功率照明灯具、电冰箱(柜)和电动工具等设备。

7.参展商须在展览会规定的时间进场布展、参展、撤展,遵守开闭馆时间;开展后未按时到位或闭馆清场时提前离开展位,展品丢失、损坏,责任自负;在展期内要妥善保管各人的提包、现金、手机、证件等贵重物品,贵重物品要锁入展柜内,不得随意丢放展位上,贵重展品要定人看管,提高警惕,严防盗窃、诈骗行为;对拾获的物品应及时送交公安展会现场处置室或会展保卫部。

8.标准展位的搭建及展具的配置由双联达展务公司统一负责;不得擅自拆装改动,改动须到展厅服务台办理手续;严禁用展馆的桌椅做登高工具,凡需登高请自行搭建攀登器具;不得在展板展具上钉钉、刻划、悬挂较重的物品,损坏展板、展具按损坏物的实价赔偿；在展架展具上大面积粘贴或裱褙，按每件收取100元押金，撤展时自行撤除清理并接受检查确认后可退还押金；各展厅按照协议对每个展位配置展具(如桌椅、射灯、插座、台板等)，参展单位或个人不能以任何名义转借(让)或出租，若需要使用其他展具时，须向各服务台办理租借手续；严禁私自转租或挪用其他展位展具，一经发现工作人员有权收回。

9.需要进行特殊装修施工的参展单位，请提前与展务部联系；在进馆前，向展务部提交施工图、电路图、使用材料说明等资料，经核准后，缴纳相应费用，办理施工人员临时进馆施工证后，方可进馆施工；特装展位的搭建不得超高；登高作业人员要有安全措施并具备高空作业操作证；广告牌的搭建必须牢固可靠，符合安全要求；禁止在展馆内进行木工材料及油漆类基础加工；各展位的特殊装修布置物品应尽量在室外做好再进入展厅现场安装；参展人员进馆后，按20元/平方米标准向展厅服务台交缴特装押金，在撤展时，自行拆除清理并经展厅服务人员检查确认后，方可退还押金；参展商进行展位特殊装修布置时，应自行清理特殊装修布置的废弃物，若不清理者，按10元/m²保洁收费标准从特装押金中扣除费用；现场施工人员必须佩戴安全帽。

10.任何参展单位的展品、样品、广告宣传活动、布展等仅限于在其展位内进行，严禁堵塞消防通道和消防设施；经劝阻不听的，将予以清理；情节严重者，移交保卫人员按照有关规定给予处理；所有参展单位或个人不得展示、出售侵犯他人商标的样品和擅自使用他人商标对外报价、成交；严禁参展人员经营出售假冒伪劣商品，如有违者，后果由参展人员自负。

11.严禁非报名参展展品进馆展示，严禁非参展人员携带展样品进馆展示、销售，一经发现经劝阻两次后不听者，送交组委会处理。

12.若发生燃、爆等突发事件，主办单位及其人员要保持冷静，应遵守本中心制订的紧急疏散措施，服从本中心工作人员的指挥；主办单位必须对其组织的观众人数按约定严格限制；观众参观时间应尽量避开举行开幕式和闭馆的时间，并控制当天观众人数的总量。

13.展览样品拆箱后，包装箱、碎纸、泡沫和木板等易燃物必须及时清出展馆，不得在展位外存放包装箱和展品；如存放物品可与双联达展务公司联系和办理存放手续。

14.参展商将任何物品带出展馆，必须到展厅服务台办理《展会物品出馆单》，经查验后方可放行。因故需提前撤展的参展单位，须到各自的展厅服务台索取《展会物品出馆单》，填写并经组展单位负责人同意签字和展厅服务台厅长确认后，保卫人员凭《展会物品出馆单》给予放行。

15.撤展时，参展单位应保管好各自的物品，以防丢失；爱护馆内设施，不得夹带搬走、不得损坏,违者照价赔偿;对私拿他人物品者以偷窃论处;参展单位的物品应在撤展当天撤出展馆,如确需留在展馆内暂时寄存或需办理托运的,须到展厅服务台办理寄存或托运手续。

16.在展览会开幕前,所有自行组织展台施工的参展单位应准时参加由公安、消防等部门组织的安全检查,对检查出的问题应在开幕前解决,不得拖延。

17.本中心允许使用可擦洗的粉笔或经批准使用的胶带在展览大厅地面上标识摊位位置,其他地面划线方法不可使用;祛除未经批准的地面划线的费用由主办单位负担。

18.在租用区域内分发食品及饮料样品,主办单位应获得有关机构书面批准。

19.所有食品及饮料的样品应符合现行的健康、安全、卫生标准和其他一切中国食品卫生管理部门规定。

20.未成年人无人监护不得进入展馆,进入展馆的未成年人乘坐扶梯(电梯)时要有人监护,不得在电梯运行过程中嬉戏打闹,现场工作人员发现上述违规现象时应给予劝阻和警告。

附录7　中国人寿财产保险股份有限公司展览会责任保险条款

总　则

第一条　本保险合同由保险条款、投保单、保险单以及批单组成。凡涉及本保险合同的约定,均应采用书面形式。

第二条　凡依照中华人民共和国(不包括港澳台地区)法律及相关规定取得承办展览会资格的机构、团体、个人均可作为本保险合同的被保险人。

保险责任

第三条　在保险有效期内,由于被保险人或其雇请人员在展览场所进行展出工作、装卸展品、运转机器以及疏忽行为所引起的下列损失,依照中华人民共和国法律(不包括港澳台地区法律)应由被保险人承担的经济赔偿责任,保险人负责赔偿:

(一)对于所租用展览场所的建筑物、各种固定设备及地面、地基的损失;

(二)由于雇请中国工作人员的人身伤亡所引起的抚恤金、医疗费和其他有关费用;

(三)由于第三者的人身伤亡所引起的抚恤金、医疗费和其他有关费用。

第四条　保险事故发生后,被保险人因保险事故而被提起仲裁或者诉讼的,对应由被保险人支付的仲裁或诉讼费用以及事先经保险人书面同意支付的其他必要的、合理的费用(以下简称"法律费用"),保险人按照本保险合同约定也负责赔偿。

责任免除

第五条　下列损失、费用和责任,保险人不负赔偿责任:

(一)被保险人或其雇请人员的故意或违法行为所引起的财物损失和人身伤亡;

(二)战争、敌对行动、军事行为、武装冲突、罢工、骚乱、暴动、恐怖活动;

(三)核辐射、核爆炸、核污染及其他放射性污染;

(四)大气污染、土地污染、水污染及其他各种污染;

(五)行政行为或司法行为;

(六)展品和设备的损失;

(七)被保险人或其雇员的人身伤亡及其所有或管理的财产的损失;

（八）被保险人应该承担的合同责任，但无合同存在时仍然应由被保险人承担的经济赔偿责任不在此限；

（九）罚款、罚金及惩罚性赔偿；

（十）精神损害赔偿；

（十一）间接损失；

（十二）本保险合同中载明的免赔额或免赔率。

第六条　其他不属于本保险责任范围内的损失、费用和责任，保险人不负责赔偿。

责任限额与免赔额（率）

第七条　责任限额包括每次事故赔偿限额、每人赔偿限额、累计赔偿限额，由投保人与保险人协商确定，并在保险合同中载明。

第八条　每次事故免赔额（率）由投保人与保险人在签订合同时协商确定，并在保险合同中载明。

保险期间

第九条　除另有约定外，保险期间为展览会开幕时起至展览会闭幕时止。

保险人义务

第十条　订立本保险合同时，采用保险人提供的格式条款的，保险人向投保人提供的投保单应当附格式条款，保险人应当向投保人说明本保险合同的内容。对本保险合同中免除保险人责任的条款，保险人在订立合同时应当在投保单、保险单或者其他保险凭证上作出足以引起投保人注意的提示，并对该条款的内容以书面或者口头形式向投保人作出明确说明；未作提示或者明确说明的，该条款不产生效力。

第十一条　本保险合同成立后，保险人应当及时向投保人签发保险单或其他保险凭证。

第十二条　保险人依据第十六条所取得的保险合同解除权，自保险人知道有解除事由之日起，超过三十日不行使而消失。

第十三条　保险人按照第二十三条的约定，认为被保险人提供的有关索赔的证明和资料不完整的，应当及时一次性通知投保人、被保险人补充提供。

第十四条　保险人收到被保险人的赔偿保险金的请求后，应当及时作出是否属于保险责任的核定；情形复杂的，应当在三十日内作出核定，但本保险合同另有约定的除外。

保险人应当将核定结果通知被保险人；对属于保险责任的，在与被保险人达成赔偿保险金的协议后十日内，履行赔偿保险金义务。本保险合同对赔偿保险金的期限有约定的，保险人应当按照约定履行赔偿保险金的义务。保险人依照前款的规定作出核定后,对不属于保险责任的,应当自作出核定之日起三日内向被保险人发出拒绝赔偿保险金通知书,并说明理由。

第十五条　保险人自收到赔偿保险金的请求和有关证明、资料之日起六十日内,对其赔偿保险金的数额不能确定的,应当根据已有证明和资料可以确定的数额先予支付;保险人最终确定赔偿的数额后,应当支付相应的差额。

投保人、被保险人义务

第十六条　订立保险合同,保险人就保险标的或者被保险人的有关情况提出询问的,投保人应当如实告知。

投保人故意或者因重大过失未履行前款规定的如实告知义务,足以影响保险人决定是否同意承保或者提高保险费率的,保险人有权解除保险合同。

投保人故意不履行如实告知义务的,保险人对于合同解除前发生的保险事故,不承担赔偿保险金的责任,并不退还保险费。

投保人因重大过失未履行如实告知义务,对保险事故的发生有严重影响的,保险人对于合同解除前发生的保险事故,不承担赔偿保险金的责任,但应当退还保险费。

第十七条　除另有约定外,投保人应当在保险合同成立时交付保险费。保险事故发生时投保人未按约定足额支付保险费的,保险人按照已交保险费与本保险合同约定保险费的比例承担赔偿责任。

第十八条　被保险人应严格遵守国家有关消防、安全、生产操作、劳动保护等方面的规定,加强管理,采取合理的预防措施,尽力避免或减少责任事故的发生。

保险人可以对被保险人遵守前款约定的情况进行检查,向投保人、被保险人提出消除不安全因素和隐患的书面建议,投保人、被保险人应该认真付诸实施。

投保人、被保险人未按照约定履行上述安全义务的,保险人有权要求增加保险费或者解除合同。

第十九条　在保险合同有效期内,保险标的的危险程度显著增加的,被保险人应当及时通知保险人,保险人可以增加保险费或者解除合同。

被保险人未履行前款约定的通知义务的,因保险标的的危险程度显著增加而发生的保险事故,保险人不承担赔偿保险金的责任。

第二十条　知道保险事故发生后,被保险人应该:

(一)尽力采取必要、合理的措施,防止或减少损失,否则,对因此扩大的损失,保险人不承担赔偿责任;

(二)及时通知保险人,并书面说明事故发生的原因、经过和损失情况;故意或者因重大过失未及时通知,致使保险事故的性质、原因、损失程度等难以确定的,保险人对无法确定的部分,不承担赔偿责任,但保险人通过其他途径已经及时知道或者应当及时知道保险事故发生的除外;

(三)保护事故现场,允许并且协助保险人进行事故调查;对于拒绝或者妨碍保险人进行事故调查导致无法认定事故原因或核实损失情况的,保险人对无法确定或核实的部分不承担赔偿责任。

第二十一条　被保险人收到索赔方的损害赔偿请求时,应立即通知保险人。未经保险人书面同意,被保险人对受害人及其代理人作出的任何承诺、拒绝、出价、约定、付款或赔偿,保险人不受其约束。对于被保险人自行承诺或支付的赔偿金额,保险人有权重新核定,不属于本保险责任范围或超出应赔偿限额的,保险人不承担赔偿责任。在处理索赔过程中,保险人有权自行处理由其承担最终赔偿责任的任何索赔案件,被保险人有义务向保险人提供其所能提供的资料和协助。

第二十二条　被保险人获悉可能发生诉讼、仲裁时,应立即以书面形式通知保险人;接到法院传票或其他法律文书后,应将其副本及时送交保险人。保险人有权以被保险人的名义处理有关诉讼或仲裁事宜,被保险人应提供有关文件,并给予必要的协助。

对因未及时提供上述通知或必要协助导致扩大的损失,保险人不承担赔偿责任。

第二十三条　被保险人请求赔偿时,应向保险人提供下列证明和资料:

(一)保险单正本;

(二)索取展览场所建筑物损失赔款时,被保险人应提供损失清单以及其他必要的单证;

(三)索赔抚恤金、医疗费和其他有关费用时,被保险人应提供由医院出具的伤亡人员的残疾或死亡证明;

(四)投保人、被保险人所能提供的与确认保险事故的性质、原因、损失程度等有关的其他证明和资料。

被保险人未履行前款约定的索赔材料提供义务,导致保险人无法核实损失情况的,保险人对无法核实部分不承担赔偿责任。

赔偿处理

第二十四条　保险人的赔偿以下列方式之一确定的被保险人的赔偿责任为基础:

(一)被保险人和向其提出损害赔偿请求的索赔方协商并经保险人确认;

(二)仲裁机构裁决;

（三）人民法院判决；

（四）保险人认可的其他方式。

第二十五条　被保险人给第三者造成损害，被保险人未向该第三者赔偿的，保险人不得向被保险人赔偿保险金。

第二十六条　发生保险责任范围内的损失，保险人按以下方式计算赔偿：

（一）对于每次事故造成的损失，保险人在每次事故赔偿限额内计算赔偿，其中对每人的赔偿金额不得超过每人赔偿限额；

（二）在依据本条第（一）项计算的基础上，保险人在扣除每次事故免赔额后进行赔偿；

（三）在保险期间内，保险人对多次事故损失的累计赔偿金额不超过累计赔偿限额。

第二十七条　除合同另有约定外，对每次事故法律费用的赔偿金额，保险人在第二十六条计算的赔偿金额以外按本保险合同的约定另行计算，但每次事故法律费用赔偿金额不超过每次事故赔偿限额的20%。

第二十八条　发生保险事故时，如果被保险人的损失在有相同保障的其他保险项下也能够获得赔偿，则本保险人按照本保险合同的赔偿限额与其他保险合同及本合同的赔偿限额总和的比例承担赔偿责任。

其他保险人应承担的赔偿金额，本保险人不负责垫付。若被保险人未如实告知导致保险人多支付赔偿金的，保险人有权向被保险人追回多支付的部分。

第二十九条　发生保险责任范围内的损失，应由有关责任方负责赔偿的，保险人自向被保险人赔偿保险金之日起，在赔偿金额范围内代位行使被保险人对有关责任方请求赔偿的权利，被保险人应当向保险人提供必要的文件和所知道的有关情况。

被保险人已经从有关责任方取得赔偿的，保险人赔偿保险金时，可以相应扣减被保险人已从有关责任方取得的赔偿金额。

保险事故发生后，在保险人未赔偿保险金之前，被保险人放弃对有关责任方请求赔偿权利的，保险人不承担赔偿责任；保险人向被保险人赔偿保险金后，被保险人未经保险人同意放弃对有关责任方请求赔偿权利的，该行为无效；由于被保险人故意或者因重大过失致使保险人不能行使代位请求赔偿的权利的，保险人可以扣减或者要求返还相应的保险金。

第三十条　在展览会结束时，如有未了赔案，被保险人应委托他人为其代表，并书面通知保险人，以便于赔案的处理。

被保险人向保险人请求赔偿保险金的诉讼时效期间为两年，自其知道或者应当知道保险事故发生之日起计算。

争议处理和法律适用

第三十一条 因履行本保险合同发生的争议,由当事人协商解决。协商不成的,提交保险单载明的仲裁机构仲裁;保险单未载明仲裁机构且争议发生后未达成仲裁协议的,依法向中华人民共和国人民法院起诉。

第三十二条 本保险合同的争议处理适用中华人民共和国法律(不包括港澳台地区法律)。

其他事项

第三十三条 保险责任开始后,投保人要求解除保险合同的,自通知保险人之日起,保险合同解除,保险人按短期费率计收自保险责任开始之日起至合同解除之日止期间的保险费,并退还剩余部分保险费;保险人要求解除保险合同的,应提前十五日向投保人发出解约通知书,保险人按照保险责任开始之日起至合同解除之日止期间与保险期间的日比例计收保险费,并退还剩余部分保险费。

附录:短期费率表

保险期间	一个月	二个月	三个月	四个月	五个月	六个月	七个月	八个月	九个月	十个月	十一个月	十二个月
按年费率(%)	10	20	30	40	50	60	70	80	85	90	95	100

注:不足一个月的按一个月计收。

附录8　中国 2010 年上海世博会综合责任保险方案

一、保险种类

中国 2010 年上海世博会综合责任保险

二、投保人

1.上海世博会组织者。

2.官方参展者。

3.非官方参展者。

4.与组织者签订商业经营合同的单位或个人。

5.从事建筑、安装、拆除等工程项目的建筑商、各级承包商。

三、被保险人

1.上海世博会组织者。

2.官方参展者。

3.非官方参展者。

4.与组织者签订商业经营合同的单位或个人。

5.向组织者提供不动产或动产的租赁方。

6.从事建筑、安装、拆除等工程项目的建筑商、各级承包商。

7.为以上 1~3 所列被保险人提供娱乐、媒体服务或展品的相关单位或个人。

四、保险地址

上海世博会园区(陆地面积 5.28 km^2,以上海世博会组织者确认的园区范围为准)以及保险双方约定的上海世博会园区内相应的水域范围。

五、保险活动

被保险人在保险地址内从事的与上海世博会相关的活动。

六、保险期限

1.对上海世博会组织者——自北京时间____年__月__日零时起,最晚于园区内工程项目开始建设之日起;至撤展并将临时展馆拆除完毕之日止,最晚不晚于北京时间 2011 年 4 月 30 日 24 时。

2.对其他被保险人——自签订参展合同或商业经营合同生效,并在园区内实际运作之日起,至撤展并将场地或场馆恢复原貌并归还组织者之日止,最晚不晚于北京时间 2011 年 4 月 30 日 24 时。

七、赔偿限额

每次事故赔偿限额人民币 10 亿元;

保险期限内累计赔偿限额人民币 10 亿元;

诉讼费用及其他费用包含在赔偿限额之内。

八、责任范围

1.通则部分

在本保险期限内,被保险人在保险地址内从事保险活动时发生意外事故,造成第三者的人身伤害或财产损失,依法应由被保险人承担的经济赔偿责任,保险人按照本保险单约定负责赔偿;对被保险人因上述原因而支付的诉讼费用,以及事先经保险人书面同意而支付的其他费用,保险人亦负责赔偿。

2.分则部分

场所及产品责任:主要承保被保险人在保险地址内发生与保险活动有关的事故或由被保险人生产、出售、分发的产品或商品引起的事故,对第三者造成人身伤害或财产损失,依法应由被保险人承担的经济赔偿责任。

建设工程责任:主要承保被保险人在保险地址内发生与建筑、安装和拆除等工程相关的意外事故,引起工地内及邻近区域的第三者人身伤害或财产损失,依法应由被保险人承担的经济赔偿责任。

特殊交通工具责任:主要承保被保险人在保险地址内使用特殊交通工具发生意外事故,对第三者或乘客造成人身伤害或财产损失,依法应由被保险人承担的经济赔偿责任。

特殊交通工具:指自行车、电瓶车、船只等,以及不上道路行驶的机动车辆。

九、索赔基础

以期内事故发生为索赔基础,即造成损害的事故必须在保险期限内发生。被保险人的索赔期限,至保单终止之日后两年结束。

十、免赔额(每次事故)

人身伤亡:无

财产损失:人民币 1 000 元

十一、保险费率

1.建筑、安装工程:合同价格×0.098 5%

2.拆除工程: 合同价格×0.098 5%

3.商业设施:餐饮 人民币 160 元/m²

其他商业 人民币 90 元/m²

4.展馆及其他非商业服务区域:人民币 28 元/m²

*以上费率均为期间费率

本保单的保险费率以上海世博会组织者最终公布的费率为准。

十二、放弃损失求偿权

除出现故意或重大过失情况外,任何被保险人放弃就火灾或其他意外事故导致的损失引起的相互索赔的权利,保险人不得向被保险人行使代位求偿权。

十三、法律适用及司法管辖

适用中华人民共和国法律;受中华人民共和国司法管辖。

附录9 中国2010年上海世博会综合责任保险条款

通则部分

一、责任范围

在本保险期限内,被保险人在从事保险活动时发生意外事故,造成第三者的人身损害或财产损失,依法应由被保险人承担的经济赔偿责任,保险人按照本保险单约定负责赔偿。

对被保险人因上述原因而支付的诉讼费用,以及事先经保险人书面同意而支付的其他费用,保险人亦负责赔偿。

每次事故保险人对上述两项的最高赔偿金额不超过本保险单明细表中列明的每次事故赔偿限额;在本保险期限内,保险人在本保单项下对上述两项的最高赔偿金额不超过本保险单明细表中列明的累计赔偿限额。

二、责任免除

除另有特别约定,本保险单对以下各项不负赔偿责任:

1.战争、类似战争行为、军事行动、敌对行动、武装冲突、恐怖活动、谋反、罢工、暴动、骚乱、政变造成的赔偿责任。

2.被保险人及其代表的故意行为或者重大过失。

3.由于核裂变、核聚变、核武器、核材料、核辐射及放射性污染所引起的直接或间接责任。

4.大气、土地、水污染及其他非放射性污染或者展品所散发、释放、渗漏出的烟雾、气味、蒸汽、气体、油、废液等造成的赔偿责任,但突然、意外事件导致的非放射性污染责任不在此限。

5.地震、海啸造成的赔偿责任。

6.由于石棉、硅石、电磁波、电脑病毒、转基因产品、疯牛病、甲基叔丁基醚(MTBE)、有毒霉菌造成的损失。

7.罚款、罚金或惩罚性赔款。

8.被保险人根据与他人的协议应承担的责任,但即使没有这种协议,被保险人仍应承担的责任不在此限。

9.对正在为被保险人工作的雇员所遭受伤害的责任。

10.被保险人所有、占有或使用的机动车辆造成的赔偿责任。

11.被保险人及其代表或其雇佣人员所有、保管、控制的财产本身的损失。

12.被保险人及其代表或其雇佣人员因经营业务一直使用或占用的任何物

品、土地、房屋或建筑。

13.不论任何原因,被保险人延迟工作或无法完成工作而导致的后果损失。

14.被保险人破产或丧失偿付能力导致的后果损失。

15.由于建筑物存在潜在缺陷造成的损失。

16.由于被保险人所制造、出售或分发的产品本身的损失。

17.被保险人作出或经被保险人同意而作出任何违反中华人民共和国法律、法规或上海世博会有关规章的行为。

18.由于下列广告行为造成的损害:

(1)本保险单生效前所开展的任何广告活动。

(2)被保险人指示而发出的任何声明,尽管被保险人清楚此声明的合法性与真实性存在问题。

(3)广告中对被保险人的产品、货物或服务的价格不正确的描述。

(4)出于销售或广告宣传目的而出售或提供的产品或服务,发生对于注册商标、服务标记或商品名称的侵权或假冒行为。

(5)被保险人的产品、货物或服务未能符合其广告中所声称的性能、质量、适合度或持久性等描述。

(6)从事广告、广播、出版或电视等业务的被保险人做出的侵犯行为。

三、投保人、被保险人义务

1.在投保时,被保险人及其代表应对投保申请书中的事项以及保险人提出的其他事项作出真实、详尽的说明或描述。

2.被保险人或其代表应根据本保险单明细表和批单中规定按期缴付保险费。

3.被保险人应努力选用可靠、认真、合格的工作人员并且使拥有的建筑物、道路、工厂、机器、装修和设备处于坚实、良好、可供使用的状态。同时,应遵照当局所颁布的任何法律及规定的要求,对已发现的缺陷应予立即修复,并采取临时性的预防措施以防止事故发生。

4.一旦发生本保险单所承保的任何事故,被保险人或其代表应:

(1)立即通知保险人,并在七个工作日或经保险人书面同意延长的期限内以书面报告提供事故发生的经过、原因和损失程度;

(2)在未经保险人检查和同意之前,对拥有的建筑物、道路、工厂、机器、装修和设备不得予以改变和修理;

(3)在预知可能引起诉讼时,立即以书面形式通知保险人,并在接到法院传票或其他法律文件后,立即将其送交保险人;

(4)根据保险人的要求提供作为索赔依据的所有证明文件、资料和单据。

四、赔偿处理

1.若发生本保险单承保的任何事故或诉讼时：

（1）未经保险人书面同意，被保险人或其代表对索赔方不得作出任何责任承诺或拒绝、出价、约定、付款或赔偿。在必要时，保险人有权以被保险人的名义接办对任何诉讼的抗辩或索赔的处理。

（2）保险人对每次事故的赔偿金额以法院、仲裁机构或政府有关部门依法裁定的或经双方当事人及保险人协商确定的应由被保险人偿付的金额为准，但不得超过本保险单明细表中规定的责任限额。

（3）在诉讼或处理索赔过程中，保险人有权自行处理任何诉讼或解决任何索赔案件，被保险人有义务向保险人提供一切所需的资料和协助。

（4）生产出售的同一批产品或商品，由于同样原因造成多人的人身伤害或死亡或多人的财产损失，应视为一次事故造成的损失。

2.在必要时，保险人有权以被保险人的名义向任何责任方提出索赔的要求。未经保险人书面同意，被保险人不得接受责任方就有关损失作出的付款或赔偿安排或放弃对责任方的索赔权利，否则，由此引起的后果将由被保险人承担。

3.本保险以期内事故发生为索赔基础，即造成损害的事故必须在保险期限内发生。被保险人对保险人请求赔偿或者给付保险金的权利，自其知道保险事故发生之日起两年不行使而消失。

4.放弃损失求偿权。除出现故意或重大过失情况外，任何被保险人放弃就火灾或其他意外事故导致的损失引起的相互索赔的权利，保险人不得向被保险人行使代位求偿权。

五、总则

（一）保单效力

被保险人严格地遵守和履行本保险单的各项规定，是保险人在本保险单项下承担赔偿责任的先决条件，但：

本保险单不能因为被保险人在其无法控制的地点没有履行本保单的规定（包括加批的各项保证及条件）而影响其有效性。

本保险单中约定的保证和条件将分别适用于每一保险风险而非整个被保险风险。若其中一风险违反了保险单中约定的保证和条件，将不会影响对保单中其他被保险风险责任的有效性。

一个被保险人违反本保单约定的义务，并不影响其他被保险人在本保险单项下的权益，但是，当其他被保险人获知违约行为后应立即以书面形式通知保险人并采取补救措施代为履行相应义务，否则，保险人依照合同拒绝赔偿的权利不受影响。

（二）保单无效

如果被保险人或其代表漏报、错报、虚报或隐瞒有关本保险的实质性内容，则本保险单相应部分无效。

保险的实质性内容系指足以影响保险人决定是否同意承保和保险费率等保险条件的有关事项。

（三）保单终止

除非经保险人书面同意，本保险单将在被保险人丧失保险利益的情况下自动终止，本保险单终止后，保险人将按日比例退还被保险人本保险单项下未到期部分的保险费。

（四）保单注销

本保险为上海世博会规定保险，保险单一经生效，保险双方不得注销。

（五）权益丧失

如果任何索赔含有虚假成分，或被保险人或其代表在索赔时采取欺诈手段企图在本保险单项下获取利益，或任何损失是由被保险人或其代表的故意行为或纵容所致，被保险人将丧失其在本保险单项下的所有权益。对由此产生的包括保险人已支付的赔款在内的一切损失，应由被保险人负责赔偿。

（六）合理查验

保险人的代表有权在任何适当的时候对在本保险单明细表中列明的经营范围的风险情况进行现场查验。被保险人应提供一切便利及保险人要求的用以评估有关风险的详情和资料。但上述查验并不构成保险人对被保险人的任何承诺。保险人的检查人员如发现任何缺陷或危险时，将以书面形式通知被保险人，在该项缺陷或危险未被排除并使保险人认为满意之前，对其有关的或因此引起的一切责任保险人概不负责。

（七）重复保险

本保险单负责赔偿损失、费用或责任时，若另有其他保障相同的保险存在，保险人仍按照本合同的约定先行赔偿。但当被保险人根据所有保单所得的赔偿总额超过其实际损失时，被保险人应将超过部分返还保险人。

（八）权益转让

若本保险单项下负责的损失涉及其他责任方时，不论保险人是否已赔偿被保险人，被保险人应立即采取一切必要的措施行使或保留向该责任方索赔的权利。在保险人支付赔款后，被保险人应将向该责任方追偿的权利转让给保险人，移交一切必要的单证，并协助保险人向责任方追偿。

（九）争议处理

被保险人与保险人之间的一切有关本保险的争议应通过友好协商解决。

如果协商不成,可申请仲裁或向法院提出诉讼。

□诉讼

除事先另有协议外,诉讼应在被告方所在地进行。

□仲裁

凡因本保险合同引起的或与本保险合同有关的任何争议,均应提交＿＿＿＿＿＿
＿＿＿＿＿(请注明仲裁机构全称),按照申请仲裁时该机构现行有效的仲裁规则进
行仲裁。仲裁裁决是终局的,对双方均有约束力。

(十)适用法律及司法管辖

本保险适用中华人民共和国法律,并受中华人民共和国司法管辖。

六、定义

1.被保险人及其代表:代表指被保险人的法定代表(法人代表或非法人机
构的负责人)、授权代表以及在被保险人单位担任特定职务,实际担当单位代表
的人(如总经理、项目经理等)虽未书面授权,也可以视为被保险人的代表。

2.意外事故:指不可预料的以及被保险人无法控制并造成人身伤害或物质
损失的突发性事件。

3.每次事故损失:

(1)每次索赔或由于单个事件引起的一系列索赔;

(2)生产、销售的同一批产品,由于同样原因造成多人的人身伤害、疾病或
死亡或多人的财产损失,视为一次事故造成的损失。

4.机动车:指在中华人民共和国境内(不含港、澳、台地区)行驶、领有公安
部门核发的号牌、行驶证,以动力装置驱动或者牵引,上道路行驶的供人员乘用
或者用于运送物品以及进行专项作业的轮式车辆(含挂车)、履带式车辆和其他
运载工具,包括客车、货车、客货两用车、摩托车、拖拉机和特种车。

5.被保险人的雇佣人员:指与被保险人存在合同雇佣或事实雇佣关系的工
作人员,包括志愿者、临时工。

6.特殊交通工具:指自行车、电瓶车、船只等,以及不上道路行驶的机动车
辆。

7.人身伤害:身体伤害、死亡、疾病、伤残、由此引起的惊吓、恐惧或精神伤
害,不包括受害者任何亲属的精神伤害。

8.财产损失:有形财产的物理损失、损毁或灭失,包括由此引起的使用损失。

参考文献

[1] 唐继明.哈尔滨会展中心体育场火灾应急措施研究[J].科技与企业,2013(4):71.

[2] 陈立民,张梅红.厦门国际会展中心防火设计难点分析[J].消防科学与技术,2012(9):943-945.

[3] 李苗,宋立巍,梅志斌.某会展中心中轴大厅消防安全设计[J].消防技术与产品信息,2012(9):45-47.

[4] 李守斌.新疆国际会展中心消防安全性能化评估[J].消防科学与技术,2012(5):493-495.

[5] 连建功.大型节庆活动安全风险评估及应对策略研究[J].黄河科技大学学报,2012(2):82-84.

[6] 刘民坤,范朋.会展旅游安全管理概念模型构建——以中国-东盟博览会为例[J].广西大学学报(哲学社会科学版),2012(6):12-16.

[7] 孙槿陵,谈立峰,郝东平,等.区域性大型活动餐饮安全风险评估指标及模型的建立[J].中国食品卫生杂志,2012(3):246-250.

[8] 张鑫.试论会展企业财务风险的监测与防范[J].现代经济信息,2012(15):102-103.

[9] 陈昌前,赵敬华,王汉杰.大型活动应急通信的装备保障[J].警察技术,2011(2):57-64.

[10] 崔发荣,王文乐.会展中心会议空间设备技术要求分析[J].科技信息,2011(11):730-737.

[11] 崔浩.会展大国的危与机[J].国际公关,2011(3):24-25.

[12] 方星,黄培清,霍良安.大型活动中人群的应急行为研究综述[J].中国安全科学学报,2011(11):22-28.

[13] 符人宏.展览中心消防安全设计探析[J].商品与质量,2011(S7):251-252.

[14] 和光磊.体育赛事危机预警机制的构建[J].黑龙江科技信息,2011(14):175.

[15] 黄斌.海南国际会展中心火灾安全方法调研设计[J].中国西部科技,2011(28):32-34.

[16] 霍良安,黄培清,程云龙.基于疏散效率的展会应急优化问题研究[J].工

业工程与管理,2011(4):108-112.

[17] 李波,刘金龙.以社会化理念推进大型活动安全管理的创新[J].北京人民警察学院学报,2011(5):31-34.

[18] 乔旭,阚强,刘庭全.会展建筑防火设计难点和策略[J].消防科学与技术,2011(9):783-786.

[19] 施妮,程春光,夏东海,等.创意概念型博览会展建筑消防性能化设计[J].消防科学与技术,2011(7):589-592.

[20] 宋晓波.成都西博会交通出行管理应用研究[D].成都:西南交通大学,2011.

[21] 宋宇宏,张利.大型活动应急通信保障方案及其制定[J].警察技术,2011(2):53-56.

[22] 苏莉娟,陈云妮.后金融危机时代重庆会展业发展思路探析[J].特区经济,2011(8):268-269.

[23] 孙琦,禹燕飞.体育赛事危机事发监控的研究[J].少林与太极(中州体育),2011(7):16-17.

[24] 徐云,顾黎红.大型展览活动消防安全研究[J].武警学院学报,2011(12):60-63.

[25] 许俊友,张伟,张翔.大型活动风险评估模式初探[J].中国公共安全(学术版),2011(4):26-29.

[26] 杨琦.会展建筑的水灭火系统设置探讨[J].给水排水,2011(1):82-85.

[27] 杨欣.世博会江西馆消防安全设计与监管探讨[J].安防科技,2011(1):36-38.

[28] 杨周兴,王桂霞.曲阜孔子文化会展中心的火灾预防措施[J].消防科学与技术,2011(8):699-700.

[29] 张静峰.上海世博会场馆布展中的火灾危险性及防火对策[J].消防科学与技术,2011(4):341-344.

[30] 支向阳,张保民,朱照亮.基于VPN的会展MIS设计[J].太原理工大学学报,2011(5):517-520.

[31] 安芝.国际会展业海关风险管理研究[J].经济研究导刊,2010(23):205-206.

[32] 单明.郑州会展宾馆深基坑支护监测及风险应对措施分析[D].郑州:河南工业大学,2010.

[33] 董斌彬.旅游节庆活动的危机预警问题探析[J].佳木斯教育学院学报,2010(1):12-13.

[34] 高建新,舒首衡,仦剑辉,等.大型活动信息系统网络安全监控研究[J].信息网络安全,2010(1):41-43.

[35] 耿逸冉.浅论会展业中的危机管理[J].科教导刊(中旬刊),2010(1):81-83.

[36] 和光磊.体育赛事危机及管理的研究[J].体育世界(学术版),2010(10):45-46.

[37] 齐霞.对广州亚运安保中突发事件应对的思考[J].河南公安高等专科学校学报,2010(1):104-107.

[38] 任立军.关于大型展览及展会消防监督管理的有关问题探讨[J].中国商界,2010(2):381-383.

[39] 沈金辉.会展危机管理的必要性及其策略[J].现代商业,2010(15):85.

[40] 唐秀翠.某会展中心火灾风险评估探究[D].天津:天津大学,2010.

[41] 王玲玲,郑四渭.后金融危机时代会展产业发展对策研究[J].经济研究导刊,2010(32):43-45.

[42] 王锡昌.中国 2010 年上海世博会食品安全保障[J].中外食品,2010(5):36-38.

[43] 王长泰.浅析展览中心类建筑的消防安全[J].建筑电气,2010(2):17-20.

[44] 翁建锋,高慧林,关多红.大型体育赛事安全风险评估及应对策略[J].首都体育学院学报,2010(5):18-22.

[45] 吴婷婷.宁波国际会展中心网架结构多维多点激励地震响应分析及隔震研究[D].华南理工大学,2010.

[46] 徐鹤丹.展会筹备过程中的风险管理研究[J].中国证券期货,2010(12):113.

[47] 许剑方.福州海峡国际会展中心性能化防火设计与分析[J].消防科学与技术,2010(2):109-112.

[48] 余小平.上海世博会园区火灾风险评估与防范对策[J].消防科学与技术,2010(6):486-489.

[49] 张戈.大型商业、展览建筑安全疏散人性化设计与探讨[J].建筑设计管理,2010,27(10):32-33.

[50] 赵爱玲.对话会展业 2010:危机中寻找定位[J].中国对外贸易,2010(1):68-72.

[51] 郭兆奇.大型活动食品卫生安全保障措施探讨[J].公共卫生与预防医学,2009(4):115-116.

[52] 胡平.大型节事活动凸显安全管理——兼论上海世博会安全管理[J].旅游

学刊,2009,24(1):9-11.

[53] 李立志,王宁,李乐.贵阳国际会展会议中心安全疏散性能化设计[J].消防科学与技术,2009(11):809-812.

[54] 李淑婷.会展类建筑性能化防火设计方法的研究[D].西安:西安建筑科技大学,2009.

[55] 李威.关于广州市会展业公共安全管理的思考[J].中国公共安全(学术版),2009(4):16-20.

[56] 马娜,康俊生,邵启雍.大型活动公共安全管理及其标准化工作分析[J].中国标准化,2009(10):51-53.

[57] 佟瑞鹏,熊艳,冯志斌.大型会展活动事故风险管理对策研究[C].中国职业安全健康协会2009年学术年会,中国福建厦门,2009.

[58] 佟瑞鹏,熊艳,冯志斌.会展活动事故风险分析与安全管理对策研究[J].安全,2009(7):1-4.

[59] 王峰.展会活动随机事件的预判和处理[J].经济问题,2009(2):61-62.

[60] 王占军,荆延华.大型活动安全管理的若干思考[J].江西公安专科学校学报,2009(6):93-96.

[61] 肖艳霞,周维.论大型活动安全管理制度的完善[J].长沙民政职业技术学院学报,2009(2):31-33.

[62] 周丹青.会展危机管理中的RCRR模型分析[J].经济师,2009(5):10-12.

[63] 曾鸣.会展风险管理浅探[J].上海保险,2008(11):32-36.

[64] 邓辉炼.某会展厅火灾安全模拟分析[J].安防科技,2008(12):10-12.

[65] 冯英杰,周年兴.旅游地举办节事活动时的交通管理措施初探——以南京市为例[J].科技经济市场,2008(7):106-108.

[66] 何锦新,徐宏佳.在会展场馆中如何选用工业连接器的研究[J].广西轻工业,2008(10):72-73.

[67] 何靖,彭国安,龚文武.大型国际性展会安全保卫措施的策划与组织[J].公安研究,2008(5):86-93.

[68] 康靖.沈阳国际会展中心人才流失问题分析及对策[D].大连:大连理工大学,2008.

[69] 李蛟,刘永泉,时福礼等.大型活动食品卫生安全保障流程的探讨[J].中国公共卫生管理,2008(3):260-261.

[70] 李为奇.2008年度国际安防展会回顾及市场分析[J].中国公共安全(综合版),2008(12):70-75.

[71] 李筱斌.郑州会展宾馆深基坑支护方案优化研究[D].西安:西安科技大

学,2008.

[72] 林岭,周铁军,左进.公共建筑安全评价研究——以重庆国际会议展览中心为例[J].新建筑,2008(5):102-106.

[73] 刘明广.会展企业国际化危机管理研究[D].上海:华东师范大学,2008.

[74] 刘松萍.大型会展活动反恐应对策略体系探论[J].广州大学学报(社会科学版),2008(6):36-40.

[75] 刘艳芳,赵欣.我国大型活动安保工作存在的问题及对策[J].中国公共安全(学术版),2008(1):62-66.

[76] 刘中南.建立我国会展业诚信机制初探[J].中国流通经济,2008(9):41-43.

[77] 马淑荣.大型活动中的食品安全保障环节分析[J].首都公共卫生,2008(1):41-43.

[78] 沈惠章.论大型活动的安全管理[J].新疆社科论坛,2008(3):12-16.

[79] 孙麒麟,张建新.我国大型体育赛事公共安全面临的问题及应对机制[J].体育学刊,2008(6):14-17.

[80] 汪娱.基于数值模拟方法的甘肃会展中心火灾风险评价研究[D].兰州大学,2008.

[81] 王敏.大型会展中心消防设计[J].消防科学与技术,2008(1):18-21.

[82] 王起全,金龙哲.大型活动拥挤踩踏事故灰色层次分析[J].辽宁工程技术大学学报(社会科学版),2008(5):500-503.

[83] 王起全,王敏.大型活动拥挤踩踏事故人群疏散研究分析[J].三峡大学学报(人文社会科学版),2008(S2):34-37.

[84] 王志勇,朱得旭.大型活动安保风险评估要略[J].中国公共安全(综合版),2008(6):142-146.

[85] 魏捍东,赵新文.韩国大型活动的消防安全对策讨论[J].消防科学与技术,2008(2):142-144.

[86] 翁小丹,江悠悠,李茂琴.大型会展、赛事人身意外伤害保险实施方式探究[J].国际商务研究,2008(4):69-73.

[87] 吴晓智,时乙然,徐强,等.大型活动安全风险评估的技术应用及其存在的问题[J].中国安防,2008(4):29-34.

[88] 肖锋.体育赛事安全防范研究[J].体育科研,2008(5):13-24.

[89] 谢祁.基于CMM模型的高校大型活动管理[J].现代商业,2008(27):285.

[90] 杨华,袁红,周健,等.探讨大型活动场地赛事的食品卫生安全保障工作[J].中国预防医学杂志,2008(10):934-935.

[91] 张铁民.校园大型活动风险管理研究[J].中国集体经济,2008(25):71-72.

[92] 张媛.会展中心所面临的消防与生命安全的挑战[J].消防技术与产品信息,2008(5):69-73.

[93] 赵军红.会展企业财务风险分析与防范[J].科技情报开发与经济,2008(3):177-179.

[94] 朱得旭.大型活动安保风险评估概论[J].中国安防,2008(4):16-20.

[95] 蔡洁.论会展企业的风险管理[J].西南农业大学学报(社会科学版),2007(01):176-179.

[96] 曾鸣.模糊分析方法在会展企业风险排序中的应用[J].产业与科技论坛,2007(3):52-54.

[97] 曾强.重庆市公共建筑安全设计应对突发性事件策略初探[D].重庆大学,2007.

[98] 曾亚强,张义.从会展内涵、外延看会展理论的几种观点[J].晋阳学刊,2007(1):49-52.

[99] 陈亮.大型会展危机管理研究——以中国-东盟博览会为例[J].学术论坛,2007(1):93-96.

[100] 高晓欢.温州市大型会展活动公共安全问题与对策研究[D].同济大学,2007.

[101] 胡海渊,徐旸.对引入公众责任保险进一步完善大型活动安全风险评估制度的几点思考[J].北京人民警察学院学报,2007(4):24-26.

[102] 黄莹莹.北京奥运会场馆潜在风险及其规避研究[D].武汉体育学院,2007.

[103] 嵇方.会展活动安全事故成因分析及预警模型研究[D].同济大学,2007.

[104] 李宇飞.大型活动中防范恐怖袭击对策探要[J].新疆警官高等专科学校学报,2007(4):26-28.

[105] 卢明威,聂月凤.论展会组织者的安全责任及风险规避[J].商场现代化,2007(4):377-378.

[106] 欧翠珍.会展风险的经济学分析[J].江苏商论,2007(2):89-91.

[107] 任崇.浅议大型活动中的安全保卫方案[J].时代人物,2007(12):91-92.

[108] 佟瑞鹏.大型社会活动事故风险管理程序与方法[J].自然灾害学报,2007(4):157-163.

[109] 王东强.浅论会展危机应对策略[J].商场现代化,2007(35):158.

[110] 王起全,金龙哲.大型活动拥挤踩踏事故模糊综合评估方法应用分析[J].中国安全科学学报,2007(9):124-130.

[111] 吴虹，张锋.浅析会展项目的风险管理[J].有色金属设计,2007(4):26-31.

[112] 吴祥佑.会展风险的保险转移[J].上海保险,2007(6):52-54.

[113] 肖锋，沈建华.大型体育赛事安全防范研究[J].体育文化导刊,2007(8):52-56.

[114] 谢朝武，郑向敏.酒店业会展活动的安全管理研究[J].中国安全生产科学技术,2007(3):17-20.

[115] 张文峰.北京2008奥运会突发事件应急法制研究[D].苏州大学,2007.

[116] 周铁军，林岭.大型会展中心安全分级评价研究与实践[J].重庆建筑大学学报,2007(3):12-16.

[117] 朱阳瑾，王绥.基于模糊系统分析法的会展企业风险管理[J].现代商贸工业,2007(11):147-148.

[118] 北京国际城市发展研究院案例研究中心.沈阳成功导入大型活动安全发展评价体系[J].领导决策信息,2006(45):20-21.

[119] 陈丽敏.会展旅游危机管理探析[J].中国会展,2006(15):70-73.

[120] 冯红新，杜明星.大型活动安全保卫工作应急处置模式构建[J].江苏警官学院学报,2006(4):13-16.

[121] 胡京萍，杨文平.试述大型活动食品卫生安全保障管理模式[J].中国自然医学杂志,2006(3):225-226.

[122] 梁赫.我国会展服务业质量预警机制建立的研究[J].经济论坛,2006(7):73-75.

[123] 刘松萍.关于建立会展预警机制的若干思考[J].科技管理研究,2006(8):70-72.

[124] 龙亮.德国大型活动安保策略及其给我们的启示[J].北京人民警察学院学报,2006(1):25-27.

[125] 陆安祥，孙慧丽，江波.大型活动的饮食卫生安全保障[J].浙江预防医学,2006(11):41.

[126] 罗健飞.危机当前巧借势,展览公司死里逃生[J].现代营销,2006(3):32.

[127] 文岚.浅论会展业危机管理[J].辽宁行政学院学报,2006(12):64-65.

[128] 谢振华，孙超，杨琳.大型活动密集人群的风险分析与管理[J].中国公共安全(学术版),2006(4):40-43.

[129] 杨愉.会展中心火灾烟气控制的数值模拟研究[D].重庆大学,2006.

[130] 姚望，许月.如何防范会展风险[J].中国会展,2006(3):38-39.

[131] 叶明海，嵇方.大型社会活动安全事故成因分析及预警组织模型构建

［J］.灾害学,2006(4):108-113.

[132] 叶明海,魏奇.大型会展活动人流聚集和分散复杂系统的分析性框架[J].大连海事大学学报(社会科学版),2006(3):88-92.

[133] 赵金岭.体育赛事危机管理及其早期预警机制之研究[J].首都体育学院学报,2006(3):17-19.

[134] 陈江渝,杨超.浅议大型会展活动安全保卫工作的十大原则[J].公安研究,2005(12):20-23.

[135] 顾逸南.会展业面对突发事件的管理[J].国际商务研究,2005(1):56-59.

[136] 郭毅夫.论大型文化活动项目的风险管理[J].科技创业月刊,2005(10):61-62.

[137] 林丽君,Paul GM.美国大型活动的安全保卫计划[J].公安学刊(浙江公安高等专科学校学报),2005(3):92-94.

[138] 刘艳芳.大型活动安保工作的组织指挥[J].江苏警官学院学报,2005(5):160-163.

[139] 徐剑锋.南通市体育会展中心分叉柱底铸钢节点应力集中及承载力问题的分析研究[D].东南大学,2005.

[140] 杨霞.大型活动安全管理存在的问题及对策[J].北京人民警察学院学报,2005(4):24-26.

[141] 华谦生.会展业危机管理的RCRR模式[J].中国会展,2004(9):29-31.

[142] 李志刚,戴光全.国际会议安全管理初探——以桂林2002博鳌亚洲旅游论坛为例[J].旅游学刊,2004(3):72-76.

[143] 梁留科,曹新向,孙淑英.会展旅游的理论及其案例研究[J].经济地理,2004(1):115-118.

[144] 孙虹飞.会展危机的形成影响及其预防[J].吉林工程技术师范学院学报,2004(7):55-57.

[145] 陈正武.展览安全细细数[J].中国会展,2003(23):50-51.

[146] 春秋.保证展览安全[J].中国会展,2003(3):28-29.

[147] 春秋.谁为展览安全埋单[J].中国会展,2003(5):32-33.

[148] 范明.论大型活动安全管理的原则[J].江西公安专科学校学报,2003(3):15-17.

[149] 张剑.电力设备展览:遭遇信任危机[J].中国会展,2003(19):36-37.

[150] 唐金成.论会展保险市场的拓展策略[J].中国保险管理干部学院学报,2004(5):25-27.

[151] 马勇,王春雷.会展管理的理论、方法与案例[M].北京:高等教育出版

社，2003.

[152] 王起静,等.会展项目管理[M].北京:中国商务出版社,2004.

[153] O'Tool, William and Mikolaitis, Phyllis. Corporate Event Project Management[M].Chichester：John Wiley & Sons，2002.

[154] MiltonT. Astroff, James R. Abbe.会展管理与服务 Convention Management and Service [M].宿荣江,主译.北京:中国旅游出版社, 2002.

[155] 沈燕云，吕秋霞. 国际会议规划与管理[M].沈阳:辽宁科学技术出版社，2001.

[156] Getz, D. Event；Event management；event marketing [M].IN：Jafari J. Encyclopedia of Tourism [M]. New York ：Routleledge,2000.

[157] Getz ，D. Meeting Business [M].IN：Jafari J.（chief editor）Encyclopedia of Tourism [M]. New York ：Routleledge,2000.

[158] 龚维刚.会展实务[M].上海:华东师范大学出版社, 2007.

[159] 阿斯道夫.会展管理与服务[M].北京:中国旅游出版社,2002.

[160] 彼得·塔洛.会展与节事的风险和安全管理[M].李巧兰,译.北京:电子工业出版社,2004.

[161] 刘大可,王起静.会展活动概论[M].北京:清华大学出版社,2004.

[162] 丁萍萍.会展实务[M].北京:高等教育出版社,2004.

[163] 彭青.大型会展活动中危机事件预防与应对[M]. 南宁:广西人民出版社, 2004.

[164] 张焕强.突发事件处理实例与技巧[M]. 北京:中国经济出版社, 2003.

[165] 刘松萍.会展市场营销[M]. 北京:中国商务出版社, 2004.

[166] 薛澜，张强，钟开斌.危机管理[M]. 北京:清华大学出版社, 2003.

[167] 郑向敏.旅游安全概论[M].北京:中国旅游出版社, 2007.